요한계시록
강해

요한계시록 강해

초판 1쇄 발행 2021년 5월 7일

지은이 서현근
펴낸이 장길수
펴낸곳 지식과감성#
출판등록 제2012-000081호

디자인 윤혜성
편집 윤혜성
검수 김혜련, 윤혜성
교정 정은지
마케팅 고은빛, 정연우

주소 서울시 금천구 벚꽃로298 대륭포스트타워6차 1212호
전화 070-4651-3730~4
팩스 070-4325-7006
이메일 ksbookup@naver.com
홈페이지 www.knsbookup.com

ISBN 979-11-6552-831-7(03230)
값 13,000원

지식과감성#
홈페이지 바로가기

The Revelation to John

하나님과의 화목은
영원한 하나님의 나라라는 사실을 인식하고
예수님을 향해서 달려가시는
모든 분들이 되시기를 바랍니다.

요한계시록 강해

서현근 지음

지식과감성#

목차

글을 적으면서

요한계시록을 이해하기 위해서는 성령의 가르침을 받아야 합니다. 하나님의 뜻은 성령을 통해서 이해되기 때문에 성령의 가르침이 없는 것은 진리에 속하지 않게 되는 것이며 하나님의 진노 속에서 살아가게 되는 것입니다. 그래서 성경은 가르치려고 하지 말라, 성령이 오시면 그가 가르치리라고 말씀하시고 있는 것입니다. 성령이 함께하시지 않는 가운데 가르치려고 하면 알아듣지 못하기 때문입니다. 성령의 열매가 없다면 소경이 되어 버리는 것입니다. 소경은 진리를 알지 못하는 자들을 의미합니다. 우리가 진리를 알아야만 진리를 이해할 수가 있는 것입니다. 철저하게 자신의 옛 사람을 버려야 새 사람을 입어 진리에 이르게 되며 하나님으로부터 지혜와 계시의 말씀을 이해할 수가 있는 것입니다.

우리가 진리에 이르지 못하고 성경을 이해하려고 한다면 성경을 잘못 해석하게 되므로 많은 영혼들을 멸망으로 이끌게 되는 것입니다. 좁은 길로 가셔야만 영혼 구원을 얻어 진리에 이르게 되므로 성령의 가르침을 받게 되는 것입니다. 진리에 이르기 위해서는 죄로부터 자유를 얻어야 합니다. 진리 안에는 죄가 있을 수가 없기 때문에 영원한 것입니다. 죄가 있는 곳은 영원할 수가 없는 것입니다. 진리는 예수님의 보혈로 죄 사함을 받은 자들이 들어가는 곳입니다. 죄 사함을 받은 자들이 누구인지를 분명하게 알아야 합니다. 육은 죄의 몸이며 사망한 자들이지만 영은 의의 몸을 입고 생명이 된 자들을 의미합니다. 생명이 되어야 영원하신 하나님과 연합될 수가 있는 것입니다.

진리는 생명이 된 자들이 들어갈 수가 있는, 영원히 변하지 않는 하나님의 나라입니다. 우리가 이곳으로 들어가야 하나님께 예배를 드릴 수가 있는 것입니다. 그러나 좁은 길로 가지 않고 하나님의 자녀가 될 방법은 없습니다. 왜냐하면 영으로 거듭나야 하나님의 자녀가 될 수가 있기 때문입니다. 영은 의의 몸으로서 하나님의 영광의 몸입니다. 영광의 몸을 입어야 하나님의 영광 안으로 들어갈 수가 있는 것입니다. 진리는 하나님의 영광이 있는 곳을 의미합니다. 진리 안에 있지 못하면 하나님께서 예배를 받을 수가 없는 것입니다. 좁은 길로 가지 않고 진리를 논한다는 것은 있을 수가 없는 것입니다. 우리가 진리 안에 있을 때 비로소 우리는 진리를 알게 되며 하나님께 예배를 드릴 수가 있는 것입니다.

이 책은 우리의 영혼 구원이 어떻게 이루어지며 이 삶이 무엇인지를 알려 주게 됩니다. 영혼 구원의 삶은 영원한 안식을 의미합니다. 우리는 반드시 믿음을 자라나게 하여서 영혼 구원을 통해서 영원한 안식을 누려야 합니다. 안식 없는 영혼 구원은 없습니다. 하나님을 알고 그리스도를 아는 것이 곧 영생이라고 성경은 말씀하십니다. 죽은 후에 영생이 되는 것이 아니라 진리에 이르는 것이 영생이라는 것입니다. 믿음은 예수 그리스도를 향할 때 자라나는 것입니다. 세상을 향한 믿음은 자라나지 못하고 옛 사람 안에 머물게 되며 죄에 복종할 수밖에 없는 것입니다. 새 사람 안에 머물러야 예수님의 말씀에 복종할 수 있으며 죄로부터 자유할 수가 있는 것입니다. 죄로부터 자유함이 천국이며 영생인 것입니다.

요한계시록 1장

예수 그리스도의 계시라 이는 하나님이 그에게 주사 반드시 속히 될 일을 그 종들에게 보이시려고 그 천사를 그 종 요한에게 보내어 지시하신 것이라 **요한계시록 1:1**

예수님의 계시는 온전한 자에게 주어지는 것입니다. 계시는 속히 될 일을 그 종들에게 보이시려고 그 천사를 종 요한에게 보내어 지시하신 것이라고 말씀하십니다. 성경은 진리의 말씀입니다. 속히 이루어질 계시를 보여 주셨다고 한다면 속히 이루어져야 하는 것이 분명한 것입니다.

그러면 왜! 많은 사람들이 진리의 말씀을 이해하지 못하는 이유는 혼미한 영으로 이해하려 하기 때문입니다. 성경은 영의 글입니다. 영으로 거듭나지 못하면 절대로 이해할 수가 없는 것입니다. 자신이 이해를 못한다고 해서 진리가 아닌 것은 아닙니다. 단지 우리가 이해를 하지 못할 뿐이라는 것입니다. 이 부분들을 참고하면서 믿음으로 자라나셔서 영으로 거듭나는 것이 우선이 되어야 하는 것입니다. 죄 가운데 살아가면서 요한계시록의 이해는 불가능하기 때문에 자신의 영혼 구원에 초점을 두고 달려가야 하는 것입니다.

요한은 하나님의 말씀과 예수 그리스도의 증거 곧 자기의 본 것을 다 증거하였느니라 **요한계시록 1:2**

요한은 하나님의 말씀과 예수 그리스도의 증거 곧 자기의 본 것을 다 증거하였다고 말씀하십니다. 하나님의 계시는 정확합니다. 요한은 자신이 본 것을 증거하였기 때문에 우리는 그 증거가 진리라는 것으로 이해하고 들어야 하는 것입니다.

이 예언의 말씀을 읽는 자와 듣는 자들과 그 가운데 기록한 것을 지키는 자들이 복이 있나니 때가 가까움이라 **요한계시록 1:3**

이 예언의 말씀을 읽는 자와 듣는 자들과 그 가운데 기록한 것을 지키는 자들이 복이 있나니 때가 가까움이라고 말씀하십니다. 먼저 이 계시록을 듣고 지키는 자들이 복이 있다고 말씀하십니다. 이 계시의 말씀은 예수님께서 요한에게 주신 것이지만 우리 역시 이 계시의 말씀에 복종하는 자가 되어야 하는 것입니다. 우리가 예수님의 말씀에 복종하기 위해서는 영으로 거듭나야 하는 것입니다. 왜냐하면 육은 예수님의 말씀에 복종하고 싶어도 할 수가 없기 때문입니다. 믿음이 자라나서 겉 사람이 후패하고 속 사람이 강건하여질 때 비로소 예수님의 말씀에 복종을 할 수가 있는 것입니다.

때가 가깝다는 의미를 이해하여야 합니다. 이때가 언제인가를 분명하게 이해를 하여야 하는 것입니다. 이때는 주의 날을 의미합니다. 주님께서 통치하시는 날을 주의 날이라고 하는 것입니다. 은혜와 진리 시대는 주님께서 왕이시고 통치하시는 빛의 나라가 된 것입니다. 율법 시대 때는 죄가 왕 노릇 하는 시대였지만 은혜와 진리 시대는 생명이 왕 노릇 하는 시대이며 주의 날인 것입니다. 주님의 통치 속으로 들어가기 위해서는 기이한 빛으로 들어가야 하는 것입니다. 우리가 기이한 빛으로 들어가지 못한다면 이 성경을 이해할 수가 없는 것입니다.

복음의 시작은 은혜와 진리 시대이며 주님께서 만유의 주님이 되시고 만유를 통치하고 계신 것입니다. 우리가 주님의 통치 속으로 들어가기 위해서는 좁은 길로 가서 영으로 거듭나야 하는 것입니다.

> 요한은 아시아에 있는 일곱 교회에 편지하노니 이제도 계시고 전에도 계시고 장차 오실 이와 그 보좌 앞에 일곱 영과 **요한계시록 1:4**

요한은 아시아에 있는 일곱 교회에 편지한다고 말씀하십니다. 이제도 계시고 전에도 계시고 장차 오실 이와 그 보좌 앞에 일곱 영이라고 말씀하십니다. 하나님은 어제나 오늘이나 동일하신 분이시며 예수님 역시 어제나 오늘이나 동일하시며 변함이 없으신 분이십니다. 변함이 없는 분이 오시면 우리는 그분과 연합되어 신부가 되는 것입니다. 신부는 영원하신 하나님과 연합되었기 때문에 생명이 되는 것입니다. 우리가 생명이 되지 못하면 영원하신 하나님과 연합이 되지 않기 때문입니다.

왜냐하면 하나님은 산 자의 하나님이시기 때문입니다. 산 자란 영생하는 자를 의미합니다. 아브라함의 하나님이시며 이삭의 하나님이시며 야곱의 하나님이시며 산 자의 하나님이시라고 말씀하셨습니다. 아브라함, 이삭, 야곱은 육신은 죽었지만 영혼은 살았기 때문에 산 자가 된 것입니다. 우리 역시 영혼 구원을 받아야 산 자가 될 수가 있는 것입니다. 장차 오실 분이 오시지 않았다면 우리는 그분과 연합을 이룰 수가 없으며 죄 아래에서 살아가야 하는 것입니다.

연합이란 전적인 주인의 명령에 의한 삶을 살아간다는 것입니다. 죄와 연합되면 죄의 명령에 의해 살아가게 되며 하나님과 연합되면 하나님의 인도에 의해 살아가게 되며 죄로부터 자유할 수가 있는 것입니다.

> 또 충성된 증인으로 죽은 자들 가운데서 먼저 나시고 땅의 임금들의 머리가 되신 예수 그리스도로 말미암아 은혜와 평강이 너희에게 있기를 원하노라 우리를 사랑하사 그의 피로 우리 죄에서 우리를 해방하시고 **요한계시록 1:5**

충성된 종을 통해서 죽은 자들 가운데서 먼저 나시고라고 말씀하십니다. 성경에서 말씀하신 죽은 자란 영혼이 죽은 자를 말하는 것입니다. 예수님께서 이 땅에 오신 목적은 죄로 인해 죽어 있던 자들을 구원하시기 위한 것입니다. 아담의 죄 때문에 우리는 죽었지만 예수님의 의 덕분에 살아나서 하나님의 자녀가 될 수가 있었던 것입니다. 예수 그리스도로 말미암아 은혜와 평강이 있기를 원한다고 말씀하십니다.

예수님은 안식의 주인이십니다. 예수님과 연합되어 예수님의 신부로 살아가는 삶은 빛이며 영원한 안식 아래에 있다는 것입니다. 우리가 예수님과 연합되어 빛으로 들어가지 못한 이유는 세상의 가치관으로 살아가는 옛 사람을 버리지 않았기 때문입니다. 예수님의 말씀에 복종하는 자들은 자신을 부인하고 자신의 십자가를 지고 예수님을 따르는 자들입니다. 자신을 부인하라고 명령을 하여도 하지 못하는 자들은 믿음이 자라나지 못하고 육에 머물고 있기 때문에 복종이 불가능한 것입니다.

그리스도인은 예수님의 능력으로 살아가기 때문에 죄로부터 자유한 자들입니다. 우리가 죄로부터 자유하지 않고 있다는 것은 속 사람이 강건하지 못하고 있기 때문입니다. 영은 의의 몸이며 죄로부터 자유하여 영원하신 하나님과 연합되어 살아가는 몸입니다. 하나님은 영이시며 죄가 없으신 분이십니다. 우리 역시 예수 그리스도로 말미암아 죄로부터 자유하여 영적인 존재가 되었기 때문에 하나님과 화목할 수가 있었던 것입니다.

죄와 연합되면 사망이 왕 노릇 하기 때문에 사망이 될 수밖에 없지만, 영원하신 하나님과 연합되면 생명이 왕 노릇 하시기 때문에 생명이 될 수밖에 없는 것입니다. 주권은 하나님께 있기 때문에 생명이 될 수밖에 없는 것입니다. 죄 사함의 의미는 생명을 의미하는 것입니다. 사망이 쏘는 것은 죄이기 때문입니다. 그러나 죄 사함을 받은 자들은 사망이 쏠 수가 없기 때문에 생명이 된 것입니다.

그 아버지 하나님을 위하여 우리를 나라와 제사장으로 삼으신 그에게 영광과 능력이 세세토록 있기를 원하노라 아멘 **요한계시록 1:6**

그 아버지 하나님을 위하여 우리를 나라와 제사장으로 삼으신 그에게 영광과 능력이 세세토록 있기를 원한다고 말씀하십니다. 영광과 능력이 무엇인지를 이해하여야 합니다. 하나님은 영이시니 영광과 능력이 있으신 분이십니다.

볼찌어다 구름을 타고 오시리라 각인의 눈이 그를 보겠고 그를 찌른 자들도 볼터이요 땅에 있는 모든 족속이 그를 인하여 애곡하리니 그러하리라 아멘 **요한계시록 1:7**

볼지어다 구름을 타고 오시리라고 말씀하십니다. 구름은 하나님의 처소를 의미합니다. 하나님께서 처소를 빽빽한 구름 속에 두셨기 때문입니다. 그를 찌른 자가 본다고 말씀하십니다. 찌른 자들은 이천 년 전에 예수님을 죽인 자들입니다. 이들이 살아서 보는 것이라면 이천 년 전에 오셨다는 것입니다. 그러나 죽은 후에 보는 것이라면 영이 되어서 보는 방법밖에 없습니다. 그러면 구름이 무엇인지를 좀 더 분석해 보아야 할 필요가 있는 것입니다.

> 마침 구름이 와서 저희를 덮으며 구름 속에서 소리가 나되 이는 내 사랑하는 아들이니 너희는 저의 말을 들으라 하는지라 **마가복음 9:7**

구름이 저희를 덮으며 구름 속에서 소리가 나되 그리스도는 내 사랑하는 아들이니 너희는 저의 말을 들으라고 말씀하십니다. 하나님은 죄와 함께하실 수가 없습니다. 베드로와 야고보와 요한은 죄가 있는 자들입니다. 죄가 있는 자들은 하나님의 음성을 들을 수가 없기 때문에 구름으로 덮어 주셔서 하나님의 음성을 듣게 하신 것입니다. 구름이란 죄를 가린다는 의미를 가지고 있는 것입니다.

> 주께서 구름으로 스스로 가리우사 기도로 상달치 못하게 하시고 **예레미야애가 3:44**

주께서 구름으로 스스로 가리우사 기도로 상달치 못하게 하신다고 말씀하십니다. 하나님은 죄인들과 함께하실 수가 없습니다. 그래서 구름으로 자신을 가려서 기도가 상달치 못하게 하셨다고 말씀하십니다. 죄인은 아무리 기도를 해도 하나님께 기도가 상달이 되지 못하는 것입니다. 예수님의 보혈로 속량을 입고 의인이 되었을 때 하나님께 기도가 상달이 될 수가 있는 것입니다.

구름이란 육과 영의 경계선임을 알 수가 있습니다. 육은 죄가 있기 때문에 구름 아래에 있고, 하나님은 죄가 없으시기 때문에 구름으로 스스로를 가려서 구름 위에 계신다는 것입니다. 즉 구름 아래는 육의 세상이며 죄가 지배하는 곳이며, 구름 위는 영의 세상이며 하나님께서 거하시는 곳임을 알 수가 있는 것입니다.

> 형제들아 너희가 알지 못하기를 내가 원치 아니하노니 우리 조상들이 다 구름 아래 있고 바다 가운데로 지나며 **고린도전서 10:1**

사도 바울의 조상들은 율법 아래에 있는 자들입니다. 죄가 있는, 율법 아래에 있는 육의 사람이기 때문에 구름 아래 있다고 말씀하신 것입니다. 율법 아래는 죄가 있기 때문에 사망이 왕 노릇 하는 곳입니다. 죽은 자들이 살아가는 곳이 율법 아래입니다. 그래서 성경은 율법으로는 구원을 얻지 못한다고 말씀하신 것입니다.

> 주께서 호령과 천사장의 소리와 하나님의 나팔로 친히 하늘로 좇아 강림하시리니 그리스도 안에서 죽은 자들이 먼저 일어나고 그 후에 우리 살아 남은 자도 저희와 함께 구름 속으로 끌어 올려 공중에서 주를 영접하게 하시리니 그리하여 우리가 항상 주와 함께 있으리라 **데살로니가 4:16-17**

죽은 자들도 구름 위로 올라가고 살아남은 자들도 구름 위로 올라가서 재림하시는 주님을 영접한다고 말씀하십니다. 구름 위란 영의 세상이며 하늘을 의미하는 것입니다. 구름 위로 올라가기 위해서는 성령으로 기름을 채워서 영으로 거듭나야 합니다. 그래야 주님을 영접할 수가 있는 것입니다.

구름 아래는 죄가 있는 곳이지만 구름 위는 하나님의 의가 있는 곳입니다. 예수님께서 구름 타고 오신다는 의미는 죄를 가려서 오신다는 의미입니다. 죄를 가린다는 것은 영으로 오신다는 것입니다. 육은 죄의 몸이지만 영은 의의 몸인 것입니다. 우리가 의의 몸을 입어야 구름 위로 올라가서 주님을 영접하고 주님과 함께 영생이 될 수가 있다는 것입니다.

주는 영이시니 주의 영이 계신 곳에는 자유함이 있느니라 **고린도후서 3:17**

재림하시는 예수님은 우리의 주인으로 오시기 때문에 영으로 오셔야 한다는 것입니다. 그리고 주님께서 왕이시고 통치하시는 곳은 빛이며 영의 세계를 의미하는 것입니다. 육은 사망이 왕 노릇 하는 곳이며 영은 생명이 왕 노릇 하는 곳입니다.

이는 죄가 사망 안에서 왕노릇 한 것 같이 은혜도 또한 의로 말미암아 왕노릇 하여 우리 주 예수 그리스도로 말미암아 영생에 이르게 하려 함이니라 **로마서 5:21**

죄가 있는 육의 세계는 사망이 왕 노릇 하지만 죄가 없는 영의 세계는 생명이 왕 노릇 함으로 우리를 영생에 이르게 한다는 것입니다. 그래서 예수님께서 우리의 죄를 사하여 주시고 우리가 영이 되게 하셔서 영원히 변하지 않는 진리의 세계에서 생명이 왕 노릇 함으로 영생이 되게 하신 것입니다.

하나님의 자녀란 영으로 거듭나서 영의 세상에서 살아가기 때문에 영생인 것입니다. 영으로 거듭나서 주님을 영접한 자들은 주님이 재림하였다고 주장을 하지만, 영으로 거듭나지 못하여서 구름 아래에 있는 자들은 주님이 재림하시지 않았다고 주장을 하는 것입니다. 그들은 성령의 기름을 채우지 못하였으며 영으로 거듭나지 않았기 때문에 주님을 영접하지 못하고 구름 아래에서 사망이 왕 노릇 하는 곳에서 살아가고 있는 것입니다.

생명이 왕 노릇 하는 곳으로 올라가기 위해서는 영이 되어야 한다는 것입니다. 영의 세상은 하나님의 의가 있는 곳입니다. 성경은 영의 글이기 때문에 영으로 거듭나지 않는다면 성경을 보고도 보지 못하게 되는 것입니다. 결국은 바리새인처럼 예수님을 이단으로 몰아버리는 경우가 발생하는 것입니다. 진리 안에 있는 자들은 세상의 가치를 좇아 살아가는 자들이 아니라 오직 예수님만 바라보고 달리는 자들입니다. 좁은 길로 가야 진리 안에 있게 되며 성경을 이해하고 올바로 바라볼 수가 있는 것입니다.

진리는 죄로부터 자유한 자들이 들어가는 하나님의 나라입니다. 즉 하나님의 나라로 들어가지 못하면 소경으로 살아가게 되는 것입니다. 이러한 차원에서 자신을 인식하고 함부로 판단하지 않아야 하며 자신의 영혼 구원을 위해서 오직 예수님만 바라보고 달려가는 것이 우선이 되어야 합니다.

저가 흑암 곧 모인 물과 공중의 빽빽한 구름으로 둘린 장막을 삼으심이여 **사무엘하 22:12**

하나님은 빽빽한 구름으로 둘린 장막을 삼으심이라고 말씀하십니다. 하나님의 처소는 구름 안에 있다는 것입니다. 구름 안은 하나님의 영광이 있는 곳입니다. 예수님께서 구름을 타고 오신다는 의미는 하나님의 장막을 가지고 오신다는 것입니다. 우리에게 하나님의 처소를 덧입게 하셔서 영원한 생명이 되게 하시기 위한 것입니다.

> 또 내가 보니 흰구름이 있고 구름 위에 사람의 아들과 같은 이가 앉았는데 그 머리에는 금 면류관이 있고 그 손에는 이한 낫을 가졌더라 **요한계시록 14:14**

구름 위에 사람의 아들과 같은 이가 앉았는데 그 머리에는 금 면류관이 있고 그 손에는 이한 낫을 가졌다고 말씀하십니다. 구름 위에 있는 자들은 영적인 존재를 의미하는 것입니다. 심판은 지금도 계속적으로 이루어지고 있는 것입니다. 왜냐하면 우리의 죄의 몸을 죽여야 하나님의 의의 몸을 입고 하나님의 영광 안으로 들어갈 수가 있기 때문입니다. 하나님의 자녀란 하나님의 영광 안에 있는 자들입니다.

> 슬프다 주께서 어찌 그리 진노하사 처녀 시온을 구름으로 덮으셨는고 이스라엘의 아름다운 것을 하늘에서 땅에 던지셨음이여 진노하신 날에 그 발등상을 기억지 아니하셨도다 **예레미야애가 2:1**

슬프다 주께서 어찌 그리 진노하사 처녀 시온을 구름으로 덮으셨다고 말씀하십니다. 구름을 덮는다는 것은 하나님의 영광으로 땅을 덮는다는 축복인 것입니다. 그런데 왜! 슬프다고 말씀하셨습니까? 축복은 심판을 통해서 오기 때문입니다. 옛 성을 무너뜨리고 새 성을 주시기 위한 것입니다. 이스라엘의 아름다운 것을 하늘에서 땅으로 던지셨다고 말씀하십니다. 하늘의 영광으로 땅을 덮었다는 것은 땅이 하늘과 연합되어 하나님께서 다스리는 영광이 되었다는 것입니다.

진노하시는 날에 발등상을 기억지 아니하셨다고 말씀하십니다. 발등상은 구름 아래에 있는 땅을 의미합니다. 진노의 날에는 발등상을 기억지 아니하신다는 의미는 땅이 사라지게 하여 새 하늘과 새 땅을 주시기 위한 것입니다. 심판이란 죄가 있는 육의 세상을 멸하고 하나님의 의가 있는 영의 세상을 주시기 위한 것입니다. 예수님께서는 이것을 위해서 오셨던 것입니다. 우리가 왜! 영으로 거듭날 수가 있었던 것입니까? 예수님께서 육의 세상을 멸하시고 영의 세상이 되게 하셨기 때문에 우리 역시 영으로 거듭날 수가 있었던 것입니다.

종말이란 첫째 것을 심판하시고 둘째 것을 우리에게 주시기 위한 것이며, 첫째 언약은 율법이며 둘째 언약은 은혜와 진리 시대를 의미하는 것입니다. 율법 시대는 죄가 있었기 때문에 폐하시고 은혜와 진리 시대는 죄가 없기 때문에 사망이 없는 곳이 되었습니다. 우리는 육으로 태어나기 때문에 사망이 되지만 예수 그리스도를 믿어 영으로 거듭나면 하나님의 은혜 아래에서 생명이 되는 것입니다.

우리가 첫째 사람 안에 있으면 심판을 받게 됩니다. 왜냐하면 죄의 몸이기 때문입니다. 그러나 둘째 사람 안에는 죄가 없기 때문에 사망과 아픔과 슬픔이 없는 삶을 누릴 수가 있다는 것입니다. 진리 안에는 이 삶이 있기 때문에 좁은 길로 가라는 것입니다. 우리의 죄의 몸을 심판하여 의의 몸을 입혀 주셔서 우리가 영원한 생명이 되게 하신 것입니다.

그러므로 우리가 긍휼하심을 받고 때를 따라 돕는 은혜를 얻기 위하여 은혜의 보좌 앞에 담대히 나아갈 것이니라 **히브리서 4:16**

하나님의 은혜는 보좌 안에 있다고 말씀하십니다. 우리가 하나님의 은혜를 입기 위해서는 구름 위에 있는 보좌인 하늘로 올라가야 하는 것입니다. 땅은 하나님의 발등상이지만 하늘은 하나님의 보좌인 것입니다. 하나님의 은혜는 보좌 안에 있기 때문에 영으로 거듭나야 하나님의 영광 안에서 은혜를 받을 수가 있는 것입니다.

그리스도인은 영이기 때문에 하나님의 보좌 안으로 들어가서 생명이 된 것입니다. 예수님의 재림이 있어야 영광의 몸을 입고 구름 위에 있는 보좌로 나아가서 하나님의 은혜를 받을 수가 있는 것입니다. 예수님께서 오셔서 원수의 머리를 밟아 주셔야 영으로 거듭나고 하나님의 보좌로 나아가서 하나님의 은혜를 받을 수가 있는 것입니다.

주 하나님이 가라사대 나는 알파와 오메가라 이제도 있고 전에도 있었고 장차 올 자요 전능한 자라 하시더라 **요한계시록 1:8**

하나님은 변하지 않는 분이시며 알파와 오메가라고 말씀하십니다. 그리고 장차 올 자요 전능한 자라 하시더라고 말씀하십니다. 하나님의 자녀란 전능하신 하나님의 능력을 입고 살아가는 자들입니다. 우리가 죄 아래에서 살아갈 때는 죄에 복종할 수밖에 없었던 자들이지만 이제는 하나님의 의 아래에서 하나님께 복종할 수밖에 없는 자로 신분 변화를 받은 자들입니다.

하나님의 능력은 우리를 하나님의 의로 인도하시는 것이지 죄로 인도하는 것이 아닙니다. 문제는 우리가 좁은 길로 가서 영으로 거듭나지 못하고 육에 머물고 있기 때문에 하나님의 능력을 입지 못하고 있는 것입니다. 예수님께서는 장차 오실 분이라고 말씀하십니다.

예수님은 육의 종말을 이루어야 오실 수가 있는 분이십니다. 왜냐하면 구름이 세상을 덮어 주어야 하기 때문입니다.

구름으로 덮는다는 것은 죄가 없는 영적인 세상이 되기 위한 것입니다. 은혜와 진리 시대는 영의 시대입니다. 왜냐하면 하나님의 통치는 영이 되어야 받을 수 있기 때문입니다. 즉 죄가 없어야 통치가 가능한 것입니다. 죄는 율법 아래에 있지만 은혜 아래에는 없다는 것의 의미는 영의 시대를 맞이하였다는 것입니다. 사망이 왕 노릇 하는 시대는 육이지만 생명이 왕 노릇 하는 곳은 영을 의미합니다. 우리가 영으로 거듭나야 재림하시는 예수님을 맞이할 수가 있다는 것입니다.

나 요한은 너희 형제요 예수의 환난과 나라와 참음에 동참하는 자라 하나님의 말씀과 예수의 증거를 인하여 밧모라 하는 섬에 있었더니 **요한계시록 1:9**

요한은 너희 형제요 예수의 환난과 나라와 참음에 동참하는 자라 하나님의 말씀과 예수의 증거를 인하여 밧모라는 섬에 있었다고 말씀하십니다. 요한이 밧모섬에서 받은 계시가 요한계시록입니다. 요한계시록의 의미는 죄가 있는 육을 심판하는 것입니다. 육의 세상을 심판하여야 죄가 없는 영의 세상을 맞이할 수가 있다는 것입니다. 구원의 결말은 하나님의 통치이며 복음으로 끝이 나는 것입니다. 즉 죄로부터 자유하여 하나님의 자녀가 되는 것이 구원의 결말이라는 것입니다.

주의 날에 내가 성령에 감동하여 내 뒤에서 나는 나팔 소리 같은 큰 음성을 들으니 **요한계시록 1:10**

주의 날이란 주님께서 통치하시는 날입니다. 은혜와 진리 시대는 빛의 시대이며 주님께서 통치하시는 나라인 것입니다. 은혜와 진리 시대는 죄가 없는 세상이기 때문입니다. 그러나 예수 그리스도 안에 있는 자들은 죄가 없지만 예수 그리스도 밖에 있는 자들은 죄가 있는 것입니다.

구원이란 개인 구원입니다. 자신의 믿음에 따라 영으로 거듭난 자가 있으며 믿음이 자라나지 못하여 육에 머물고 있는 자들이 있기 때문입니다. 즉 세상은 영의 시대를 맞이하였지만 우리는 믿음에 따라서 다르다는 것입니다. 하나님의 통치 속에서 살아가기 위해서는 영으로 거듭나서 구름 위에 있는 보좌로 나아가야 하는 것입니다.

가로되 너 보는 것을 책에 써서 에베소, 서머나, 버가모, 두아디라, 사데, 빌라델비아, 라오디게아 일곱 교회에 보내라 하시기로 **요한계시록 1:11**

가로되 너 보는 것을 책에 써서 에베소, 서머나, 버가모, 두아디라, 사데, 빌라델비아, 라오디게아 일곱 교회로 보내라고 말씀하십니다. 요한계시록의 의미를 이해하고 준비하기 위한 것입니다. 오실 주님을 맞이하기 위해서는 기름을 채워서 구름 위에 올라야 하는 것입니다. 예수님께서는 능력과 영광으로 오시는 분이시기 때문에 구름 위로 올라가야 주님을 영접할 수가 있기 때문입니다.

예수님께서 재림하시는 목적은 우리에게 능력과 영광의 몸을 입혀서 우리를 주님께서 거하시고 통치하시는 빛으로 들어가게 하기 위한 것입니다. 영적 세계가 진리이며 하나님의 영광이 있는 곳입니다.

몸을 돌이켜 나더러 말한 음성을 알아 보려고 하여 돌이킬 때에 일곱 금 촛대를 보았는데 **요한계시록 1:12**

요한이 자신에게 말씀하신 음성을 알아보려고 돌이킬 때에 일곱 금 촛대를 보았다고 말씀하십니다. 하나님의 음성을 듣기 위해서는 구름으로 우리를 덮어 주셔야 하는 것입니다. 금 촛대는 일곱 교회를 의미합니다.

촛대 사이에 인자 같은 이가 발에 끌리는 옷을 입고 가슴에 금띠를 띠고 **요한계시록 1:13**

촛대 사이에 인자 같은 이가 발에 끌리는 옷을 입고 가슴에 금띠를 띠고라고 말씀하십니다. 요한이 환상으로 바라본 하나님이십니다. 하나님은 영이시기 때문에 볼 수가 없지만 믿음의 눈으로는 볼 수가 있는 것입니다. 우리가 영적인 존재가 될 때 하나님을 대면할 수가 있는 것입니다.

그 머리와 털의 희기가 흰 양털 같고 눈 같으며 그의 눈은 불꽃 같고 **요한계시록 1:14**

그 머리와 털의 희기가 흰 양털 같고 눈 같으며 그의 눈은 불꽃같다고 말씀하십니다. 영의 눈으로 바라본 하나님의 모습이었습니다.

그의 발은 풀무에 단련한 빛난 주석 같고 그의 음성은 많은 물 소리와 같으며 **요한계시록 1:15**

그의 발은 풀무에 단련한 빛난 주석 같고 그의 음성은 많은 물소리와 같다고 말씀하십니다. 하나님은 소멸하는 불이십니다. 죄를 녹이는 속성을 가지신 분이십니다. 육적인 세상을 녹여야 영의 시대를 맞이할 수가 있는 것입니다. 세상도 죄를 녹여야 하나님께서 통치하실 수가 있으며 우리 역시 죄의 몸을 녹여야 의의 몸으로 변화를 받을 수가 있는 것입니다.

그 오른손에 일곱 별이 있고 그 입에서 좌우에 날선 검이 나오고 그 얼굴은 해가 힘있게 비취는것 같더라 **요한계시록 1:16**

그 오른손에 일곱 별이 있고 그 입에서 좌우에 날선 검이 나오고 그 얼굴은 해가 힘 있게 비취는 것 같더라고 말씀하십니다. 검은 우리가 죄를 이기기 위한 것입니다. 즉 우리가 하나님과 동행하면 죄가 있을 수가 없는 것입니다. 그리고 하나님은 빛이십니다. 그래서 해가 힘 있게 비취는 것 같더라고 말씀하십니다.

우리가 죄 아래에서 살아가면 어둠이지만 하나님의 의 아래에서 살아간다면 빛이 되는 것입니다. 우리가 빛이 되기 위해서는 재림하시는 예수님을 맞이하여야 하는 것입니다. 우리 스스로는 죄가 있기 때문에 빛 안으로 들어갈 수가 없는 것입니다. 예수님께서 오셔야 예수님의 능력으로 빛으로 들어갈 수가 있는 것입니다. 분명한 것은 하나님의 나라는 하나님께서 통치하시는 빛을 의미한다는 것입니다. 영으로 거듭나야 들어갈 수가 있는 곳입니다.

내가 볼때에 그 발앞에 엎드러져 죽은 자 같이 되매 그가 오른손을 내게 얹고 가라사대 두려워 말라 나는 처음이요 나중이니 **요한계시록 1:17**

요한이 볼 때에 그 발 앞에 엎드러져 죽은 자같이 되매 그가 오른 손을 내게 얹고 가라사대 두려워 말라 나는 처음이요 나중이라고 말씀하십니다. 우리는 주님 앞에 죽은 자가 되어야 합니다. 즉 복종을 해야 한다는 의미입니다. 그러나 우리의 옛 사람의 본성으로는 예수님의 말씀에 복종을 할 수가 없는 것입니다. 그래서 하나님 앞에 서면 죽은 자가 되어야 살리심을 받을 수가 있는 것입니다.

곧 산 자라 내가 전에 죽었었노라 볼찌어다 이제 세세토록 살아 있어 사망과 음부의 열쇠를 가졌노니 **요한계시록 1:18**

곧 산 자라 내가 전에 죽었었노라 볼지어다 이제 세세토록 살아 있어 사망과 음부의 열쇠를 가졌다고 말씀하십니다. 예수님께서 육으로 오셨다는 의미는 죽은 자로 오셨다는 것입니다. 즉 사망의 몸을 입고 오신 것입니다. 그러나 자신의 육체를 죽여서 영으로 살리심을 받았기 때문에 산 자가 된 것입니다. 우리 역시 산 자가 되어야 하나님의 자녀가 될 수가 있는 것입니다.

부활이란 재림하시는 예수님을 영접하는 것입니다. 결혼이라는 것은 하나로 연합되는 것을 의미합니다. 신랑과 신부가 연합될 때 우리는 그리스도인이 되며 영원하신 하나님과 연합되어 생명이 될 수가 있는 것입니다. 예수님 안에 있다는 것은 사망을 이기고 생명이 되었다는 것입니다.

재림하시는 예수님을 영접하기 위해서는 먼저 기름을 채워야 하는 것입니다. 우리가 산 자가 되지 못하면 하나님의 자녀가 될 수가 없는 것입니다. 예수님께서 부활하심으로 말미암아 우리가 거룩함을 입어 영생이 되게 하신 것입니다. 우리가 의의 몸으로 입는 것이 곧 생명의 면류관인 것입니다. 우리가 분명하게 알아야 할 것은 하나님의 자녀란 부활되어야 한다는 것입니다.

> 저희는 다시 죽을 수도 없나니 이는 천사와 동등이요 부활의 자녀로서 하나님의 자녀임이니라 **누가복음 20:36**

하나님의 자녀란 영으로 거듭난 자들이기 때문에 죽을 수도 없으며 천사와 동등한 영적 존재가 된 것입니다. 영으로 거듭나는 것이 부활이라는 것입니다. 하나님께서 영이시며 생명이신 것처럼 예수님께서 우리를 죄로부터 속량하셔서 영이 되게 하시고 생명이 되게 하신 것입니다. 우리가 생명이 되어야 빛 안에서 하나님의 통치를 받으며 살아갈 수가 있는 것입니다.

> 그러므로 네 본 것과 이제 있는 일과 장차 될 일을 기록하라 **요한계시록 1:19**

그러므로 네 본 것과 이제 있는 일과 장차 될 일을 기록하라고 말씀하십니다. 요한이 본 환상은 과거, 현재, 미래입니다. 이루어진 일과 현재의 일과 장차 이루어질 일들을 한 번에 보았던 것입니다. 이 부분은 뒤에 나오는 성경 말씀을 통해서 말씀드리겠습니다.

> 네 본 것은 내 오른손에 일곱 별의 비밀과 일곱 금 촛대라 일곱 별은 일곱 교회의 사자요 일곱 촛대는 일곱 교회니라 **요한계시록 1:20**

네 본 것과 내 오른손에 일곱 별의 비밀과 일곱 금 촛대라 일곱 별은 일곱 교회의 사자요 일곱 촛대는 일곱 교회라고 말씀하십니다. 하나님은 칠 일 만에 세상을 창조하시고 사람을 창조하셨습니다. 일곱이라는 숫자는 완성의 의미를 가지는 것입니다. 즉 마지막 칠 일은 영원한 안식의 의미를 가지는 것입니다. 영생이 되어야 영원한 안식을 누릴 수가 있다는 것입니다.

요한계시록의 의미는 죄가 있는 육의 세상과 우리의 육체를 심판하신다는 것입니다. 육의 세상과 우리의 육체는 죄가 있기 때문에 심판을 하여야 우리와 세상의 피조물들이 하나님의 통치를 받을 수가 있다는 것입니다.

요한계시록 2장

에베소 교회의 사자에게 편지하기를 오른손에 일곱 별을 붙잡고 일곱 금 촛대 사이에 다니시는 이가 가라사대 **요한계시록 2:1**

주님께서 오른손에 일곱 별을 붙잡고 일곱 금 촛대 사이로 지나시는 분이 에베소 교회에 말씀하신다고 하십니다. 일곱 별을 하나님께서 붙잡으신다는 것은 하나님께서 교회의 사자와 동행하신다는 의미입니다. 우리는 동행하신다는 의미를 잘 이해하여야 합니다. 하나님의 능력으로 죄로부터 자유하다는 것입니다. 그리고 진리와 함께 하나님의 지혜와 계시를 가질 수가 있다는 것입니다. 우리가 죄로부터 자유하지 못한다면 하나님께서 동행하실 수가 없으며 하나님의 지혜와 계시를 받을 수가 없는 것입니다.

내가 네 행위와 수고와 네 인내를 알고 또 악한 자들을 용납지 아니한 것과 자칭 사도라 하되 아닌 자들을 시험하여 그 거짓된 것을 네가 드러낸 것과 **요한계시록 2:2**

주님께서 에베소 교회 성도들에게 말씀하시기를 네가 네 행위와 수고와 네 인내를 알고 또 악한 자들을 용납지 아니한 것과 자칭 사도라 하되 아닌 자들을 시험하여 그 거짓된 것을 네가 드러낸 것이라고 하십니다. 여기까지는 칭찬을 하신 것입니다. 주님께 봉사를 하고 인내하고 거짓 사도를 드러내기까지는 좋은 일이 분명합니다.

그러나 여기까지는 율법적인 일들이라는 것입니다. 왜냐하면 하나님께서 동행하시지 않아도 할 수가 있는 일들이라는 것입니다. 율법과 은혜를 구분하여야 합니다. 율법은 하나님께서 동행하시지 않고 인간 스스로가 할 수 있는 한계를 의미합니다. 그러나 은혜는 하나님께서 동행하심으로 무한한 하나님의 능력으로 살아가는 삶을 의미하는 것입니다.

또 네가 참고 내 이름을 위하여 견디고 게으르지 아니한 것을 아노라 **요한계시록 2:3**

또 네가 참고 내 이름을 위하여 견디고 게으르지 아니한 것을 안다고 말씀하십니다. 이것도 율법이라는 것입니다. 바리새인은 율법에 충실한 자들입니다. 가장 도덕적으로 뛰어난 자들이 율법사라는 것입니다. 이들은 철저하게 하나님을 섬겼으며 봉사를 하였던 자들입니다. 그러나 율법은 인간이 할 수 있는 한계인 것입니다.

하나님의 은혜는 사람의 한계를 넘어 초월적인 인간성을 주십니다. 아무리 도덕적으로 뛰어난다고 해도 죄로부터 자유를 얻을 수가 없는 것입니다. 그러나 하나님의 은혜는 도덕을 넘어 하나님의 성품에 참여하게 합니다.

그러나 너를 책망할 것이 있나니 너의 처음 사랑을 버렸느니라 **요한계시록 2:4**

열심히 봉사를 하고 주님을 위해 최선을 다했지만 너를 책망할 것이 있으니, 너의 처음 사랑을 버렸다고 말씀하십니다. 처음 사랑은 하나님의 사랑입니다. 하나님께서 사람들을 사랑하시면 그것은 영생인 것입니다. 처음 사랑을 버렸다는 의미는 이 엄청난 은혜인 하나님의 사랑을 버렸다는 것입니다.

왜! 열심히 봉사를 하고 주님을 섬기는 것이 처음 사랑을 버리는 것입니까? 우리가 이 말씀을 이해하지 못하는 것은 영으로 거듭나지 않았기 때문입니다. 이들은 하나님의 은혜 없이 자신의 능력으로 어떤 것을 하려고 하였던 것입니다. 율법의 한계는 우리를 도덕적으로 만들 수는 있지만 우리를 죄로부터 자유케 할 수는 없는 것입니다. 하나님의 사랑은 우리를 죄로부터 자유케 하여 영생이 되게 할 수가 있는 능력인 것입니다.

그러므로 어디서 떨어진 것을 생각하고 회개하여 처음 행위를 가지라 만일 그리하지 아니하고 회개치 아니하면 내가 네게 임하여 네 촛대를 그 자리에서 옮기리라 **요한계시록 2:5**

그러므로 어디서 떨어진 것을 생각하고 회개하여 처음 행위를 가지라고 말씀하십니다. 어디서부터 잘못된 것인지를 생각하고 회개를 하라는 것입니다. 처음 행위란 하나님께서 그들에게 준 첫사랑인 것입니다. 하나님으로부터 끊어진 삶을 사망이라고 하며 하나님과 연합된 삶을 생명이라고 하는 것입니다.

촛대를 옮긴다는 의미는 생명이 끊어진다는 것을 의미합니다. 요한계시록을 이해하기 위해서는 사람의 구원과 세상의 구원을 분리해서 이해하여야 하는 것입니다. 왜냐하면 사람도 구원을 받아야 하며 세상도 구원을 받아야 하는 것입니다. 이 부분은 성경을 이해하는 데 너무나 중요한 것입니다.

> 우리가 판단을 받는 것은 주께 징계를 받는 것이니 이는 우리로 세상과 함께 죄 정함을 받지 않게 하려 하심이라 **고린도전서 11:32**

우리가 판단을 받는 것은 주께 징계를 받는 것이니 이는 우리로 세상과 함께 죄 정함을 받지 않게 하려 하심이라고 말씀하십니다. 판단은 자신에게로 돌아오게 되어 있는 것입니다. 하나님의 징계는 사망인 것입니다. 우리가 우리의 생각대로 판단한 것이 사망으로 되돌아오는 것입니다. 그래서 판단하지 말라고 말씀하시면 이에 복종해야 하는 것입니다. 불복종의 결과는 하나님의 첫사랑으로부터 떨어진 자가 되는 것입니다.

'세상과 함께'라는 말씀에 집중하여야 합니다. 세상은 죄 정함을 받지만 판단하는 자들은 죄 정함을 받지 못하여 사망 안에 거한다는 것입니다. 우리는 우리의 이웃을 함부로 판단하고 멸시를 합니다. 이것이 자신에게 엄청난 손실로 돌아온다는 사실을 인식하지 못한다는 것입니다. 세상의 구원과 우리의 구원은 다르다는 것을 이해하여야 성경을 올바르게 이해할 수가 있는 것입니다.

세상은 하나님의 은혜와 진리 시대를 맞이하였는데 우리가 하나님의 은혜 아래에서 살아갈 수도 있고 은혜 아래에 있지 못할 수도 있다는 것은, 세상의 구원과 우리의 구원은 분리되었다는 것입니다. 그러나 세상의 구원과 우리의 구원을 이루는 맥락은 같은 것입니다.

죄가 있는 육의 세상을 심판하는 것과 죄가 있는 우리의 육체를 심판하는 것은 같은 의미입니다.

종말이라는 것은 죄의 세상을 멸하는 것을 의미하지만 한편으로는 완성을 의미합니다. 이것은 율법을 폐하지 않고 완성하는 것과 같은 것입니다. 율법인 육의 세상과 은혜인 영의 세상이 하나로 연합되어야 하며 율법을 가진 우리의 육체가 은혜인 하나님의 영으로 연합되어야 합니다. 즉 율법적인 세상이 하나님의 영광 안으로 들어가서 하나님의 통치로 완성이 되는 것이며, 율법인 우리의 육체가 하나님의 영광의 몸을 입고 하나님의 영광 안에서 하나님의 통치 속에서 살아가는 것을 의미합니다. 세상과 우리의 구원이 분리되었다는 것을 초점을 두어야 성경을 이해하는 데 도움이 될 수가 있는 것입니다.

> 오직 네게 이것이 있으니 네가 니골라당의 행위를 미워하는도다 나도 이것을 미워하노라 **요한계시록 2:6**

첫사랑을 잊어버린 이유는 이것이니 네가 니골라 당의 행위를 미워하는도다라고 말씀하시면서 주님께서도 이것을 미워한다고 하십니다. 이것이 어떤 문제가 되기에 하나님의 첫사랑을 잊어버렸다고 하는 것입니까? 하나님께서는 우리에게 어떠한 명령을 내렸습니까? 원수까지도 사랑하라는 것입니다. 상대방이 어떠한 잘못을 하더라도 우리는 용서할 수가 있어야 하나님의 말씀에 복종할 수가 있는 것입니다. 하나님은 니골라 당을 미워할 수가 있지만 우리는 해서는 안 된다는 것입니다.

우리는 예수님으로부터 생명을 받았습니다. 즉 예수님께 빚진 자라는 것입니다. 빚진 자가 빚을 갚아 나가는 것이 이웃 사랑입니다. 이웃이 어떠한 잘못을 하더라도 판단을 하지 말아야 하며 그들을 사랑해야 하지만, 하나님은 그들을 미워할 수도 있다는 것입니다. 이것이 하나님과 우리는 다르다는 것입니다. 하나님은 심판자이시지만 우리는 심판자가 아닌 것입니다.

우리에게 심판의 자격이 주어지지 않았는데 사람들을 심판한다면 죄의 능력으로 살아가기 때문에 촛대를 옮기게 되는 것입니다. 하나님의 능력은 우리를 죄의 길로 인도하시지 않고 의의 길로 인도하십니다. 우리가 죄를 짓고 있다는 것은 하나님께서 동행하시지 않는 율법 아래에 있다는 것입니다. 율법 아래에서 살아가는 사람의 특징은 변화가 없는 것입니다. 왜냐하면 하나님의 능력의 말씀이 없기 때문입니다. 하나님의 말씀은 골수를 쪼갤 수 있으며 우리를 변화시킬 수 있습니다.

죄의 성품에서 하나님의 성품으로 변화시키시는 능력이 있지만 우리에게 변화가 없다는 것은 우리가 율법 아래에 있다는 것입니다. 율법은 죄가 있는 곳에 심판을 하기 위한 것입니다. 그러나 은혜 아래에서 살아가는 자들은 죄가 없기 때문에 심판이 없으며, 이에 안식을 누리게 되는 것입니다. 율법 아래에 있다는 것은 하나님의 저주입니다. 왜냐하면 자신의 죄로 말미암아 사망 안에서 살아가야 하기 때문입니다. 그러나 율법으로부터 속량을 받은 자들은 영원하신 하나님과 연합되어 생명 안에서 살아갈 수가 있는 것입니다.

귀 있는 자는 성령이 교회들에게 하시는 말씀을 들을찌어다 이기는 그에게는 내가 하나님의 낙원에 있는 생명나무의 과실을 주어 먹게 하리라 **요한계시록 2:7**

귀 있는 자는 성령이 교회들에게 하시는 말씀을 들을지어다라고 말씀하십니다. 성령이 함께하시면 우리의 영적인 눈과 귀가 열리게 됩니다. 분명한 것은 성령이 함께하시면 성령의 열매가 맺힌다는 것입니다. 자신 안에 어떠한 열매가 맺히는지에 따라서 자신의 상태를 분별하는 것이 중요합니다. 성령의 사람들은 죄와 사망의 법에서 해방을 받은 자들입니다. 즉 영생이 되었다는 것입니다.

이기는 자에게 낙원에 있는 생명나무의 과일을 먹게 하신다고 말씀하십니다. 이기는 자가 누구입니까? 그리스도와 연합되는 자입니다. 이들은 예수님의 능력으로 살아가기 때문에 세상 죄를 이길 수가 있는 것입니다. 이들은 이미 하나님으로부터 오는 생명수를 마시고 있기 때문에 영생이 된 것입니다. 그러나 성령이 함께하시지 않는다면 그리스도인이 될 수가 없으며 죄 아래에서 생명수를 마시지 못하고 사망 안에서 살아가게 되는 것입니다.

서머나 교회의 사자에게 편지하기를 처음이요 나중이요 죽었다가 살아나신 이가 가라사대 **요한계시록 2:8**

죽었다가 살아나신 예수님께서 서머나 교회에 편지하신다고 말씀하십니다. 요한은 성령의 감동을 받은 상태이기 때문에 환상을 볼 수가 있었던 것입니다. 우리에게 성령이 함께하시지 않는다면 하나님으로부터 오는 지혜와 계시를 받을 수가 없습니다. 오늘날도 주님께서는 우리에게 말씀하시고 있습니다. 그분의 음성을 듣기 위해서는 성령으로 하나가 되어야 하는 것입니다.

내가 네 환난과 궁핍을 아노니 실상은 네가 부요한 자니라 자칭 유대인이라 하는 자들의 훼방도 아노니 실상은 유대인이 아니요 사단의 회라 **요한계시록 2:9**

서머나 교회에 말씀하시기를 내가 네 환난과 궁핍을 안다고 하십니다. 그리고 실상은 네가 부요한 자라고 말씀하십니다. 눈에 보이는 것은 허상입니다. 실상은 믿음의 눈으로 바라보는 것입니다. 믿음이 자라나서 영적인 존재가 될 때 비로소 실상을 바라볼 수가 있는 것입니다. 실상을 바라볼 수 있는 눈을 가졌다면 수천 조를 가진 자들이 부럽지가 않습니다. 보이는 것은 잠깐 있다가 사라질 것이기 때문에 허상인 것입니다. 그러나 영생은 영원한 것입니다.

우리가 실제로 영생 안에 있다고 생각한다면 얼마나 기쁜 삶을 살아갈 수가 있겠습니까? 우리는 복음을 누려야 하는 것입니다. 복음은 믿음에 따라서 자신에게 가까이 오는 것입니다. 겉 사람 안에 있다면 천국 복음이 없는 것입니다. 그러나 속 사람을 입게 되면 자신 안에 천국이 있고 복음이 있다는 것을 알게 되는 것입니다.

자칭 유대인이라고 하는 자들의 훼방도 안다고 말씀하시면서 사탄의 회라고 하십니다. 육에 속한 자들은 진리를 알 수가 없기 때문에 훼방을 할 수밖에 없는 것입니다. 진리 안에 있는 자들은 거룩함을 입은 자들입니다. 진리 안에는 하나님의 영광이 있기 때문에 거룩함이 없다면 들어갈 수가 없습니다. 빛의 세계는 하나님께서 거하시는 영적인 세계를 의미하는 것입니다.

우리는 분별할 수가 있어야 합니다. 먼저 자신이 진리 안에서 거룩함을 입었는지가 우선이 되어야 합니다. 왜냐하면 자신 안에 성령의 열매가 없다면 진리 안에 있지 못하기 때문입니다. 진리 안에 있지 못한다면 어떻게 진리의 말씀을 이해할 수가 있습니까? 우리는 자신이 이해하지 못하는 것과 경험하지 못한 것을 부정하는 경우가 많습니다. 그래서 자신의 상태를 분별하는 것이 우선이 되어야 한다는 것입니다. 진리 안에 있지 못한다면 진리를 훼방하는 존재가 되어 버리며 사탄의 회가 되는 것입니다.

좁은 길로 가는 자들에게 주어지는 하나님의 은혜입니다. 세상의 가치를 좇아 살아가는 자들은 영으로 거듭나는 일은 없습니다. 오직 예수님만 바라보고 달려가는 자들에게 주어지는 하나님의 지혜와 계시인 것입니다. 성경을 이해하기 위해서는 성령의 사람이 되어야 합니다. 누가 성령의 사람인지를 분별하기 위한 것은 열매입니다. 자신 안에 맺어지는 열매를 통하여서 자신의 상태를 분별할 수가 있어야 합니다. 이것은 영생이 되느냐 되지 못하느냐 하는 기로에 서 있는 것이기 때문에 너무나 중요한 것입니다. 죄와 연합되면 사망이지만 하나님의 의와 연합되는 것은 생명이기 때문입니다.

예수님께서 이 땅에 오신 목적은 죄 아래 있는 우리를 건져서 하나님과 화목하게 하는 것과 생명이 되게 하는 것입니다. 하나님과의 화목에는 죄가 없습니다. 왜냐하면 이들은 하나님께서 능력으로 이끄시기 때문입니다. 자신 안에 죄가 있다면 통곡할 일입니다. 왜냐하면 영생이 되지 못하였다는 것이기 때문입니다.

> 네가 장차 받을 고난을 두려워 말라 볼찌어다 마귀가 장차 너희 가운데서 몇 사람을 옥에 던져 시험을 받게 하리니 너희가 십일 동안 환난을 받으리라 네가 죽도록 충성하라 그리하면 내가 생명의 면류관을 네게 주리라 **요한계시록 2:10**

네가 장차 받을 고난을 두려워 말라고 말씀하십니다. 마귀가 너희 가운데 몇 사람을 옥에 던져 시험을 받게 하리니 너희가 십 일 동안 환난을 받으리라고 말씀하십니다. 믿음은 환난을 받을 때 자라나는 것입니다. 그러나 자신의 죄로 말미암아 받는 환난에는 믿음이 자라나지 못하는 것입니다. 십자가를 지고 예수님을 따를 때 잠시의 환난을 받지만 그 이후에는 생명의 면류관을 받으리라고 말씀하십니다. 살아 있는 우리가 영으로 거듭나면 생명의 면류관을 받게 되는 것입니다.

영생이 되는 것처럼 좋은 것은 없는 것입니다. 우리가 영생이 되지 못하는 이유는 자신의 죄의 몸을 버리지 않고 있기 때문입니다. 육체의 정욕을 좇아 살아가는 자들은 생명이 있는 빛으로 들어가지 못하는 것입니다. 빛으로 들어간다는 것은 죄로부터 자유하다는 것입니다. 왜냐하면 빛 안에는 하나님의 통치가 있기 때문입니다.

> 귀 있는 자는 성령이 교회들에게 하시는 말씀을 들을찌어다 이기는 자는 둘째 사망의 해를 받지 아니하리라 **요한계시록 2:11**

귀 있는 자들은 성령이 교회들에게 하시는 말씀을 들으라고 말씀하십니다. 성령의 열매를 맺어 하나님의 음성을 들어야 하는 것입니다. 이기는 자는 둘째 사망의 해를 받지 아니하리라고 말씀하십니다. 믿음이 자라나서 영으로 거듭난 자들은 세상 죄를 이긴 자들입니다. 이들은 둘째 사망의 해를 받지 아니한다고 말씀하십니다.

첫째 사망은 무엇이며 둘째 사망은 무엇입니까? 첫째 것은 육이며 둘째 것은 영입니다. 예수님께서 이 땅에 오셔서 첫째 것을 폐하시고 둘째 것을 세우셨다는 의미는 사망이 있는 육의 시대를 폐하시고 사망이 없는 영의 시대를 맞이하였다는 것입니다. 하나님의 은혜와 진리 시대는 사망이 없는 영의 시대입니다. 육은 영원한 기업을 받을 수가 없지만 영은 영원한 기업을 받을 수 있도록 예수님께서 이루시고 완성한 것입니다.

> 버가모 교회의 사자에게 편지하기를 좌우에 날선 검을 가진 이가 가라사대 **요한계시록 2:12**

날선 검을 가진 주님께서 버가모 교회의 사자에게 편지한다고 말씀하십니다. 날선 검이란 죄를 이기기 위한 것입니다. 하나님의 능력으로 살아가는 삶은 죄를 이길 수가 있는 것입니다.

> 네가 어디 사는 것을 내가 아노니 거기는 사단의 위가 있는 데라 네가 내 이름을 굳게 잡아서 내 충성된 증인 안디바가 너희 가운데 곧 사단의 거하는 곳에서 죽임을 당할 때에도 나를 믿는 믿음을 저버리지 아니하였도다 **요한계시록 2:13**

네가 어디 사는 것을 내가 안다고 말씀하십니다. 거기는 사탄의 위가 있는 데라고 말씀하십니다. 이때까지는 종말을 이루지 못했기 때문에 죄가 있는 육의 시대입니다. 육은 죄가 통치하는 곳이라는 것입니다. 사탄이 거하는 곳에서 안디바의 죽음에도 나를 믿는 믿음을 저버리지 않았다고 말씀하십니다. 아직도 사탄이 권세를 가진 시대였지만 믿음을 저버리지 않는 것에 칭찬을 합니다.

종말이란 죄가 있는 육의 시대를 의미합니다. 예수님께서 주인으로 오시려면 영이 되어야 하기 때문입니다. 영의 시대를 맞이하여야 예수님께서 재림을 하실 수가 있는 것입니다. 영은 죄가 없는 의의 몸이며 생명인 것입니다. 영으로 오셔야 사람과 연합되어 생명이 될 수가 있는 것입니다.

우리 믿음이 자라나지 못하고 육에 머물고 있다면 사탄의 권세 아래에서 살아가게 되는 것입니다. 영으로 거듭나야 하나님의 보좌에서 하나님의 통치를 받을 수가 있다는 것입니다. 구원은 개인 구원입니다. 자신의 믿음에 따라서 죄의 권세 아래 있기도 하고 하나님의 주권 아래에 있기도 하는 것입니다. 하나님의 주권 아래에서 살아가는 것이며 구원이며 복음입니다.

> 그러나 네게 두어가지 책망할 것이 있나니 거기 네게 발람의 교훈을 지키는 자들이 있도다 발람이 발락을 가르쳐 이스라엘 앞에 올무를 놓아 우상의 제물을 먹게 하였고 또 행음하게 하였느니라 **요한계시록 2:14**

그러나 네게 두어 가지 책망할 것이 있다고 말씀하십니다. 거기는 발람의 교훈을 지키는 자들이 있다고 말씀하십니다. 발람의 교훈이 무엇입니까? 이스라엘 앞에 올무를 놓아 우상의 제물을 먹게 하고 또 행음하게 된 것입니다. 우상의 제물이 무엇입니까? 세상의 것들을 사랑하는 것입니다. 그리스도인은 영적인 존재며 이 땅에 사는 존재가 아니라 하늘에 앉은 자들입니다. 그런데 땅의 것들을 사랑하게 된다면 자신의 영혼을 죄에 주는 결과를 낳게 되는 것입니다.

예수 그리스도를 떠나는 삶은 영적 간음입니다. 철저하게 예수님만을 바라보고 달려가야 영생을 얻게 되는 것입니다. 우리 자신은 무엇을 바라보고 달려가고 있는지를 분별하시기를 바랍니다. 멸망으로 향하고 있는지 아니면 생명을 향해서 달려가고 있는지 분명한 인식이 필요합니다. 영혼 구원이 영생임을 인식할 수 있어야 합니다.

> 이와 같이 네게도 니골라당의 교훈을 지키는 자들이 있도다 **요한계시록 2:15**

버가모 교회에는 니골라 당의 교훈을 따라 우상의 제물을 지키는 자들이 있다고 말씀하십니다. 오늘날 우리 역시 예수님을 배반하고 세상의 것들을 추구하며 살아가는 자들이 있습니다. 이 얼마나 억울한 일입니까? 그래도 우리가 이 억울한 일을 행하고 있으면서도 깨닫지 못하는 이유는 소경이기 때문입니다. 영생을 포기하고 세상 죄를 따라 살아간다는 것은 있을 수가 없는 일이지만 혼미한 영으로 인한 착각이기 때문에 어쩔 수가 없는 일입니다. 하나님의 자비가 필요한 것입니다. 하나님의 은혜가 없으면 절대로 돌이키지 못하고 어둠 속에서 살아가게 되는 것입니다.

> 그러므로 회개하라 그리하지 아니하면 내가 네게 속히 임하여 내 입의 검으로 그들과 싸우리라 **요한계시록 2:16**

그러므로 회개하라고 말씀하십니다. 회개하지 못하면 내 입의 검으로 그들과 싸우리라고 말씀하십니다. 회개에 대한 분명한 인식을 해야 합니다. 죄의 본성을 죽이지 못한다면 여전히 죄에 복종할 수밖에 없는 것입니다. 즉 회개는 옛 사람을 버릴 수 있도록 하나님께 은혜를 구하는 것이 본질인 것입니다. 성경은 죽을죄를 지어 회개를 반복한다면 그리스도의 초보에 머물 것이라고 말씀하십니다. 초보에 머물고 있다는 것은 영생 안으로 들어가지 못했다는 것입니다.

완전한 곳으로 나아가야 영원하신 예수님과 연합되어 영생이 되는 것입니다. 이 삶은 영원한 안식을 의미합니다. 하나님은 죄를 멸하시기 위해서 심판을 하시는 분이십니다. 죄의 몸을 죽여서 의의 몸을 입히시기 위한 것입니다. 이것이 하나님의 은혜인 것입니다. 죄를 짓고 있는데 심판을 받지 아니한다면 축복이 아니라 진노인 것입니다. 하나님께서 우리를 죄 가운데 내버려 두시는 것은 진노인 것입니다.

> 귀 있는 자는 성령이 교회들에게 하시는 말씀을 들을찌어다 이기는 그에게는 내가 감추었던 만나를 주고 또 흰 돌을 줄터인데 그 돌 위에 새 이름을 기록한 것이 있나니 받는 자 밖에는 그 이름을 알 사람이 없느니라 **요한계시록 2:17**

이기는 자에게 감추었던 만나를 주고 또 흰 돌을 줄 터인데 그 돌 위에 새 이름을 기록한 것이 있나니 받는 자밖에 그 이름을 알 사람이 없다고 말씀하십니다. 죄로부터 자유한 자들이 이기는 자들입니다. 이들은 생명수를 마시는 자들입니다. 율법 시대의 만나는 우리의 육체를 위한 것이지만 은혜 시대의 만나는 생명을 의미하는 것입니다.

그리고 흰 돌을 받는다고 말씀하십니다. 흰 돌은 예수님을 의미합니다. 예수님 안에 생명이 있기 때문에 흰 돌을 받는다는 것은 영원한 생명을 받는다는 의미입니다. 이것은 오직 자신만이 알게 되는 것이며 구원의 삶을 누리게 되는 것입니다.

> 두아디라 교회의 사자에게 편지하기를 그 눈이 불꽃 같고 그 발이 빛난 주석과 같은 하나님의 아들이 가라사대 **요한계시록 2:18**

하나님의 아들 예수님께서 두아디라 교회의 사자에게 편지를 합니다.

> 내가 네 사업과 사랑과 믿음과 섬김과 인내를 아노니 네 나중 행위가 처음것보다 많도다 **요한계시록 2:19**

내가 네 사업과 사랑과 믿음과 섬김과 인내를 안다고 말씀하십니다. 우리가 실수하는 부분이 이러한 경우입니다. 자신의 열심으로 행한 것과 하나님의 능력을 입고 행하는 것은 율법과 은혜의 차이입니다.

네 나중 행위가 처음 것보다 많다고 말씀하십니다. 믿음에 따라서 행위 역시 자라나는 것은 분명합니다. 행위가 따르지 못하는 믿음은 죽은 믿음입니다. 믿음 뒤에 반드시 따르는 것은 행위입니다. 이것은 율법인 우리가 하나님의 능력을 입고 나타내는 행위를 의미합니다.

그러나 네게 책망할 일이 있노라 자칭 선지자라 하는 여자 이세벨을 네가 용납함이니 그가 내 종들을 가르쳐 꾀어 행음하게 하고 우상의 제물을 먹게 하는도다
요한계시록 2:20

그러나 네게 책망할 일이 있노라고 말씀하십니다. 자칭 선지자라 하는 여자 이세벨을 네가 용납함이니 그가 내 종들을 꾀어 행음하게 하고 우상의 제물을 먹게 한다고 말씀하십니다. 믿음은 온전히 자라나서 완전한 곳에 이르러야 한다는 것입니다. 완전한 곳에 이르러야 예수 그리스도와 함께 연합되어 예수님의 능력을 입고 살아갈 수가 있다는 것입니다. 그러나 세상의 죄에 매여 우상의 제물을 먹게 된다면 하나님의 의에 이르지 못하고 예수님의 능력을 입을 수가 없다는 것입니다.

오늘날도 마찬가지입니다. 세상의 가치를 좇아 살아가는 자들은 우상의 제물을 먹고 있는 것입니다. 죄로부터 좀처럼 해방을 받지 못하고 있는 것은 세상 죄에 유혹되어 살아가고 있기 때문입니다.

세상의 것은 잠시 있다가 사라지는 것이지만 영생은 영원한 것입니다. 세상을 좇는다는 것은 영원한 생명을 포기하는 것과 같은 것입니다.

> 또 내가 그에게 회개할 기회를 주었으되 그 음행을 회개하고자 아니하는도다 **요한계시록 2:21**

주님께서 회개할 기회를 주었으되 그 음행을 회개하고자 아니한다고 말씀하십니다. 하나님의 관점에서 회개는 두 번 다시 죄를 반복하지 않는다는 것입니다. 문제는 믿음이 온전하게 자라나지 못했기 때문에 여전히 죄에 복종하며 살아가고 있는 것입니다.

온전한 회개는 자신의 옛 사람을 십자가에 못 박는 것입니다. 옛 사람을 버리지 못한다면 육체의 정욕을 좇아가며 영적 간음 행위를 하게 되는 것입니다. 하나님께서 동행하시지 않는 삶은 영혼이 죽은 것입니다.

> 볼찌어다 내가 그를 침상에 던질터이요 또 그로 더불어 간음하는 자들도 만일 그의 행위를 회개치 아니하면 큰 환난 가운데 던지고 **요한계시록 2:22**

볼지어다 내가 그를 침상에 던질 터이요 또 그로부터 더불어 간음하는 자들도 만일 그의 행위를 회개치 아니하면 큰 환난 가운데 던진다고 말씀하십니다. 육체적인 간음과 영적인 간음은 하나님으로부터 불로 심판을 받게 됩니다. 우리는 자신의 죄들을 망각하고 살아가기 때문에 하나님을 두려워하지 않는다는 것입니다.

죄의 결과는 심판입니다. 하나님은 반드시 죄에 대한 심판을 하시는 분이십니다. 우리가 마음의 평안을 얻지 못하는 것도 죄에 대한 심판이라는 것입니다. 이러한 현상이 오면 철저하게 회개를 통해서 하나님과 화목함을 이루어야 한다는 것입니다.

> 또 내가 사망으로 그의 자녀를 죽이리니 모든 교회가 나는 사람의 뜻과 마음을 살피는 자인줄 알찌라 내가 너희 각 사람의 행위대로 갚아 주리라 **요한계시록 2:23**

주님께서 간음하는 자에게 그의 자녀를 죽인다고 말씀하십니다. 이 얼마나 무서운 말씀입니까? 사망이 무엇입니까? 육에 머문다는 것입니다. 즉 하나님과의 관계가 무너진 상태를 사망이라고 하는 것입니다. 반대로 하나님과 연합된 삶은 생명이 되는 것입니다.

하나님은 사람의 뜻과 마음을 살피신다고 말씀하십니다. 사람은 하나님의 행위를 알지 못하지만 하나님은 우리의 행위를 잘 알고 계시는 분이십니다. 그리고 각 사람의 행위대로 갚아 주리라고 말씀하십니다. 죄의 결과는 반드시 있는 것입니다. 진리 안에서 거룩함을 입지 못하는 것도 죄의 결과인 것입니다.

하나님의 자녀란 영원한 안식 아래에서 살아가는 자들입니다. 이 안식을 누리지 못하는 이유는 무엇입니까? 자신의 판단대로 행동하다가 심판을 받았기 때문에 안식을 누리지 못하고 있는 것입니다. 하나님께서 우리의 죄를 심판하시지 않는다면 하나님이 아니신 것입니다. 왜냐하면 죄를 심판하셔야 하나님의 의가 되고 생명이 될 수가 있기 때문입니다.

하나님의 심판은 의로우며, 우리가 생명이 되게 하시는 은혜를 내려 주시기 때문에 축복이라는 것입니다. 그러나 우리가 죄를 짓고 살아가고 있는데 심판하시지 않는다면 그것은 하나님의 진노이며 우리는 영원한 사망 안에 있어야 하는 것입니다.

두아디라에 남아 있어 이 교훈을 받지 아니하고 소위 사단의 깊은 것을 알지 못하는 너희에게 말하노니 다른 짐으로 너희에게 지울 것이 없노라 **요한계시록 2:24**

두아디라에 남아 있는 자들 중에서 남은 자들은 소위 사탄의 깊은 것을 그 여자에게 배우지 않는 너희에게 말하노니 다른 짐으로 너희에게 지울 것이 없다고 말씀하십니다. 이세벨의 가르침은 육적인 것과 영적인 간음을 의미합니다. 그래도 사탄의 깊은 것을 알지 못하는 자에게는 다른 짐을 지우지 않겠다는 것입니다.

다만 너희에게 있는 것을 내가 올 때까지 굳게 잡으라 **요한계시록 2:25**

다만 너희에게 있는 것을 내가 올 때까지 굳게 잡으라고 말씀하십니다. 예수 그리스도께서 오셔야 우리는 죄로부터 자유할 수가 있는 것입니다. 왜냐하면 예수님께서 오시지 않았다면 우리는 하나님께로 나아갈 방법이 없는 것입니다.

중보자가 오셔서 각자 안에 하나님의 나라를 완성하여 주셔야 하나님과 동행을 할 수가 있는 것입니다. 예수님께서 오실 때까지 자신의 믿음을 굳게 잡고 있어야 하는 것입니다. 깨어 있어야 재림하시는 예수님을 영접할 수가 있기 때문입니다.

이기는 자와 끝까지 내 일을 지키는 그에게 만국을 다스리는 권세를 주리니 **요한계시록 2:26**

예수님께서 오셔야 이기는 자가 되는 것입니다. 우리의 능력으로는 죄를 이길 수가 없지만 예수님의 능력으로는 가능한 것입니다. 자신이 죄 가운데 살아가면서 예수님의 자녀라고 주장을 한다면 예수님께서 이렇게 말씀하실 것입니다. "내가 언제 너희를 죄 짓게 하였느냐. 결코 그러한 일들은 없을 것이다. 너희가 죄의 자녀이기 때문에 죄를 짓고 살아가고 있는 것이다."

예수님의 것이란 죄의 것이 아니라는 것입니다. 예수님의 능력은 우리를 죄로부터 충분히 자유케 하실 수 있는 것입니다. 다만 우리가 예수님의 말씀에 복종하지 않았기 때문에 죄에 복종하며 살아가고 있는 것입니다.

그가 철장을 가지고 저희를 다스려 질그릇 깨뜨리는 것과 같이 하리라 나도 내 아버지께 받은 것이 그러하니라 **요한계시록 2:27**

예수님께서 오실 때 심판을 하시는 것입니다. 사탄의 머리를 밟아야 한다는 것입니다. 하나님의 나라는 죄로부터 자유합니다. 예수님께서 오셔야 사탄을 쫓아내고 하나님의 나라가 임하는 것입니다.

예수님께서는 하나님으로부터 심판의 권한을 받은 것입니다. 예수님께서 보좌에 앉으셔서 심판을 하고 있는지 그렇지 아니하는지는 성경을 통해서 알아보아야 합니다.

아버지께서 자기 속에 생명이 있음 같이 아들에게도 생명을 주어 그 속에 있게 하셨고 **요한복음 5:26**

아버지 안에 계신 생명을 예수님께 주었습니다. 그래서 예수님 안에 있는 자들은 생명 안에 있는 자들입니다. 예수님께서 재림하시지 않는다면 우리는 생명 안에 있는 것이 아니라 사망 안에 있어야 하는 것입니다. 하나님의 자녀란 부활의 자녀로서 영생이 된 자들입니다. 죄의 지배 아래에 있으면 사망 안에 있어야 하지만 하나님의 지배 아래에서는 생명이 되는 것입니다.

또 인자됨을 인하여 심판하는 권세를 주셨느니라 **요한복음 5:27**

예수님께서 재림하시는 목적은 심판입니다. 양과 염소를 심판하여 양은 빛으로 들어가서 생명에 이르게 하며 염소는 어둠 안에서 사망에 이르게 되는 심판을 하시는 것입니다.

이를 기이히 여기지 말라 무덤 속에 있는 자가 다 그의 음성을 들을 때가 오나니 **요한복음 5:28**

무덤 속에 있는 자가 다 그의 음성을 들을 때가 온다고 말씀하십니다. 무덤 속에 있는 자는 사망 안에 있는 자를 의미하는 것입니다. 사망 안에 있는 자가 하나님의 음성을 듣고 깨어나서 생명이 된다는 것입니다. 하나님의 자녀란 하나님의 음성을 듣고 사망에서 깨어나 생명으로 옮겨진 자들입니다.

선한 일을 행한 자는 생명의 부활로, 악한 일을 행한 자는 심판의 부활로 나오리라 **요한복음 5:29**

선한 일을 행한 자는 생명의 부활로, 악한 일을 행하는 자는 심판의 부활로 나온다고 말씀하십니다. 영에 속한 자는 생명이지만 육에 속한 자들은 사망인 것입니다. 이미 심판이 이루어지고 있기 때문에 영으로 거듭나서 생명이 된 자들이 있는가 하면, 육에 머무는 자들도 있습니다. 이들은 사망 안에 있게 되는 것입니다. 이는 예수님께서 재림하셔서 보좌에 앉으신 것입니다. 보좌란 영적인 세계를 의미합니다. 예수님은 구름 위인 영적인 세계로 오시기 때문에 육에 속한 자들은 볼 수가 없는 것입니다.

모든 민족이 본다는 것은 육체가 죽은 자들은 영으로 구름 위에서 볼 수가 있으며 육체가 산 자들은 영으로 거듭나서 구름 위에서 예수님을 영접할 수가 있다는 것입니다. 죽은 자들이 먼저 일어나서 그들과 함께 구름 위에 올라간다는 것은 영적인 세계로 들어간다는 것입니다. 우리 역시 영으로 거듭나지 못한다면 구름 위로 올라가지 못하기 때문에 재림하시는 예수님을 영접하지 못하는 것입니다. 예수님의 재림은 영으로 오신다는 것입니다.

> 내가 아무 것도 스스로 할 수 없노라 듣는대로 심판하노니 나는 나의 원대로 하려하지 않고 나를 보내신 이의 원대로 하려는고로 내 심판은 의로우니라 **요한복음 5:30**

예수님의 심판은 스스로 할 수 없으며 하나님의 원대로 하시기 때문에 의롭다는 것입니다. 예수님의 의로운 심판이 있었기 때문에 사망 안에 있는 자와 생명 안에 있는 자로 심판을 받고 살아가고 있는 것입니다.

예수 그리스도와 연합된 자들은 이미 예수 그리스도를 영접하여 하나로 연합되어 신부가 된 자들입니다. 이들은 성령으로 하나가 되었기 때문에 생명이 된 것입니다. 그러나 예수 그리스도를 영접하지 못한 자들은 사망 안에 있게 되는 것입니다. 예수 그리스도를 영접한 자들은 생명의 열매를 맺게 되지만 영접하지 못한 자들은 사망 안에서 사망의 열매를 맺게 되는 것입니다. 자신은 누구와 연합되어 살아가고 있는지 열매를 통해서 분별해야 하는 것입니다.

> 또 너희에게 이르노니 동서로부터 많은 사람이 이르러 아브라함과 이삭과 야곱과 함께 천국에 앉으려니와 **마태복음 8:11**

동서로부터 많은 사람이 이르러 아브라함과 이삭과 야곱과 함께 천국에 앉는다고 말씀하십니다. 이것은 예수님의 심판으로 인해 천국 안에 앉을 수가 있다는 것입니다. 천국이란 하나님께서 통치하시는 보좌, 진리, 빛을 의미합니다. 하나님의 자녀들이란 하나님의 처소가 있는 자들을 의미합니다. 하나님께서 계신 곳에 예수님, 아브라함, 이삭, 야곱이 함께하시는 것입니다. 빛으로 들어간 자들이 있다는 것은 심판이 이루어지고 있다는 것입니다.

> 나라의 본 자손들은 바깥 어두운데 쫓겨나 거기서 울며 이를 갊이 있으리라 **마태복음 8:12**

본 자손들은 빛으로 들어가지 못하고 바깥 어두운 데 쫓겨나 울며 이를 갊이 있다고 말씀하십니다. 이스라엘 민족이 본 자손들입니다. 이들은 진리 안에 있지 못하며 율법 아래에 있는 것입니다. 율법은 죄가 있기 때문에 사망이 있지만 하나님의 은혜가 있는 보좌는 죄가 없기 때문에 사망이 없는 곳입니다.

하나님의 자녀란 빛 안에 있는 자들이지만 죄의 자녀는 어둠 안에서 심판을 받고 살아가는 자들입니다. 어떤 자들은 율법 아래에서 살아가고 어떤 자들은 은혜가 있는 보좌 안에서 살아가고 있는 것입니다. 어둠 안에서 이를 갈고 살아가는 이유는 심판이 있기 때문입니다. 죄가 있는 곳에 율법이 있는 것입니다.

율법의 속성은 죄의 몸을 죽이는 것입니다. 하나님은 죄와 함께하실 수가 없기 때문에 율법 아래에서 심판을 받게 하시는 것입니다. 그러나 율법으로부터 속량을 받은 자들은 죄가 없기 때문에 사망과 아픔과 슬픔이 없는 삶을 살아갈 수가 있다는 것입니다. 율법 아래에서 살아가는 삶이 어둠이며 지옥인 것입니다. 반대로 율법으로부터 속량을 받은 삶은 은혜와 진리이며 심판을 받지 아니하고 영원한 안식을 누릴 수가 있는 것입니다.

만일 네 눈이 너를 범죄케 하거든 빼어버리라 한 눈으로 하나님의 나라에 들어가는 것이 두 눈을 가지고 지옥에 던지우는 것보다 나으니라 **마가복음 9:47**

네 눈이 범죄하거든 빼어 버리라 한 눈으로 하나님의 나라에 들어가는 것이 두 눈을 가지고 지옥에 던져지는 것보다 낫다고 말씀하십니다. 이 말씀의 의미는 천국은 살아 있는 우리가 들어가는 곳이라는 것입니다. 빛으로 들어간 자가 있으며 어둠 안에 있는 자들이 있다는 것입니다. 천국이란 우리의 육신이 살아 있는 상태에서 영생이 된 자들이 구름 위에 있는 보좌로 들어가는 곳을 의미합니다. 천국 보좌 안으로 들어가야 하나님의 통치를 받을 수가 있는 것입니다.

거기는 구더기도 죽지 않고 불도 꺼지지 아니하느니라 **마가복음 9:48**

지옥은 구더기도 죽지 않고 불도 꺼지지 아니한다고 말씀하십니다. 하나님은 소멸하는 불이십니다. 죄의 몸을 불로써 태워야 정금같이 탄생할 수가 있는 것입니다. 육의 삶이 땅에 있는 삶이며 지옥인 것입니다. 이 삶은 하나님의 심판으로 말미암아 고난과 고통 속에서 살아가게 되는 것입니다.

지옥이란 어둠이며 죄가 지배하는 곳을 의미하는 것입니다. 반대로 천국은 하늘에서 살아가는 삶인 것입니다. 하나님의 통치 속에서 살아가기 위해서는 천국 보좌 안으로 들어가야 하는 것입니다.

사람마다 불로서 소금 치듯함을 받으리라 **마가복음 9:49**

지옥은 사람마다 불로써 소금 치듯 함을 받으리라고 말씀하십니다. 왜! 불로써 소금을 쳐야 합니까? 그 이유는 다음 절에서 설명을 하고 있는 것입니다.

소금은 좋은 것이로되 만일 소금이 그 맛을 잃으면 무엇으로 이를 짜게 하리요 너희 속에 소금을 두고 서로 화목하라 하시니라 **마가복음 9:50**

소금은 좋은 것이로되 만일 소금이 그 맛을 잃으면 무엇으로 이를 짜게 하리요라고 말씀하십니다. 지옥 불에서 소금을 쳐야 하는 이유는 맛을 내기 위한 것이라고 말씀하십니다. 너무나 분명하게 지옥에 대해 설명을 하고 있는 것입니다. 죽어서 지옥을 가서 소금을 쳐서 맛을 내야 할 이유가 있습니까? 살아 있는 우리가 빛으로 들어가지 못한 삶이 지옥이라는 것입니다.

소금을 치는 이유는 서로 화목하게 하기 위한 것입니다. 그리스도인이 되게 하셔서 빛과 소금이 되어 서로 화목하게 하기 위한 것입니다. 많은 사람들이 빛의 삶을 경험하지 못했기 때문에 자신이 살고 있는 곳이 지옥이라는 것을 모르고 살아가고 있는 것입니다. 구원은 불 속에서 건짐을 받는 것입니다. 정금같이 탄생하지 않으면 불 속에서 소금 치듯 함을 받아야 하는 것입니다.

율법은 사람이 살 동안만 주관하는 것입니다. 즉 심판은 죄의 몸을 입고 있는 동안에 있다는 것입니다. 하나님은 사랑이십니다. 굳이 우리의 영혼을 영원한 지옥으로 보내야 할 이유가 없는 것입니다. 단지 우리가 죄의 영으로 이끌림을 받았기 때문에 죄가 있었던 것입니다. 그러니 죄의 몸이 죽어 버리면 굳이 지옥으로 보내야 할 이유가 없는 것입니다.

단지 우리를 지옥으로 보내는 것은 우리를 단련하여서 정금같이 탄생시키기 위한 것입니다. 율법에서 속량을 받은 그리스도인은 죄와 사망의 법에서 해방을 받았기 때문에 정죄를 받지 아니하며 빛 안에서 안식을 누릴 수가 있는 것입니다.

인자가 자기 영광으로 모든 천사와 함께 올때에 자기 영광의 보좌에 앉으리니
마태복음 25:31

인자가 자기 영광으로 모든 천사와 함께 올 때에 자기 영광의 보좌에 앉으신다고 말씀하십니다. 영광은 영을 의미합니다. 그리고 천사도 영인 것입니다. 예수님께서 영광으로 오신다는 것은 주인으로 오신다는 것입니다. 주인은 나라가 반드시 따라오게 되어 있습니다. 주인 없는 나라 없고 나라 없는 주인은 없는 것입니다.

예수님께서 왕이신 나라는 빛을 의미합니다. 즉 하나님께서 거하

시는 처소인 영적인 세계를 의미합니다. 죄는 육의 세상에 존재합니다. 영적 세계에 죄가 존재하지 못하는 이유는 하나님과 예수님께서 그곳에 계시기 때문입니다. 예수님께서 왕으로 오시는 곳은 구름 위에 있는 영적인 세계, 즉 하나님의 보좌를 의미하는 것입니다. 예수님의 심판은 보좌에서 이루어지기 때문에 영으로 오시는 것입니다.

모든 민족을 그 앞에 모으고 각각 분별하기를 목자가 양과 염소를 분별하는것 같이 하여 **마태복음 25:32**

예수님께서 보좌에 앉으시고 모든 민족을 모아서 각각 분별하기를 목자가 양과 염소를 분별하는 것과 같다고 말씀하십니다. 양은 예수님의 보혈로 속량을 얻어 예수님의 말씀에 복종하는 자들이지만 염소는 예수님의 말씀에 복종하지 않는 자들을 말합니다. 양이 살아가는 곳은 빛이며 염소가 살아가는 곳은 어둠인 것입니다.

분명한 것은 심판이 이루어지고 있기 때문에 복종하는 자와 복종하지 않는 자의 구분이 있다는 것입니다. 복종할 수가 있다는 것은 하나님의 은혜가 임하고 있다는 것입니다. 복종하지 못한 자들은 하나님의 진노 속에서 살아가며 불 속에서 소금 치듯 함을 받고 살아가고 있는 것입니다.

양은 그 오른편에, 염소는 왼편에 두리라 **마태복음 25:33**

양은 그 오른편에, 염소는 왼편에 두리라고 말씀하십니다. 이미 심판이 이루어지고 있다는 것은 예수님의 재림이 이루어졌다는 것입니다. 문제는 우리가 죄 아래에서 예수님의 말씀에 복종하지 못하는 상태를 깨닫지 못하고 있는 것입니다. 자신이 처한 상태가 지옥이라는 사실을 알지 못하기 때문입니다.

'설마 나는 염소가 아니겠지'라고 생각한다면 착각입니다. 생명이 된 자들은 이미 천국에서 안식을 누리고 있는 것입니다. 우리가 이러한 사실을 인식할 수가 있을 때 복이 있는 것입니다. 그러나 소경은 인식조차 못하는 것입니다.

> 그 때에 임금이 그 오른편에 있는 자들에게 이르시되 내 아버지께 복 받을 자들이여 나아와 창세로부터 너희를 위하여 예비된 나라를 상속하라 **마태복음 25:34**

오른편에 앉은 자들이 복을 받은 자들입니다. 이들은 빛 안에서 생명이 되었지만 왼편에 앉은 자들은 어둠 안에서 사망으로 살아가고 있는 것입니다.

복 받은 자들은 창세로부터 너희를 위하여 예비된 나라를 상속하라고 말씀하십니다. 하나님의 나라는 영원히 변하지 않는 진리의 세상을 의미합니다. 우리가 진리 안에 있지 못한다면 하나님께 예배를 드릴 수가 없는 것입니다. 예수님의 나라는 어둠의 권세에서 벗어난 빛의 나라를 의미하는 것입니다.

> 내가 주릴 때에 너희가 먹을 것을 주었고 목마를 때에 마시게 하였고 나그네 되었을 때에 영접하였고 **마태복음 25:35**

오른편에 앉은 자들은 예수님께서 주릴 때에 먹을 것을 드렸고 목마를 때에 마시게 해 드렸으며 나그네 되었을 때 영접하였다고 말씀하십니다. 우리의 이웃을 자신의 몸과 같이 사랑하는 자들이 심판을 받고 오른편으로 살아가고 있는 것입니다. 이웃에게 함부로 하는 자들은 왼편에 앉게 되는 것입니다.

벗었을 때에 옷을 입혔고 병들었을 때에 돌아보았고 옥에 갇혔을 때에 와서 보았느니라 **마태복음 25:36**

그들은 이웃이 벗었을 때에 옷을 입혔고, 병들었을 때에 돌아보았으며, 옥에 갇혔을 때에 와서 보았다고 말씀하십니다. 성경은 죄 사함을 많이 받은 자들은 많이 사랑한다고 말씀하십니다. 하나님의 은혜를 많이 받은 자들은 많이 사랑하는 자들인 것입니다. 그러나 자신 안에 하나님의 사랑이 없다면 그것은 죄 사함을 받지 않았기 때문입니다.

이에 의인들이 대답하여 가로되 주여 우리가 어느 때에 주의 주리신 것을 보고 공궤하였으며 목마르신 것을 보고 마시게 하였나이까 **마태복음 25:37**

의인들이란 예수님의 보혈로 속량을 입은 자들입니다. 그러나 죄로부터 자유하지 못한 자들은 예수님의 말씀에 복종할 수가 없는 것입니다. 의인들은 우리가 어느 때에 주의 주리신 것을 보고 공궤하였으며 목마르신 것을 보고 마시게 하였나이까? 라고 질문을 합니다.

어느 때에 나그네 되신 것을 보고 영접하였으며 벗으신 것을 보고 옷 입혔나이까 **마태복음 25:38**

어느 때에 나그네 되신 것을 보고 영접하였으며 벗으신 것을 보고 옷 입혔나이까? 라고 질문을 합니다. 의인들은 하나님의 은혜를 많이 입었기 때문에 사랑도 많이 하게 되는 것입니다.

우리는 어디에서 살아가고 있습니까? 빛 안에서 안식을 누리고 살아가고 있습니까? 아니면 어둠 안에서 영적인 환난을 겪고 살아가고 있습니까? 영이 된 자들은 정죄를 받지 않고 살아가게 되는 것입니다. 영은 영원한 생명이 되었기 때문에 심판이 없는 것입니다.

> 어느 때에 병드신 것이나 옥에 갇히신 것을 보고 가서 뵈었나이까 하리니 **마태복음 25:39**

어느 때에 병드신 것이나 옥에 갇히신 것을 보고 가서 뵈었나이까? 한다고 말씀하십니다. 의인은 자신이 한 일에 대하여 겸손한 자들입니다. 하나님의 은혜로만 가능하다는 것을 아는 자들이 의인이 되는 것입니다.

> 임금이 대답하여 가라사대 내가 진실로 너희에게 이르노니 너희가 여기 내 형제 중에 지극히 작은 자 하나에게 한 것이 곧 내게 한 것이니라 하시고 **마태복음 25:40**

임금이 대답하여 가라사대 내가 진실로 너희에게 이르노니 너희가 여기 내 형제 중에 지극히 작은 자 하나에게 한 것이 곧 내게 한 것이라고 말씀하십니다. 우리의 죄의 본성은 자신보다 나은 사람에게는 굽실거리지만 자신보다 못한 자들은 낮게 보는 것입니다. 그래서 성경은 옛 사람을 버리라고 하는 것입니다. 버리지 못한다면 왼편에 서 있게 되는 것입니다. 이미 심판이 이루어지고 있기 때문입니다.

또 왼편에 있는 자들에게 이르시되 저주를 받은 자들아 나를 떠나 마귀와 그 사자들을 위하여 예비된 영영한 불에 들어가라 **마태복음 25:41**

왼편에 있는 자들에게 이르시되 저주를 받은 자들아 나를 떠나 마귀와 그 사자들을 위하여 예비된 영영한 불에 들어가라고 말씀하십니다. 하나님은 소멸하는 불이십니다. 불은 죄를 녹여야 하는 것입니다. 우리가 옛 사람 안에 머문다면 하나님의 불 속에서 살아가기 때문에 영적인 환난이 있는 것입니다. 그리고 죄에 복종하며 살아가게 되는 것입니다. 의인 된 자들은 하나님의 자녀가 되어 안식을 누리지만 죄인 된 자들은 하나님의 불 속에서 영적인 환난과 고통 속에서 살아가게 되는 것입니다.

환난은 두 가지가 있습니다. 십자가를 지고 갈 때 받는 환난은 회복의 길이지만 죄를 지어 받는 환난은 영원한 것입니다. 이미 죄에 복종하는 자들은 영적인 죽음이 있는 불 못 안에 죄와 함께 영원한 불 속에 들어가 있는 것입니다. 하나님의 나라 안에 있지 못한다는 것입니다. 하나님의 나라가 아니라는 것은 지옥 불을 의미하는 것입니다.

내가 주릴 때에 너희가 먹을 것을 주지 아니하였고 목마를 때에 마시게 하지 아니하였고 **마태복음 25:42**

우리의 이웃들에게 한 일들이 예수님께 한 것과 같은 것입니다. 그래서 내가 주릴 때에 너희가 먹을 것을 주지 아니하였고 목마를 때에 마시게 하지 않았다고 하신 것입니다. 우리는 이웃을 예수님 대하듯 하여야 한다는 것입니다. 그러기 위해서는 믿음이 자라나야 한다는 것입니다. 속 사람이 강건하여져야 의인이 되어 모든 사람들을 예수님 대하듯 할 수가 있기 때문입니다. 죄인들은 죄의 본성을 버리지 못한 자들이지만 의인들은 죄의 본성을 버리고 예수님의 본성으로 하나님께 영광을 올릴 수가 있는 자들입니다.

> 나그네 되었을 때에 영접하지 아니하였고 벗었을 때에 옷 입히지 아니하였고 병들었을 때와 옥에 갇혔을 때에 돌아보지 아니하였느니라 하시니 **마태복음 25:43**

왼편에 앉은 자들은 나그네 되었을 때 영접하지 아니하였고 벗었을 때에 옷 입히지 아니하였고 병들었을 때와 옥에 갇혔을 때에 돌아보지 아니하였다고 말씀하십니다. 하나님의 말씀에 불복종한 자들의 결말인 것입니다.

> 저희도 대답하여 가로되 주여 우리가 어느 때에 주의 주리신 것이나 목마르신 것이나 나그네 되신 것이나 벗으신 것이나 병드신 것이나 옥에 갇히신 것을 보고 공양치 아니하더이까 **마태복음 25:44**

저희도 대답하여 가로되 주여 우리가 어느 때에 주의 주리신 것이나 목마르신 것이나 나그네 되신 것이나 벗으신 것이나 병드신 것이나 옥에 갇히신 것을 보고 공양치 아니하더이까? 라고 질문을 합니다. 우리가 바라보는 사람이 예수님이었더라면 성심성의껏 모셨을 것입니다. 그러나 예수님은 보이지 않으시나 사람과 동행하시는 분이십니다.

우리가 영적인 것을 분별하기 위해서는 복종을 하여야 하는 것입니다. 하나님의 말씀에 불복종하는 자들이 살아가는 곳은 영원한 죽음 안에 있기 때문입니다. 사랑하는 자들은 영생 안에 있지만 사랑하지 못한 자들은 사망 안에 있게 되는 심판을 받게 되는 것입니다.

> 이에 임금이 대답하여 가라사대 내가 진실로 너희에게 이르노니 이 지극히 작은 자 하나에게 하지 아니한 것이 곧 내게 하지 아니한 것이니라 하시리니 **마태복음 25:45**

이에 내가 진실로 너희에게 이르노니 이 지극히 작은 자 하나에게 하지 아니한 것이 곧 내게 하지 아니한 것이라고 예수님은 말씀하십니다. 우리는 사랑하는 데 이유를 가지지 말아야 합니다. 원수까지도 사랑해야 하는 것입니다. 언제 어디서든지 아무에게든지 모든 사람들을 사랑하는 은혜를 구하여야 하는 것입니다.

> 저희는 영벌에, 의인들은 영생에 들어가리라 하시니라 **마태복음 25:46**

왼편에 앉은 자들은 영벌에 있으며 의인들은 영생에 들어가리라고 말씀합니다. 빛으로 들어가서 하나님의 통치 속에서 살아가는 자들은 죄로부터 자유를 얻어 생명이 되었지만 예수님의 말씀에 불복종하는 자들은 이미 영벌 안에 있는 것입니다. 죄의 몸을 버리지 않고 있다면 우리는 하나님의 불 속에서 살아가야 한다는 것입니다.

빛이 된 자들은 하늘에 앉은 자들이지만 어둠 안에 있는 자들은 땅에서 심판을 받기 때문에 안식을 누리지 못하며 살아가게 되는 것입니다. 사도 바울은 자신의 몸을 쳐서라도 구원을 위해서 복종한다고 말씀하십니다. 영벌 안에 있는 자들은 자신을 쳐서라도 복종하므로 영생 안에서 살아가야 하는 것입니다. 예수님께서 보좌에 앉으시고 심판을 하시고 있기 때문에 생명 안에 있는 자들이 있고 사망 안에 있는 자들이 있다는 사실을 인식하고 예수님의 말씀에 복종을 하여야 한다는 것입니다.

내가 또 그에게 새벽 별을 주리라 **요한계시록 2:28**

내가 또 그에게 새벽별을 주리라고 말씀하십니다. 새벽별은 예수님을 의미합니다. 예수 그리스도와 연합된다는 것은 재림을 맞이한다는 것입니다. 연합은 예수님의 신부가 되는 것입니다. 연합을 이룬다는 것은 주종 간의 복종을 의미합니다. 주님의 말씀에 복종하여야만 주님의 종이 될 수가 있는 것입니다. 우리가 주님의 말씀에 복종하기 위해서는 영으로 거듭나야 한다는 것입니다. 육은 하나님의 말씀에 복종할 수가 없기 때문입니다.

예수님의 말씀에 복종하지 못하고 있다는 것은 통곡할 일입니다. 예수 그리스도를 좇지 아니하고 세상의 것들을 좇았기 때문입니다. 결말은 예수님과 연합되지 못하며 생명이 되지 못하는 것입니다. 빛은 어둠과 사귐을 가질 수가 없습니다. 영은 의의 몸입니다. 즉 하나님의 영광 안으로 들어가서 썩어짐에서 해방을 받은 자들입니다.

귀 있는 자는 성령이 교회들에게 하시는 말씀을 들을찌어다 **요한계시록 2:29**

성경은 성령을 통해서 들을 수가 있는 것입니다. 자신 안에 성령의 열매가 없다면 성령의 소리를 듣지 못하는 것입니다. 영으로 거듭나야 성령이 함께하시므로 하나님으로부터 지혜와 계시를 받을 수가 있는 것입니다.

좁은 길로 가셔서 진리에 이르시기를 바랍니다. 진리 안에 하나님께서 거하시고 통치하실 수가 있는 것입니다. 하나님의 통치는 우리를 빛이 되게 하시며 거룩함과 자유를 주실 수가 있는 것입니다. 이것이 하나님의 은혜인 것입니다. 우리에게 성령의 열매가 없는데 은혜를 받았다고 할 수는 없는 것입니다.

믿음의 방향을 예수님께 두고 예수님만을 바라보고 달려가야 합니다. 세상을 좇아가는 자들은 십자가의 원수를 행하고 있는 자들입니다. 영원한 생명이 되기 위해서 오직 예수님만을 바라보고 달려가야 하는 것입니다.

요한계시록 3장

사데 교회의 사자에게 편지하기를 하나님의 일곱 영과 일곱 별을 가진이가 가라사대 내가 네 행위를 아노니 네가 살았다 하는 이름은 가졌으나 죽은 자로다 **요한계시록 3:1**

주님께서 사데 교회의 사자에게 편지하기를 내가 네 행위를 아노니 네가 살았다 하는 이름을 가졌으나 죽은 자라고 말씀하십니다. 우리는 죄 때문에 죽은 자들입니다. 그래서 예수님께서 이 땅에 오셔서 사망을 폐하시고 생명을 드러내심으로 생명이 되게 하신 것입니다.

누가 생명이 된 자들입니까? 죄로부터 자유를 얻어 영으로 거듭난 자들입니다. 오늘날 많은 기독교 교인들이 죽은 자인데 살았다고 주장을 하는 것입니다. 믿음이 자라나지 못해 죽어 있는 것입니다. 죄는 사망을 낳습니다. 세상의 가치를 좇아 살아가기 때문에 욕심이 죄를 낳고 죄가 사망을 낳게 되는 것입니다. 그래서 세상으로 나아가는 자들은 멸망을 향해 나아가고 있는 것입니다.

너는 일깨워 그 남은바 죽게 된 것을 굳게 하라 내 하나님 앞에 네 행위의 온전한 것을 찾지 못하였노니 **요한계시록 3:2**

너는 일깨워 그 남은바 죽게 된 것을 굳게 하라고 말씀하십니다. 죄에서 벗어나야 한다는 의미입니다. 죄는 우리를 죽입니다. 하나님 앞에 네 행위의 온전한 것을 찾지 못하였다고 말씀하십니다. 하나님 앞에 온전한 자란 빛이며 거룩하며 자유한 자들입니다. 이들이 진리 안에서 하나님께 영광을 올리는 자들입니다. 죄는 우리를 어둠에 갇히게 하는 것입니다.

그러므로 네가 어떻게 받았으며 어떻게 들었는지 생각하고 지키어 회개하라 만일 일깨지 아니하면 내가 도적 같이 이르리니 어느 시에 네게 임할는지 네가 알지 못하리라 **요한계시록 3:3**

그러므로 네가 어떻게 받았으며 어떻게 들었는지 생각하고 지키어 회개를 하라고 말씀하십니다. 일깨지 아니하면 내가 도적같이 이르리니 어느 시에 네게 임할는지 네가 알지 못한다고 말씀하십니다. 예수님께서 네게 임한다고 말씀하십니다. 이 말씀은 너무나 중요한 것입니다. 즉 예수님께선 각자에게 임한다는 것입니다. 기름을 준비한 자들에게 개인적으로 임한다는 것입니다.

예수님을 개인적으로 영접한 자들은 이미 빛 안에 있습니다. 예수님께서 주인이시고 통치하시는 나라는 흑암의 권세에서 벗어난 빛의 나라입니다. 우리가 빛이 되지 못한 이유는 예수님을 맞이할 수 있도록 준비하지 못했기 때문입니다. 지금이라도 늦지 않았습니다. 철저하게 예수님의 말씀에 복종하면 빛으로 들어가서 생명이 될 수가 있는 것입니다.

그러나 사데에 그 옷을 더럽히지 아니한 자 몇명이 네게 있어 흰 옷을 입고 나와 함께 다니리니 그들은 합당한 자인 연고라 **요한계시록 3:4**

그러나 사데에 그 옷을 더럽히지 아니한 자 몇 명이 네게 있어 흰 옷을 입고 나와 함께 다니리니 그들은 합당한 자인 연고라고 말씀하십니다. 여기서도 예수님의 재림을 영접한 자들은 그 옷을 더럽히지 아니한 자들을 의미합니다. 즉 준비하지 못하면 예수님의 재림도 없으며 예수님과 함께할 수도 없는 것입니다.

> 이기는 자는 이와 같이 흰 옷을 입을 것이요 내가 그 이름을 생명책에서 반드시 흐리지 아니하고 그 이름을 내 아버지 앞과 그 천사들 앞에서 시인하리라 **요한계시록 3:5**

이기는 자가 이와 같이 흰 옷을 입을 것이라고 말씀하십니다. 이기는 자란 예수 그리스도와 연합된 자들입니다. 우리는 사탄을 이길 수가 없지만 예수님은 이길 수가 있는 것입니다. 예수 그리스도 안에 있다는 것은 생명 안에 있다는 것입니다.

예수님의 재림의 목적은 우리 안에 있는 죄를 멸하고 생명이 되게 하시는 것입니다. 예수님의 재림이 없다면 우리는 생명이 될 수가 없으며 하나님의 자녀가 될 수가 없는 것입니다. 예수님을 주인으로 영접하지 못한 자들은 영원한 사망 안에 있다는 것을 인식할 수가 있어야 합니다.

> 귀 있는 자는 성령이 교회들에게 하시는 말씀을 들을찌어다 **요한계시록 3:6**

귀 있는 자들은 하나님의 말씀을 들으라고 말씀하십니다. 죄가 있으면 들어도 듣지 못하고, 보아도 보지 못하는 소경인 것입니다. 하나님의 음성은 성령을 통해서 듣게 되는 것입니다. 성령이 우리 안에 계시는 조건은 우리는 죽고 오직 예수님만 사신 바가 될 때입니다. 옛 사람을 철저하게 버릴 때 새 사람으로 오시는 것입니다. 예수님의 재림을 준비하는 자들은 옛 사람을 버리는 자들이라는 사실을 인식할 수가 있어야 합니다.

빌라델비아 교회의 사자에게 편지하기를 거룩하고 진실하사 다윗의 열쇠를 가지신 이 곧 열면 닫을 사람이 없고 닫으면 열 사람이 없는 그이가 가라사대 **요한계시록 3:7**

주님께서는 거룩하시고 진실하사 다윗의 열쇠를 가지시고 곧 열면 닫을 사람이 없고 닫으면 열 사람이 없는 그이가 말씀하신다고 빌라델비아 교회의 사자에게 편지하십니다. 천국 문은 오직 예수 그리스도를 통해서만 들어갈 수가 있습니다. 예수님의 보혈의 피로 속량을 받아야 천국에 계신 하나님께로 나아갈 수가 있는 것입니다. 죄로부터 속량을 받지 못한다면 아버지께로 나아갈 수가 없는 것입니다. 예수님만이 중보자시며 천국 문의 열쇠를 가지신 분이십니다. 빛은 하나님께서 통치하시는 하나님의 나라입니다.

볼찌어다 내가 네 앞에 열린 문을 두었으되 능히 닫을 사람이 없으리라 내가 네 행위를 아노니 네가 적은 능력을 가지고도 내 말을 지키며 내 이름을 배반치 아니하였도다 **요한계시록 3:8**

내가 네 앞에 열린 문을 두었으되 능히 닫을 사람이 없으리라고 말씀하십니다. 열린 문이란 하나님께서 거하시고 통치하시는 보좌의 문을 의미합니다. 예수 그리스도께서 보혈을 흘림으로 이 문을 열어 두셨던 것입니다. 한 번 열린 문은 능히 닫을 사람이 없다고 말씀하십니다. 예수님께서 열어 두신 천국 문을 어떻게 사람이 닫을 수가 있겠습니까?

내가 네 행위를 아노니 적은 능력을 가지고도 내 말을 지키며 내 이름을 배반치 않았다고 말씀하십니다. 우리에게 주어진 적은 능력이란 기도하는 것밖에 없습니다. 우리의 구원은 기도로써 하나님의 은혜를 입는 것입니다. 그러나 많은 사람들이 자신의 구원을 바라지 않고 있는 것입니다.

> 보라 사단의 회 곧 자칭 유대인이라 하나 그렇지 않고 거짓말 하는 자들 중에서 몇을 네게 주어 저희로 와서 네 발앞에 절하게 하고 내가 너를 사랑하는 줄을 알게 하리라 **요한계시록 3:9**

유대인들을 사탄의 회라고 말씀하십니다. 그들은 거짓말하는 자라고 말씀하십니다. 율법으로는 하나님의 의가 될 수가 없습니다. 오직 믿음으로만 하나님의 의가 될 수가 있는 것입니다. 오늘날 누가 믿음이 있어 하나님의 의가 되었습니까? 모두가 세상을 좇아 살아가기 때문에 하나님의 의가 되지 못하고 있는 것입니다.

거짓말하는 자들 중 몇 명을 보내어 네 발 앞에 절하게 하고 내가 너를 사랑하는 줄 안다고 말씀하십니다. 하나님께서 말씀하시면 이루어질 수밖에 없는 것입니다. 우리는 이러한 것들을 경험하여야 믿음이 자라나는 것입니다. 하나님께서 거짓말하는 자들 중 몇 명을 진리 안에 있는 자들에게 보내어 자신이 잘못했다는 것을 뉘우치며 절하게 함으로써 하나님께서 그들을 사랑하는 줄을 알게 하시는 것입니다. 진리 안에 있는 자들이 많은 사람들에게 사랑을 받지 못하는 이유는 그들의 잘못을 지적하고 회개하기를 권면하기 때문입니다.

네가 나의 인내의 말씀을 지켰은즉 내가 또한 너를 지키어 시험의 때를 면하게 하리니 이는 장차 온 세상에 임하여 땅에 거하는 자들을 시험할 때라 **요한계시록 3:10**

네가 나의 인내의 말씀을 지켰은즉 내가 또한 너를 지키어 시험의 때를 면하게 하리니 이는 온 세상에 임하여 땅에 거하는 자들을 시험할 때라고 말씀하십니다. 이때가 언제입니까? 심판의 때입니다. 심판의 목적은 하나님의 의가 되기 위한 것입니다. 율법 시대 때는 죄가 있었지만 은혜와 진리 시대 때는 죄가 없습니다. 세상의 끝은 율법 시대 끝을 의미합니다. 심판은 죄를 심판하기 위한 것입니다. 종말을 맞이하였기 때문에 죄가 없는 은혜와 진리 시대를 맞이할 수가 있었던 것입니다. 율법 시대는 죄가 통치를 하였지만 은혜와 진리 시대는 하나님의 의가 통치하는 하나님의 나라가 된 것입니다.

내가 속히 임하리니 네가 가진 것을 굳게 잡아 아무나 네 면류관을 빼앗지 못하게 하라 **요한계시록 3:11**

주님께서 속히 임하신다고 말씀하십니다. 이것은 재림을 의미합니다. 재림은 능력과 영광으로 오시기 때문에 영으로 오시는 것입니다. 영으로 오셔야 주님과 하나로 연합될 수가 있는 것입니다. 주는 영이시기 때문에 영으로 오셔야만 우리의 주인이 될 수가 있는 것입니다. 주님을 영접하기 위해서는 성령의 기름을 채워야 합니다.

네가 가진 면류관 굳게 잡아 네 면류관을 빼앗지 못하게 하라고 말씀하십니다. 예수님께서 재림하실 때 우리는 생명의 면류관을 가질 수가 있습니다. 믿음으로 굳게 세워서 성령으로 기름을 채워서 의의 몸을 입으라는 것입니다. 하나님의 의가 되는 것이 생명의 면류관입니다.

> 이기는 자는 내 하나님 성전에 기둥이 되게 하리니 그가 결코 다시 나가지 아니하리라 내가 하나님의 이름과 하나님의 성 곧 하늘에서 내 하나님께로부터 내려 오는 새 예루살렘의 이름과 나의 새 이름을 그이 위에 기록하리라 **요한계시록 3:12**

이기는 자라고 성경은 말씀하십니다. 누가 이기는 자입니까? 성령의 기름을 채우는 자가 이기는 자입니다. 하나님의 성전에 기둥이 되게 하신다고 말씀하십니다. 그리스도인이란 이미 재림하신 예수님을 영접하였으며 빛 안에서 하나님의 성전이 있는 자들입니다. 하나님께서 거하실 처소가 없으면 어떻게 하나님과 동행을 할 수가 있겠습니까?

그가 결코 하나님의 성전에서 나가지 않을 것이라고 말씀하십니다. 하나님의 주권 아래에 있는 자들은 그 누구도 하나님의 손에서 끊을 자가 없는 것입니다. 하나님의 자녀들은 하나님께서 거하실 나라가 완성이 된 자들입니다. 이 성전이 하늘에서 내려오는 새 성을 의미하는 것입니다. 예수님의 신부가 되기 위해서는 새 성 안으로 들어가야 하는 것입니다. 옛 성은 육을 의미하며 새 성은 영의 몸을 의미하는 것입니다. 예수님을 영접하기 위해서는 옛 사람을 버린 상태에서 재림하시는 예수님을 기다려야 한다는 것입니다.

> 귀 있는 자는 성령이 교회들에게 하시는 말씀을 들을찌어다 **요한계시록 3:13**

귀 있는 자들은 성령이 교회들에게 하시는 말씀을 들으라고 말씀하십니다. 성령의 기름을 채워야 들을 수가 있는 하나님 말씀입니다. 성령이 함께하실 조건이 무엇입니까? 나는 죽고 예수님만 우리 안에 계셔야 한다는 것입니다. 즉 자신이 주인 되기를 포기할 때 예수님을 영접할 수가 있다는 것입니다.

예수님께서는 오늘도 우리의 마음의 문을 두드리지만 우리는 좀처럼 문을 열어 주지 않는다는 것입니다. 우리의 옛 사람의 강퍅한 마음은 절대로 예수님을 주인으로 맞이할 수가 없는 것입니다. 바로의 왕과 같다고 생각하면 됩니다. 죄의 본성은 열 가지 재앙을 내려도 포기하지 않으려고 하기 때문입니다. 기름을 채우기 위해서 자신을 매일매일 죽여야 재림하시는 예수님을 주인으로 모실 수가 있는 것입니다.

> 라오디게아 교회의 사자에게 편지하기를 아멘이시요 충성되고 참된 증인이시요 하나님의 창조의 근본이신 이가 가라사대 **요한계시록 3:14**

충성되고 참된 증인이시요 하나님의 창조의 근본이신 이가 라오디게아 교회의 사자에게 말씀하십니다.

> 내가 네 행위를 아노니 네가 차지도 아니하고 더웁지도 아니하도다 네가 차든지 더웁든지 하기를 원하노라 **요한계시록 3:15**

네가 차지도 아니하고 더웁지도 아니하도다 네가 차든지 더웁든지 하기를 원하노라고 말씀하십니다.

> 네가 이같이 미지근하여 더웁지도 아니하고 차지도 아니하니 내 입에서 너를 토하여 내치리라 **요한계시록 3:16**

네가 이같이 미지근하여 더웁지도 차지도 아니하니 내 입에서 너를 토하여 내치리라고 말씀하십니다. 이 말씀의 의미를 분명하게 알아야 합니다.

> 네가 말하기를 나는 부자라 부요하여 부족한 것이 없다 하나 네 곤고한 것과 가련한 것과 가난한 것과 눈 먼것과 벌거벗은 것을 알지 못하도다 **요한계시록 3:17**

네가 말하기를 나는 부자라 부요하여 부족한 것이 없다 하나 네 곤고한 것과 가련한 것과 가난한 것과 눈 먼 것과 벌거벗은 것을 알지 못한다고 말씀하십니다. 누가 진정한 부자인지를 알아야 합니다. 세상의 가치를 하나라고 한다면 영생의 가치는 무한대입니다. 우리가 세상의 가치를 좇아 살아간다면 이처럼 불행한 일은 없습니다. 부자인 것 같지만 가난한 자입니다. 하나의 가치도 되지 못하는 것을 좇아 살아가고 있기 때문입니다. 분명한 것을 선택하지 못하고 아무것도 아닌 것에 관심을 가지는 자가 미지근한 자라는 것입니다.

우리가 주목하여야 할 것은 보이지 않는 것이며 생명을 얻는다는 것입니다. 보이는 것을 추구한다는 것은 미지근한 자가 되는 것입니다. 이러한 자는 입은 것 같으나 벗은 자이며 곤고한 자인 것입니다. 왜냐하면 사망의 몸을 입고 살아야 하기 때문입니다. 예수 그리스도 안에 있는 자들은 생명의 몸을 입고 살아가는 자들입니다. 왜냐하면 하나님의 성전이 함께하고 있기 때문입니다.

하나님의 성전 안으로 들어가기 위해서는 예수님의 보혈로 속량을 입어야 합니다. 그러나 예수님을 믿는다고 하면서 마음은 세상의 가치를 좇아 살아가기 때문에 예수님과 연합을 이루지 못하고 있는 것입니다. 예수 그리스도와 연합되지 못하면 죄에 복종할 수밖에 없는 존재가 됩니다.

> 내가 너를 권하노니 내게서 불로 연단한 금을 사서 부요하게 하고 흰 옷을 사서 입어 벌거벗은 수치를 보이지 않게 하고 안약을 사서 눈에 발라 보게 하라 **요한계시록 3:18**

내가 너를 권한다고 말씀하십니다. 주님께서 말씀하실 때 복종해야 합니다. 복종하지 못하면 주종 간의 관계 성립이 되지 못하는 것입니다. 예수님께서 이 땅에 오셨을 때는 하나님의 말씀에 죽기까지 복종했습니다. 우리 역시 죽기까지 복종할 때 주종 간의 관계가 성립이 될 수가 있는 것입니다.

주님께서 내게서 불로 연단한 금을 사서 부요하게 하고 흰 옷을 사서 입어 벌거벗은 수치를 보이지 않게 하고 안약을 사서 눈에 발라 보게 하라고 명령하십니다. 이 말씀의 의미가 무엇입니까?

금을 산다는 것은 정금같이 탄생하라는 것입니다. 그리고 흰 옷은 하나님의 의의 몸으로 갈아입으라는 것입니다. 죄의 몸은 더럽혀진 옷입니다. 이 옷을 입고 거룩하신 하나님과 연합을 이룰 수가 없기 때문입니다. 보혈로 속량을 받아야 의의 몸으로 갈아입을 수가 있는 것입니다. 눈에 안약을 발라 보라는 의미는 소경이 되지 말아야 한다는 것입니다. 죄의 몸 아래에서 살아가면 소경이 됩니다. 아무리 보아도 보지 못하고 들어도 듣지 못하는 것입니다. 새 사람 안으로 들어가야 성령의 열매를 맺을 수가 있으며 눈과 귀가 열려서 진리를 알며 영생이 될 수가 있는 것입니다.

성경은 하나님을 알고 그리스도를 아는 것이 영생이라고 말씀하십니다. 의의 몸이 부활의 몸이기 때문에 영생이라고 말씀하신 것입니다. 우리는 이 복음 외에 다른 복음을 전하게 된다면 하나님의 진노 속에서 살아가게 되는 것입니다.

> 무릇 내가 사랑하는 자를 책망하여 징계하노니 그러므로 네가 열심을 내라 회개하라 **요한계시록 3:19**

무릇 내가 사랑하는 자를 책망하여 징계하노니 그러므로 네가 열심을 내어 회개하라고 말씀하십니다. 하나님의 심판은 의로운 것입니다. 죄의 몸을 죽여서 의의 몸을 입히시기 위한 것입니다. 죄가 없는 의의 몸이 영생의 몸인 것입니다. 왜냐하면 죄 때문에 사망이 왔기 때문입니다. 죄가 없는 의의 몸이 생명의 면류관인 것입니다.

율법은 죄의 몸을 심판할 수밖에 없는 것입니다. 우리에게 재난이 오고 질병이 온다는 것은 죄의 몸 아래 있다는 것을 깨닫게 하는 것입니다. 자신에게 이러한 것이 있다면 죄를 깨달아 예수님만을 바라보고 달려가서 영으로 거듭나야 하는 것입니다. 영으로 거듭난 자들은 영원한 안식으로 들어가는 것입니다. 하나님과 동행하심이 천국이며 영생이며 영원한 안식인 것입니다.

> 볼찌어다 내가 문밖에 서서 두드리노니 누구든지 내 음성을 듣고 문을 열면 내가 그에게로 들어가 그로 더불어 먹고 그는 나로 더불어 먹으리라 **요한계시록 3:20**

볼지어다 내가 문 밖에 서서 두드린다고 말씀하십니다. 우리에게 재림을 하시기 위해서 두드리신다는 것입니다. 초림은 이미 지나갔습니다. 그러나 재림은 각자가 맞이하여야 자신 안에 하나님의 나라를 완성할 수가 있는 것입니다. 예수님은 모퉁이 돌이십니다. 하나님의 집을 짓기 위해서는 모퉁이 돌이 필요한 것입니다. 모퉁이 돌이 우리 안에 있어야 하나님의 나라를 지을 수가 있는 것입니다. 문을 두드리시는 이유는 예수님께서 우리 안에 거하시기 위한 것입니다. 이것이 진정한 연합입니다.

재림하시는 예수님을 맞이하기 위해서는 기름을 채워야 하는 것입니다. 우리의 죄의 본성을 내려야 예수님과 하나로 연합되어 먹고 마실 수가 있는 것입니다. 주종 간의 관계를 성립하기 위해서는 복종을 하여야 합니다. 그러나 옛 사람은 복종하고 싶어도 하지 못하기 때문에 옛 사람을 버리고 예수님을 맞이하여야 한다는 것입니다.

문을 연다는 의미는 자신의 강퍅한 마음을 버리고 예수님의 말씀에 복종하겠다는 것입니다. 오늘날 많은 기독교 교인들이 죄를 짓고 살아가는 이유는 옛 사람을 버리지 않았기 때문입니다. 옛 사람만 버려도 죄를 지을 수가 없는 것입니다.

> 이기는 그에게는 내가 내 보좌에 함께 앉게 하여주기를 내가 이기고 아버지 보좌에 함께 앉은 것과 같이 하리라 **요한계시록 3:21**

이기는 그에게는 내가 내 보좌에 함께 앉게 하여 주기를 내가 이기고 아버지 보좌에 함께 앉은 것과 같이 하리라고 말씀하십니다. 하나님의 통치는 보좌 안에서만 이루어집니다. 하나님의 자녀란 하나님께서 거하실 처소가 있는 자들입니다. 하나님의 처소 안에 보좌가 있는 것입니다. 예수님께서 성소의 휘장을 열어 주셨기 때문에 우리가 예수님의 영광의 몸을 입고 하나님의 영광 안으로 들어갈 수가 있었던 것입니다.

오늘날 왜! 우리는 보좌 안으로 들어가지 못하고 있습니까? 자신이 왕이 되기를 원하고 있는 것입니다. 이 상태에서는 예수님께서 문을 두드려도 열어 드릴 수가 없는 것입니다. 하나님께서 우리의 구원을 위해서 피리를 불어도 우리는 춤을 추지 않고 하나님께서 가슴을 치고 통곡을 하여도 우리는 자신의 영혼 구원을 위한 통곡을 하지 않고 있는 것입니다. 미혹의 영으로 살아가기 때문에 자신이 어둠 안에 있다는 것을 깨닫지 못하는 것입니다.

귀 있는 자는 성령이 교회들에게 하시는 말씀을 들을찌어다 **요한계시록 3:22**

귀가 열리기 위해서는 성령의 열매를 맺어야 합니다. 열매 없이 성령의 소리를 들을 수가 없으며 성경을 이해하지 못하는 소경이 되어 버리기 때문입니다. 죄로부터 속량을 얻지 못한 자들은 소경이며 성경을 전혀 이해할 수가 없는 것입니다. 진리의 말씀을 반박하기 위해서는 자신도 눈과 귀가 열려야 한다는 것입니다. 눈과 귀가 열리지 않은 상태에서 진리를 논할 수가 없습니다.

예수님의 보혈로 속량을 입은 자들은 옛 사람을 버리고 새 사람을 입은 자들입니다. 새 사람은 하나님의 의가 되어 하나님께 영광을 올리는 자들입니다. 그러나 죄의 몸으로는 하나님께 영광을 올릴 수가 없으며 오히려 진리를 대적하며 살아가게 되는 것입니다. 우리는 진리를 논하기 이전에 자신 안에 성령의 열매를 맺는 것이 우선이 되어야 하는 것입니다. 자신 안에 성령의 열매가 없다면 하나님으로부터 오는 지혜와 계시를 받을 수가 없는 것입니다. 오직 예수님만 바라보고 달려가서 성령의 은혜로 열매를 맺어야 영혼 구원을 얻어 영생이 될 수가 있는 것입니다.

하나님의 심판은 죄의 몸을 죽여서 의의 몸을 입어 영생이 되게 하는 것입니다. 성령의 법이 죄와 사망의 법에서 해방을 시켜 주셔서 생명이 되게 하는 것입니다. 죄의 몸을 버리는 것은 오직 예수님만 바라보고 달려갈 때 이루어질 수가 있는 것입니다. 죄의 본성은 하나님의 말씀을 자신들의 기준으로 해석하게 합니다. 성령의 가르침을 받고 해석하여야 함에도 불구하고 성령 없이 자신들의 생각으로 해석하기 때문에 많은 영혼들이 구원을 얻지 못하고 살아가고 있는 것입니다.

그리스도인이란 하나님의 의가 된 자들입니다. 하나님과 화목하기 위해서는 예수님의 보혈로 죄 씻음을 받아야 하는 것입니다. 우리는 여전히 죄에 복종하면서 그리스도인이라고 주장들을 하고 있는 것입니다. 복음을 왜곡하여 전하고 있기 때문에 많은 영혼들이 구원을 이루지 못하고 살아가고 있는 것입니다.

죄 사함의 본질은 죄의 본성을 죽이는 것을 의미합니다. 죄의 본성이 죽지 아니하면 예수님의 말씀에 복종할 수가 없기 때문입니다. 예수님의 말씀에 복종만 하여도 죄가 있을 수가 없는 것입니다. 옛 사람의 본성을 죽이지 않는다면 결코 그리스도인이 될 수가 없다는 사실을 인식하고 오직 그리스도만을 향하여 달려가야 하는 것입니다.

요한계시록 4장

이 일 후에 내가 보니 하늘에 열린 문이 있는데 내가 들은바 처음에 내게 말하던 나팔소리 같은 그 음성이 가로되 이리로 올라오라 이 후에 마땅히 될 일을 내가 네게 보이리라 하시더라 **요한계시록 4:1**

하늘에 열린 문이 있다고 말씀하십니다. 이 문이 열리지 않으면 우리는 하나님의 자녀가 될 수가 없습니다. 하나님의 자녀란 하나님의 영광 안에서 영생이 된 자들입니다. 믿음의 결말은 영혼 구원이며 복음입니다. 이 복음은 우리를 기다리는 것이 아니라 믿음이 자라나서 하나님의 의에 이를 때, 우리가 빛 안에서 하나님의 통치를 받고 살아갈 수가 있는 것입니다.

제가 말씀드리고자 하는 것은 성경 말씀대로 복종해 보자는 것입니다. 복종하지 못하면서 진리를 논할 수가 없는 것입니다. 주님과의 관계가 성립되기 위해서는 복종이 되어야 합니다. 나팔 같은 큰 음성이 이리로 올라오라고 말씀하십니다. 즉 하나님께서 거하시고 통치하시는 곳으로 올라오라는 것입니다. 주님께서 요한을 올리시는 이유는 앞으로 일어날 일을 보여 주시겠다는 것입니다.

오늘날도 환상은 있습니다. 이 부분은 하나님께서 결정하실 사항입니다. 우리 인간들은 하나님께서 하시는 일들을 제한하여서는 안 된다는 것입니다. 어린아이가 예언을 하고 청년이 환상을 보고 노인이 꿈을 꾸리라는 말씀은 오늘날에도 일어나는 일들입니다. 자신에게 일어나지 않는다고 해서 일어나지 않는 것은 아닙니다. 다만 우리가 깨어 있지 못하였기 때문에 일어나지 않았다는 것을 인식할 수가 있어야 합니다.

> 내가 곧 성령에 감동하였더니 보라 하늘에 보좌를 베풀었고 그 보좌 위에 앉으신 이가 있는데 **요한계시록 4:2**

성령에 감동하였더니 보라 하늘에 보좌를 베풀었고 그 보좌 위에 앉으신 이가 있다고 말씀하십니다. 예수님께서 성소의 휘장을 찢었다는 것은 하나님의 보좌의 문을 열었다는 것입니다. 하나님의 은혜는 보좌 안에 있습니다. 보좌로 들어가지 못하면 하나님의 통치를 받을 수가 없는 것입니다. 오늘날 그 누구도 보좌 안으로 들어가지 못하고 있는 것입니다.

하나님의 통치는 죄가 아니라 의입니다. 우리가 죄를 짓고 있는 이유는 재림하시는 예수님을 영접하지 않았기 때문입니다. 그 때문에 보좌로 들어가지 못하고 하나님의 통치를 받지 못하는 것입니다. 하나님의 보좌는 빛, 진리, 하나님의 처소를 의미하는 것입니다.

> 앉으신 이의 모양이 벽옥과 홍보석 같고 또 무지개가 있어 보좌에 둘렸는데 그 모양이 녹보석 같더라 **요한계시록 4:3**

앉으신 이의 모양이 벽옥과 홍보석 같고 또 무지개가 있어 보좌에 둘렸는데 그 모양이 녹보석 같더라고 말씀하십니다. 예수님의 재림은 새 성으로 오시는 것입니다. 재림을 맞이한 자들은 새 성 안에서 그리스도와 함께 연합되어 예수님의 신부로 살아갈 수가 있는 것입니다. 예수님의 신부는 새 예루살렘 성 안으로 들어가야 예수님과 연합될 수가 있는 것입니다.

> 또 보좌에 둘려 이십 사 보좌들이 있고 그 보좌들 위에 이십 사 장로들이 흰 옷을 입고 머리에 금 면류관을 쓰고 앉았더라 **요한계시록 4:4**

또 보좌에 둘려 이십사 보좌들이 있고 그 보좌들 위에 이십사 장로들이 흰 옷을 입고 머리에 금 면류관을 쓰고 있더라고 말씀하십니다. 흰 옷은 하나님의 의의 몸을 의미하며 금 면류관은 생명의 면류관을 의미하는 것입니다. 우리가 정금같이 탄생이 되지 못하면 영원하신 하나님과 연합을 이룰 수가 없기 때문입니다. 하나님의 의와 연합되는 것이 곧 생명의 면류관인 것입니다.

> 보좌로부터 번개와 음성과 뇌성이 나고 보좌 앞에 일곱 등불 켠것이 있으니 이는 하나님의 일곱 영이라 **요한계시록 4:5**

보좌로부터 번개와 음성과 뇌성이 나고 보좌 앞에 일곱 등불을 켠 것이 있으니 이는 하나님의 일곱 영이라고 말씀하십니다. 하나님의 일곱 영의 의미는 무엇인지를 알아보겠습니다.

> 내가 또 보니 보좌와 네 생물과 장로들 사이에 어린 양이 섰는데 일찍 죽임을 당한것 같더라 일곱 뿔과 일곱 눈이 있으니 이 눈은 온 땅에 보내심을 입은 하나님의 일곱 영이더라 **요한계시록 5:6**

어린양이 일곱 뿔과 일곱 눈이 있으니 이 눈은 온 땅에 보내심을 입은 하나님의 일곱 영이더라고 말씀하십니다.

만군의 여호와가 말하노라 내가 너 여호수아 앞에 세운 돌을 보라 한 돌에 일곱 눈이 있느니라 내가 새길 것을 새기며 이 땅의 죄악을 하루에 제하리라 **스가랴 3:9**

여호와 앞에 세운 돌을 보라 한 돌에 일곱 눈이 있다고 말씀하시면서 이 땅의 죄악을 하루에 제하리라고 말씀하십니다. 한 돌은 예수님을 의미합니다. 예수 그리스도를 통하여 세상의 죄를 가져가시기 위한 것입니다. 예수 그리스도께서 육신을 드림으로써 우리의 죄와 세상의 죄를 가져가신 것입니다. 여기에서 우리란 그리스도와 연합되어 있는 자들을 의미합니다. 예수님께서 일곱 눈을 가지신 것입니다. 눈은 온 세상에 두루 행하시는 여호와의 눈입니다. 주님의 관점에서 바라보는 것이 진리인 것입니다.

보좌 앞에 수정과 같은 유리 바다가 있고 보좌 가운데와 보좌 주위에 네 생물이 있는데 앞뒤에 눈이 가득하더라 **요한계시록 4:6**

보좌 앞에 수정과 같은 유리 바다가 있고 보좌 가운데와 보좌 주위에 네 생물이 있는데 앞뒤에 눈이 가득하더라고 말씀하십니다. 먼저 유리 바다가 무엇인지를 성경을 통해서 알아보아야 합니다.

또 내가 보니 불이 섞인 유리 바다 같은 것이 있고 짐승과 그의 우상과 그의 이름의 수를 이기고 벗어난 자들이 유리 바다 가에 서서 하나님의 거문고를 가지고 하나님의 종 모세의 노래, 어린 양의 노래를 불러 가로되 주 하나님 곧 전능하신

이시여 하시는 일이 크고 기이하시도다 만국의 왕이시여 주의 길이 의롭고 참되시도다 **요한계시록 15:2-3**

그의 우상과 그의 이름의 수를 이기고 벗어난 자들이 유리 바닷가에 서서 모세의 노래로 하나님을 찬양한다고 말씀하십니다. 유리 바다는 하나님의 보좌 안에 있는 곳입니다. 죄로부터 자유를 얻은 자들이 이곳에서 하나님을 찬양하는 것입니다. 하나님의 자녀들은 보좌에 앉은 자들입니다. 왜냐하면 하나님의 보좌가 하나님께서 통치하시는 홀이기 때문입니다. 예수님의 보혈로 속량을 입은 자들이 들어갈 수가 있는 빛의 세계인 것입니다. 그리고 보좌 주위에 네 생물이 있다고 말씀하십니다. 이 네 생물이 무엇을 의미하는 것인지를 이해하여야 합니다.

그 첫째 생물은 사자 같고 그 둘째 생물은 송아지 같고 그 세째 생물은 얼굴이 사람 같고 그 네째 생물은 날아가는 독수리 같은데 **요한계시록 4:7**

첫째 생물은 사자 같고 그 둘째 생물은 송아지 같고 그 셋째 생물은 얼굴이 사람 같고 넷째 생물은 날아가는 독수리 같다고 말씀하십니다. 이 네 생물은 분명하게 보좌 주위에 있는 생물입니다.

그 얼굴들의 모양은 넷의 앞은 사람의 얼굴이요 넷의 우편은 사자의 얼굴이요 넷의 좌편은 소의 얼굴이요 넷의 뒤는 독수리의 얼굴이니 **에스겔 1:10**

넷의 앞은 사람 얼굴이요 넷의 우편은 사자 얼굴이요 넷의 좌편은 소의 얼굴이요 넷의 뒤는 독수리 얼굴이라고 말씀하십니다. 이미 이 사건은 에스겔에서 예언된 것입니다.

생물들의 혼과 인생들의 영이 다 그의 손에 있느니라 **욥기 12:10**

짐승들의 혼과 사람들의 영이 하나님의 손에 있다고 말씀하십니다. 모든 만물이 하나님의 능력으로 움직인다는 것입니다.

네 생물이 각각 여섯 날개가 있고 그 안과 주위에 눈이 가득하더라 그들이 밤낮 쉬지 않고 이르기를 거룩하다 거룩하다 거룩하다 주 하나님 곧 전능하신 이여 전에도 계셨고 이제도 계시고 장차 오실 자라 하고 **요한계시록 4:8**

네 생물이 각각 여섯 날개가 있고 그 안과 주위에 눈이 가득하더라고 말씀하십니다. 눈은 하나님께서 세상을 감찰하시기 위한 것입니다. 그들이 밤낮 쉬지 않고 거룩하다 거룩하다 주 하나님이여 전에도 계셨고 이제도 계시고 장차 오실 자라 하였다고 말씀하십니다. 하나님은 변화가 없으신 분이십니다. 과거, 현재, 미래는 하나로 연합되는 것입니다. 하나님은 이미 계셨고 이제도 계시는데 왜! 미래에도 오셔야 합니까?

하나님은 죄가 있는 곳에는 계실 수가 없는 분이십니다. 사탄의 머리를 밟아야 오실 수가 있기 때문에 미래에도 오시는 분이라고 말씀하십니다. 즉 우리의 믿음이 자라나서 죄로부터 자유할 때 오신다는 의미입니다. 미래에 오시는 것은 각 개인에게 오셔서 하나님의 나라를 완성하시기 위한 것입니다.

하나님께서는 옛적부터 계셨지만 우리는 죄가 있었기 때문에 오시지 않았던 것입니다. 예수님의 보혈로 죄 씻음을 받아야 오실 수가 있는 분이십니다. 즉 우리가 성령으로 우리의 죄를 깨끗하게 씻어야 오실 수가 있는 것입니다. 예수님의 재림은 우리를 하나님께서 거하시고 통치하시는 빛, 보좌로 데려가시기 위한 것입니다.

그 생물들이 영광과 존귀와 감사를 보좌에 앉으사 세세토록 사시는 이에게 돌릴 때에 **요한계시록 4:9**

그 생물들이 영광과 존귀와 감사를 보좌에 앉으사 세세토록 사시는 이에게 돌릴 때라고 말씀하십니다. 왜! 생물들이 보좌에 앉으사 하나님께 영광을 올릴 수가 있게 된 것인지를 하나님의 말씀을 통해서 알아보아야 합니다.

피조물의 고대하는 바는 하나님의 아들들이 나타나는 것이니 **로마서 8:19**

피조물의 고대하는 바는 하나님의 아들들이 나타나는 것이라고 말씀하십니다. 왜! 이들이 하나님의 아들들이 나타나기를 고대하였습니까?

피조물이 허무한데 굴복하는 것은 자기 뜻이 아니요 오직 굴복케 하시는 이로 말미암음이라 **로마서 8:20**

피조물이 허무한 데 굴복하는 것은 자기 뜻이 아니요 오직 굴복케 하시는 이로 말미암는다는 것입니다. 누구에게 복종하느냐에 따라 썩기도 하고 썩지 아니하기도 하다는 것입니다. 죄가 다스리는 육의 세상에 머물면 썩지만 하나님의 의가 다스리는 영의 세상에 들어가면 썩지 아니하기 때문에 이들이 고대한 것입니다.

여기에서 중요한 부분은 사람과 피조물을 구분하고 있다는 것입니다. 사람은 천하보다 귀한 영혼을 가졌기 때문에 세상의 피조물과 다르게 설명을 하고 있다는 것을 알아야 합니다. 즉 하나님의 자녀들이 나타나야만 피조물도 구원을 얻는다는 것입니다. 구원은 보좌 안으로 들어가서 하나님의 통치 속에서 살아가는 것입니다.

> 그 바라는 것은 피조물도 썩어짐의 종노릇 한데서 해방되어 하나님의 자녀들의 영광의 자유에 이르는 것이니라 **로마서 8:21**

피조물이 바라는 것은 피조물도 썩어짐의 종노릇하는 데서 해방되어 하나님의 자녀들의 영광의 자유에 이르는 것이라고 말씀하십니다. 하나님의 자녀들이 나타나기 위해서는 보좌의 문을 열어야 합니다. 예수님께서 자신의 육체를 드림으로써 성소의 휘장을 열어 주셔서 우리에게 살길을 허락하신 것입니다. 우리 스스로는 하나님의 영광에 이를 수가 없습니다. 오직 예수님께서 오셔서 사탄의 머리를 밟아 주셔야 하나님의 영광 안으로 들어갈 수가 있는 것입니다.

흔들리는 세상은 육의 세상이며 흔들리지 않는 나라는 영의 세상을 의미하는 것입니다. 하나님의 영광 안으로 들어간다는 것은 영의 세상 안으로 들어간다는 것입니다. 예수님께서 성소의 휘장을 열어 주셨기 때문에 우리가 둘째 언약 시대를 맞이하여 하나님의 자녀가 될 수가 있었던 것입니다. 피조물도 하나님의 자녀들과 같이 하나님의 영광 안으로 들어갔기 때문에 하나님께서 만유의 주님이 되시고 만유를 다스릴 수가 있었던 것입니다.

율법 시대 때는 사망이 왕 노릇 하였기 때문에 피조물과 우리는 사망 안에서 썩을 수밖에 없었지만, 은혜와 진리 시대에는 예수님께서 오셔서 사망을 폐지하셨기 때문에 피조물과 사람이 하나님의 보좌 안에서 하나님께 영광을 올릴 수가 있게 된 것입니다. 우리는 죄 가운데 살아가면서 영원히 흔들리지 않는 영적인 세계로 들어갈 수가 없는 것입니다. 믿음이 자라나서 영으로 거듭날 때 하나님께서 통치하시는 보좌로 들어갈 수가 있는 것입니다.

하나님의 보좌는 영원히 변하지 않는 진리를 의미하는 것입니다. 영으로 거듭나야 영원히 변하지 않는 진리 안에서 하나님께 예배를 드리고 영광을 올릴 수가 있는 것입니다. 오늘날 얼마나 많은 영혼들이 믿음의 방향을 잘못 설정하였기 때문에 하나님의 영광 안으로 들어가지 못하고 있는 것입니까? 하나님의 영광 안으로 들어가야 영원하신 하나님과 연합되어 영생이 될 수가 있는 것입니다.

> 그 때에는 그 소리가 땅을 진동하였거니와 이제는 약속하여 가라사대 내가 또 한 번 땅만 아니라 하늘도 진동하리라 하셨느니라 **히브리서 12:26**

그 소리가 땅을 진동하였거니와 이제는 약속하여 가라사대 내가 또 한 번 땅만 아니라 하늘도 진동하리라 하셨다고 말씀하십니다. 예수님께서 이 땅에 오신 목적은 첫째 것을 폐하시고 둘째 것을 세우시기 위한 것입니다. 첫째 것은 육이며 흔들리는 것입니다. 그러나 둘째 것은 영이며 흔들리지 않는 것입니다. 죄가 있는 첫째 것을 흔들어야 죄가 없는 영원히 변하지 않는 진리 안에서 영생이 될 수가 있다는 것입니다.

종말이란 첫째 것인 육의 종말을 의미합니다. 앞에서 말씀드렸듯이 피조물과 하나님의 자녀들을 구분하여 설명을 하였습니다. 이것은 너무나 중요한 부분입니다. 피조물이 하나님의 영광 안으로 들어가는 세상을 새 하늘 새 땅이라고 하며 사람들이 하나님의 영광 안으로 들어가는 것을 새 사람이라고 하는 것입니다. 그래서 세상의 종말을 맞이하여야 피조물이 하나님의 영광 안으로 들어갈 수가 있었듯이 사람들도 개인적인 종말을 맞이하여야 하나님의 영광 안에서 하나님의 통치로 말미암아 죄로부터 자유하며 영원한 생명이 되게 하시는 것입니다.

> 이 또 한번이라 하심은 진동치 아니하는 것을 영존케 하기 위하여 진동할 것들 곧 만든 것들의 변동될 것을 나타내심이니라 **히브리서 12:27**

이 또 한 번이라 하심은 진동치 아니하는 것을 영존케 하기 위하여 진동할 것들 곧 손으로 만든 것들의 변동될 것을 나타내심이라고 말씀하십니다. 진동하는 것은 변하기 때문에 진리가 될 수가 없으며 영원할 수가 없지만, 진동하지 않는 것은 영원할 수가 있는 것입니다.

예수님께서 이 땅에 오신 목적은 첫째 것을 심판하여서 둘째 언약을 주시기 위한 것입니다. 우리가 둘째 언약에서 생명이 되기 위해서는 새 사람을 입어야 하는 것입니다. 이미 세상의 피조물은 하나님의 영광 안으로 들어가서 하나님의 영광 안에서 하나님을 창화하면서 살아가지만 사람들은 각자의 종말을 통해서 하나님의 영광 안으로 들어갈 수가 있다는 것입니다. 이 길은 좁은 길입니다.

> 그러므로 우리가 진동치 못할 나라를 받았은즉 은혜를 받자 이로 말미암아 경건함과 두려움으로 하나님을 기쁘시게 섬길찌니 **히브리서 12:28**

그러므로 우리가 진동치 못할 나라를 받았은즉 은혜를 받자고 말씀하십니다. 하나님의 은혜는 보좌 안에 있는 것입니다. 영으로 거듭나야 하나님의 은혜가 있는 보좌로 들어갈 수가 있는 것입니다. 이미 영원히 변하지 않는 은혜와 진리 시대를 맞이하였습니다. 즉 생명이 왕 노릇 하심으로 말미암아 우리가 생명이 될 수가 있었던 것입니다. 단지 우리가 믿음이 부족하여 하나님의 영광에 이르지 못하고 있는 것입니다. 믿음의 방향이 세상을 향하는 것이 아니라 예수님께 향하고 예수님만을 바라보고 달려갈 때 영으로 거듭나서 영원히 변하지 않는 나라 안으로 들어가서 영생이 될 수가 있는 것입니다.

우리 하나님은 소멸하는 불이심이니라 **히브리서 12:29**

하나님은 소멸하는 불이십니다. 불은 심판을 의미합니다. 하나님은 죄를 소멸시키셔야 통치가 가능한 것입니다. 죄가 있는 육적인 세상을 불로써 녹여야 죄가 없는 영적인 세상을 맞이할 수가 있으며 마찬가지로 우리의 죄의 몸을 소멸시켜야 의의 몸으로 다시 살리심을 받아 영원히 변하지 않는 진리 안에서 하나님께 예배를 드릴 수 있도록 하여 주셨던 것입니다. 그래서 예수님께서 모든 것을 완성하셨다고 말씀하신 것입니다. 재림하시는 이유는 육적인 세상과 우리의 육체 안에 있는 사탄의 머리를 밟아야 하나님의 나라가 임하게 되기 때문입니다. 예수님의 재림이 없다면 우리는 죄에 복종하며 살아가야 한다는 것입니다.

이십사 장로들이 보좌에 앉으신 이 앞에 엎드려 세세토록 사시는 이에게 경배하고 자기의 면류관을 보좌 앞에 던지며 가로되 **요한계시록 4:10**

이십사 장로들이 보좌에 앉으신 이 앞에 엎드려 세세토록 사시는 이에게 경배하고 자기의 면류관을 보좌 앞에 던진다고 말씀하십니다. 영혼 구원은 하나님의 보좌 안으로 들어가기 위한 것입니다. 보좌 안에서는 면류관을 하나님께 바쳐야 하는 것입니다. 오직 주님만이 우리의 주인이 되시기 위한 것입니다.

> 우리 주 하나님이여 영광과 존귀와 능력을 받으시는 것이 합당하오니 주께서 만물을 지으신지라 만물이 주의 뜻대로 있었고 또 지으심을 받았나이다 하더라 **요한계시록 4:11**

우리 주 하나님이여 영광과 존귀와 능력을 받으시는 것이 합당하다고 말씀하십니다. 하나님께서 만유를 창조하셨기 때문에 피조물은 하나님께 감사하며 하나님께 영광을 올려 드려야 하는 것입니다. 우리가 주님 앞에서 겸손해지기 위해서는 자신의 옛 사람을 버려야 합니다. 옛 사람의 본성은 하나님의 말씀에 복종하지 못할뿐더러 오히려 진리를 거부하고 진리를 대적하는 자리에 서게 되는 것입니다. 강퍅한 마음을 버리라는 의미는 자신의 옛 사람을 버리라는 것입니다. 새 사람을 입고 하나님의 보좌로 들어가는 것이 진리이며 빛이 되는 것입니다.

요한계시록 5장

내가 보매 보좌에 앉으신 이의 오른손에 책이 있으니 안팎으로 썼고 일곱 인으로 봉하였더라 **요한계시록 5:1**

요한이 보매 보좌에 앉으신 이의 오른손에 책이 있으니 안팎으로 썼고 일곱 인으로 봉하였다고 말씀하십니다. 이 책은 예수님께서 오셔서 이미 이루신 일들입니다. 이 책의 비밀을 알기 위해서는 성령의 가르침을 통해서 진리를 알아야 하는 것입니다. 인은 오직 예수님만이 뗄 수가 있는 것입니다.

또 보매 힘 있는 천사가 큰 음성으로 외치기를 누가 책을 펴며 그 인을 떼기에 합당하냐 하니 **요한계시록 5:2**

힘 있는 천사가 큰 음성으로 외치기를 누가 책을 펴며 그 인을 떼기에 합당하냐고 하십니다.

하늘 위에나 땅 위에나 땅 아래에 능히 책을 펴거나 보거나 할 이가 없더라 **요한계시록 5:3**

하늘 위에나 땅 위에나 땅 아래에 능히 책을 펴거나 보거나 할 이가 없더라고 말씀하십니다. 우리는 진리에 대해서 단순하게 신학적으로 접근해서는 안 됩니다. 성경은 이 두루마리를 볼 자가 없다고 하시는데 우리가 자신 스스로가 진리를 안다고 하는 것은 죄입니다. 모르는 것은 모른다고 하는 것이 가장 올바른 선택입니다. 모르는 것을 안다고 하여 성경을 가르치게 된다면 성도들은 독을 먹게 되는 것입니다.

이 두루마리의 비밀은 오직 예수님의 영으로만 해석할 수가 있는 것입니다. 그러면 누가 이 두루마리 책을 해석할 수가 있습니까? 예수 그리스도와 연합되어 죄로부터 자유한 자가 알 수가 있는 것입니다. 오직 우리 자신 안에 예수님만 계실 때 두루마리의 책을 해석할 수가 있다는 것입니다.

이 책을 펴거나 보거나 하기에 합당한 자가 보이지 않기로 내가 크게 울었더니 **요한계시록 5:4**

요한은 이 책을 펴거나 보거나 하기에 합당한 자가 보이지 않기로 크게 울었다고 말씀하십니다. 성경은 영의 글입니다. 하나님의 진리의 말씀을 이해하기 위해서는 영으로 거듭나야 합니다.

장로 중에 하나가 내게 말하되 울지 말라 유대 지파의 사자 다윗의 뿌리가 이기었으니 이 책과 그 일곱 인을 떼시리라 하더라 **요한계시록 5:5**

장로 중에 하나가 내게 말하되 울지 말라 유대 지파의 사자 다윗의 뿌리가 이기었으니 이 책과 그 일곱 인을 떼실 것이라고 말씀하십니다. 오직 예수 그리스도를 통하여만 두루마리의 인을 뗄 수가 있는 것입니다.

내가 또 보니 보좌와 네 생물과 장로들 사이에 어린 양이 섰는데 일찍 죽임을 당한것 같더라 일곱 뿔과 일곱 눈이 있으니 이 눈은 온 땅에 보내심을 입은 하나님의 일곱 영이더라 **요한계시록 5:6**

보좌와 네 생물과 장로들 사이에 어린양이 섰는데 일찍 죽임을 당한 것 같더라고 말씀하십니다. 이분은 예수님이십니다. 이분은 일곱 뿔과 일곱 눈이 있으니 이 눈은 온 땅에 보내심을 입은 하나님의 일곱 영이라고 말씀하십니다. 하나님은 온 땅을 감찰하시기 위해서 일곱 눈을 보내신 것입니다. 그 누구도 하나님의 눈을 피할 수가 없는 것입니다.

자신은 하나님의 관점에서 자유함이 있는지를 분별하여야 합니다. 그렇지 아니한다면 하나님은 심판하실 수밖에 없는 것입니다. 믿음이 자라나기 위해서는 하나님께서 심판을 하셔야 합니다. 죄의 몸은 하나님의 불로써 심판하여 녹여야 하며 소금을 쳐야 맛을 낼 수가 있는 것입니다. 우리가 현재적인 영혼 구원을 이루지 못하였다면 영원한 심판 속에서 살아가게 되는 것입니다. 영혼 구원은 불 속에서 건짐을 받는 것이기 때문입니다.

어린 양이 나아와서 보좌에 앉으신 이의 오른손에서 책을 취하시니라 **요한계시록 5:7**

어린양이 나아 와서 보좌에 앉으신 이의 오른손에서 책을 취하시니라고 말씀하십니다. 예수님께서 이 땅에 오신 목적은 하나님의 뜻을 이루시기 위해서입니다.

내가 보니 한 손이 나를 향하여 펴지고 그 손에 두루마리 책이 있더라 그가 그것을 내 앞에 펴시니 그 안팎에 글이 있는데 애가와 애곡과 재앙의 말이 기록되었더라 **에스겔 2:9-10**

두루마리의 비밀로는 애가와 애곡과 재앙의 말이 기록되었다고 말씀하십니다. 하나님께서 예수님을 이 땅에 보내셔서 율법 아래에서 우리를 속량하시기 위해서 심판을 받으신 것입니다. 예수님의 심판의 목적은 우리 죄뿐만 아니라 세상의 피조물들이 죄로부터 속량하시기 위함입니다. 세상이 심판을 받아 진동하여야 하는 것입니다. 영원히 변하지 않는 것을 주시기 위한 것입니다.

진동이란 심판을 의미하는 것입니다. 우리가 영으로 거듭나지 못한다면 계속적으로 심판을 받아야 한다는 것입니다. 죄의 몸을 심판하여야 의의 몸을 입고 하나님의 영광 안으로 들어가서 하나님의 통치 속에서 살아갈 수가 있다는 것입니다.

책을 취하시매 네 생물과 이십 사 장로들이 어린 양 앞에 엎드려 각각 거문고와 향이 가득한 금 대접을 가졌으니 이 향은 성도의 기도들이라 **요한계시록 5:8**

책을 취하신다는 의미는 하나님의 뜻을 이루신다는 것입니다. 네 생물과 이십사 장로들이 어린양 앞에 엎드려 각각 거문고와 향이 가득한 금 대접을 가졌으니 이 향은 성도들의 기도라고 말씀하십니다. 예수님께서 두루마리의 뜻을 이루지 못하였다면 우리는 하나님께 기도를 할 수가 없는 것입니다. 왜냐하면 하나님은 죄인들의 기도 소리를 들을 수가 없기 때문입니다.

왜! 우리가 하나님의 자녀가 될 수가 있었습니까? 예수님께서 보혈의 피로 우리를 속량하여 주셔서 하나님과 화목을 이루게 하신 것입니다. 하나님과의 화목은 기도가 상달이 되는 상태가 되는 것입니다. 그러나 우리가 여전히 죄 가운데 있다면 하나님께 올린 기도는 이루어질 수가 없는 것입니다.

새 노래를 노래하여 가로되 책을 가지시고 그 인봉을 떼기에 합당하시도다 일찍 죽임을 당하사 각 족속과 방언과 백성과 나라 가운데서 사람들을 피로 사서 하나님께 드리시고 **요한계시록 5:9**

새 노래로 노래하며 가로되 책을 가지시고 그 인봉을 떼기에 합당하시다고 말씀하십니다. 예수님께서 두루마리의 인을 떼신 이유는 우리를 피로 사서 하나님께 드리기 위한 것입니다. 이미 예수님께서 두루마리의 비밀을 이루셨기 때문에 둘째 언약 아래에서 살아갈 수가 있게 된 것입니다. 첫째 언약은 죄가 있는 육신으로 살았지만 둘째 언약은 죄가 없는 영으로 살아가는 시대를 맞이할 수가 있었던 것입니다. 이미 우리에게 새 언약이 주어졌지만 우리가 옛 사람 안에 머물고 있다면 여전히 사망이 있는 율법 아래에서 살아갈 수밖에 없는 것입니다.

옛 사람이 버려지는 방법은 믿음이 자라나는 방법밖에 없는 것입니다. 속 사람이 강건하여질 때 비로소 하나님의 은혜 아래에서 영원한 생명을 누리고 살아갈 수가 있는 것입니다. 이것이 예수님께서 이 땅에 오셔서 모든 것을 성취하셨던 이유입니다. 우리에게 필요한 것은 믿음입니다. 믿음이 자라나서 하나님의 의에 이를 때 비로소 생명을 누릴 수가 있는 것입니다.

저희로 우리 하나님 앞에서 나라와 제사장을 삼으셨으니 저희가 땅에서 왕노릇 하리로다 하더라 **요한계시록 5:10**

저희로 우리 하나님 앞에서 나라와 제사장을 삼으셨으니 저희가 땅에서 왕 노릇 하리라고 말씀하십니다. 예수 그리스도의 보혈의 피가 우리를 하나님과 화목을 이루게 하여 나라와 제사장을 삼게 만드셨으니 세상을 다스려야 한다는 것입니다. 세상의 왕이 되어야 할 존재들이 세상의 종으로 살아가서는 안 된다는 것입니다. 돈에 매여 있고 명예에 매여 있다면 세상의 왕이 아니라 세상의 종이 되어 살아가게 되는 것입니다. 세상의 것이 아무리 커도 세상의 왕만큼 커지는 않는 것입니다.

영혼 구원 받은 자들은 세상에 매여 살아가는 자들을 보며 안타까울 수밖에 없는 것입니다. 그래서 끊임없이 진리의 말씀을 전하게 되는 것입니다. 그러나 많은 영혼들은 진리에 전혀 관심조차 가지지 않는 것입니다. 영혼 구원을 바라지도 않는 것입니다. 막연히 교회에 나와서 예배하고 봉사하는 것이 구원으로의 길이라고 이해하고 있기 때문입니다. 영혼 구원을 받은 삶이 하나님의 나라 안에서 영생이 되는 것입니다. 우리가 육체로 태어나서 생명이 된다면 이처럼 축복된 것은 없는 것입니다. 그러나 우리가 세상이 좋아 육에 머물고 있다면 하나님께서 불 속에서 심판하시기 때문에 인생이 고난과 고통의 연속이 되는 것입니다.

> 내가 또 보고 들으매 보좌와 생물들과 장로들을 둘러 선 많은 천사의 음성이 있으니 그 수가 만만이요 천천이라 **요한계시록 5:11**

요한은 자신이 보고 들으매 생물과 장로들을 둘러선 많은 천사의 음성이 있으니 그 수가 만만이요 천천이라고 말씀하십니다. 영혼 구원을 받은 자들은 하나님으로부터 음성을 들을 수가 있는 것입니다.

천사들은 우리를 보호하시고 도우시기 위한 것입니다. 우리가 하나님으로부터 도우심을 받지 못하고 있다면 방주 밖에 있다고 생각하여야 합니다. 이 삶은 하나님께서 보호하시고 위로하시는 삶으로부터 떠나 있다는 것입니다. 즉 위험한 상태로 놓여 있다는 것입니다.

> 큰 음성으로 가로되 죽임을 당하신 어린 양이 능력과 부와 지혜와 힘과 존귀와 영광과 찬송을 받으시기에 합당하도다 하더라 **요한계시록 5:12**

큰 음성으로 말씀하시기를 죽임을 당하신 어린양이 능력과 부와 지혜와 힘과 존귀와 영광과 찬송을 받으시기에 합당하다고 말씀하십니다. 예수님께서 모든 것을 성취하시고 우리를 구원하셨기 때문에 영광과 찬송을 받으시기에 합당하신 분이십니다. 그분께 영광을 올리기 위해서는 죄가 있는 옛 사람으로는 불가능합니다. 새 사람을 입어야 주님께 영광을 올리고 그리스도인이 될 수가 있는 것입니다. 그리스도인은 예수님의 보혈로 죄로부터 속량을 받아 영생이 된 것입니다. 그리스도인은 예수님과 연합되었기 때문에 예수 그리스도의 능력과 부와 지혜를 누릴 수가 있는 것입니다.

> 내가 또 들으니 하늘 위에와 땅 위에와 땅 아래와 바다 위에와 또 그 가운데 모든 만물이 가로되 보좌에 앉으신 이와 어린 양에게 찬송과 존귀와 영광과 능력을 세세토록 돌릴찌어다 하니 **요한계시록 5:13**

하늘 위에와 땅 위에와 땅 아래와 바다 위에와 또 그 가운데 모든 만물이 보좌에 앉으신 이와 어린양에게 찬송과 존귀와 영광과 능력을 세세토록 돌린다고 말씀하십니다. 예수 그리스도께서 육체로 둘째 언약의 휘장을 열어 주셔서 피조물과 우리는 하나님의 영광이 있는 보좌 안으로 들어갈 수 있는 것입니다. 예수님의 보혈은 우리뿐만 아니라 세상을 구원하시기 위한 것입니다.

> 만물이 인하고 만물이 말미암은 자에게는 많은 아들을 이끌어 영광에 들어가게 하시는 일에 저희 구원의 주를 고난으로 말미암아 온전케 하심이 합당하도다 **히브리서 2:10**

예수님께서 이 땅에 오신 목적은 우리를 이끌어 하나님의 영광에 들어가기 위한 것입니다. 영광은 영원히 변하지 않는 진리의 세계이며 하나님께서 통치하시는 보좌를 의미합니다. 영으로 거듭난 자들이 들어갈 수가 있는 하나님의 영광입니다. 이곳으로 들어가기 위해서는 재림하시는 예수님을 영접할 수 있도록 기름을 채워야 하는 것입니다. 빛으로 들어가야 그리스도인이 되며 주님께서 우리를 통치하실 수가 있는 것입니다.

예수 그리스도와 연합된 자들은 주님의 신부가 되어 주님께서 가지신 영원한 생명으로 연합된 자들입니다. 주님의 말씀에 복종함으로써 영혼 구원이 일어나야 합니다. 이 삶이 우리가 태어난 목적입니다. 오늘날 많은 영혼들이 주님께 복종하지 못하여 주님의 통치가 일어나지 않고 있는 것입니다. 주님의 통치는 죄가 아니라 하나님의 의입니다. 의의 면류관이 곧 생명인 것입니다.

모든 피조물은 이미 하나님의 보좌 안에서 하나님의 통치로 말미암아 썩어짐에서 해방을 받았지만 사람들은 주님의 말씀에 복종하지 못하는 옛 사람 안에 있기 때문에 재림하시는 주님을 영접하지 못하고 주님께서 거하시고 통치하시는 주님의 나라로 들어가지 못하고 있는 것입니다.

네 생물이 가로되 아멘 하고 장로들은 엎드려 경배하더라 **요한계시록 5:14**

네 생물이 가로되 아멘 하고 장로들은 엎드려 경배하더라고 말씀하십니다. 예수님께서 보좌의 문을 열어 주셔서 모든 피조물이 하나님의 영광 안에서 썩어짐에서 해방을 받을 수가 있었듯이 우리도 우리가 가지고 있는 면류관을 주님께 바쳐서 주님이 우리의 주인이 되게 하셔야 하는 것입니다. 주님의 통치는 우리를 안식하게 하는 것입니다. 옛 사람을 버려서 주님의 통치 속에서 살아가는 분이 되셔야 합니다.

요한계시록 6장

내가 보매 어린 양이 일곱 인 중에 하나를 떼시는 그 때에 내가 들으니 네 생물 중에 하나가 우뢰소리 같이 말하되 오라 하기로 **요한계시록 6:1**

예수님께서 일곱 인 중에 하나를 떼시는 그때에 네 생물 중에 하나가 우렛소리같이 말하되 오라고 말씀하십니다. 네 생물을 움직이는 분은 하나님이십니다. 하나님께서 그 생물들 안에 있어 모든 것을 행하시는 분이십니다. 예수님께서 일곱 인을 떼시는 목적이 무엇인지를 알아야 합니다. 죄가 있는 세상을 멸하고 죄가 없는 세상을 주시기 위한 것입니다. 하나님은 죄와 함께하실 수가 없기 때문입니다. 죄가 있는 세상은 율법이며 죄가 없는 세상은 은혜와 진리 시대를 의미하는 것입니다. 이미 세상은 죄가 없는 하나님의 나라가 된 것입니다. 예수님께서 세상 죄를 가져가셨기 때문입니다.

내가 이에 보니 흰 말이 있는데 그 탄 자가 활을 가졌고 면류관을 받고 나가서 이기고 또 이기려고 하더라 **요한계시록 6:2**

네 생물 중 첫째 생물이 오라 하니 흰 말이 있는데 그 탄 자가 활을 가졌고 면류관을 받고 나가서 이기고 또 이기려고 하더라고 말씀하십니다. 활은 전쟁에서 이기기 위한 도구입니다. 죄를 심판하시기 위한 것이며 또한 회복을 위한 것입니다. 우리는 종말의 의미를 알아야 합니다. 종말이 있어야 우리가 하나님의 성소, 즉 보좌로 들어가서 하나님으로부터 통치를 받을 수 있습니다.

즉, 종말이란 죄가 있는 세상을 멸한다는 것이며 또한 죄가 있는 우리의 육체를 멸하기 위한 것이기 때문에 요한계시록의 의미를 우리 자신에게 돌려야 하는 것입니다. 왜냐하면 우리의 죄의 몸을 멸하시기 위한 것이기 때문입니다. 우리의 죄의 몸을 멸하시지 못한다면 우리는 예수님의 말씀에 복종하지 못할뿐더러 그리스도인이 될 수가 없기 때문입니다.

> 둘째 인을 떼실 때에 내가 들으니 둘째 생물이 말하되 오라 하더니 **요한계시록 6:3**

둘째 인을 떼실 때에 둘째 생물이 오라고 하더니라고 말씀하십니다.

> 이에 붉은 다른 말이 나오더라 그 탄 자가 허락을 받아 땅에서 화평을 제하여 버리며 서로 죽이게 하고 또 큰 칼을 받았더라 **요한계시록 6:4**

오라고 명령하니 붉은 다른 말이 나오더라고 말씀하십니다. 붉은 말은 허락을 받아 땅에서 화평을 제하여 버리고 서로 죽이게 하고 또 큰 칼을 받았다고 말씀하십니다. 인간들에게 화평을 제하여 버리면 전쟁을 하게 되고 서로 죽이게 되는 것입니다. 우리 마음 안에 화평하는 마음을 제거함으로써 서로를 미워하게 된다는 것입니다.

그래서 요한계시록의 의미는 자신의 죄의 몸을 죽이기 위한 것으로 해석하여야 하는 것입니다. 미워하는 것은 살인 행위입니다. 즉 살인으로 인해서 사망 안에 있어야 한다는 것입니다. 우리가 죄의 본성 아래에서 살아간다면 많은 영혼들을 사랑할 수가 없는 것입니다.

옛 사람을 버려야 새 사람을 입어 그리스도의 능력을 입고 살아갈 수가 있는 것입니다. 그리스도는 우리를 의의 길로 인도하시는 분이라는 것을 잊지 말아야 한다는 것입니다. 우리가 죄를 짓고 있다는 것은 그리스도의 능력을 입지 않았다는 것입니다. 예수님의 보혈의 능력은 충분히 우리를 죄로부터 자유케 하실 수가 있는 것입니다.

세째 인을 떼실 때에 내가 들으니 세째 생물이 말하되 오라 하기로 내가 보니 검은 말이 나오는데 그 탄 자가 손에 저울을 가졌더라 **요한계시록 6:5**

셋째 인을 떼실 때에 요한이 들으니 셋째 생물이 말하되 오라 하기로 검은 말이 나오는데 그 탄 자가 손에 저울을 가졌더라고 말씀하십니다. 저울이 왜! 필요한지를 성경을 통해서 알아보아야 합니다.

나의 분한을 달아 보며 나의 모든 재앙을 저울에 둘 수 있으면 **욥기 6:2**

욥의 원통한 심정과 자신의 재앙을 저울에 둘 수 있으면이라고 말씀합니다. 저울은 우리들의 죄의 무게를 달아서 무게만큼이나 죄 값을 치루신다는 것입니다. 자신이 죄를 지은 만큼의 재앙을 준다는 의미입니다. 하나님은 죄에 대하여는 보응하시는 하나님이십니다. 반드시 우리의 죄를 저울에 달아서 지은 죄만큼 재앙을 내리시는 분이시라는 것을 인식하고 하나님을 두려워하여야 합니다.

그리하였으면 내가 공평한 저울에 달려서 하나님이 나의 정직함을 아시게되기를 원하노라 **욥기 31:6**

공평한 저울에 달려서 하나님이 나의 정직함을 아시게 되기를 원한다고 말씀하십니다. 저울의 의미는 각 사람의 죄악을 달아서 죄만큼 재앙을 맞게 하고 어떤 자들은 하나님께서 인정하여 그들을 구원하시기 위함입니다. 의인과 악인을 구분하기 위한 저울입니다.

내가 네 생물 사이로서 나는듯하는 음성을 들으니 가로되 한 데나리온에 밀 한되요 한 데나리온에 보리 석되로다 또 감람유와 포도주는 해치 말라 하더라 **요한계시록 6:6**

요한이 네 생물 사이로 나는 듯한 음성을 들으니 한 데나리온에 밀 한 되요 한 데나리온에 보리 석 되라고 말씀하십니다. 이 말씀의 의미는 죄의 양만큼 재앙을 내린다는 의미입니다. 왜냐하면 다음 말씀에는 감람유와 포도주는 해치지 말라 하더라고 말씀하시고 있기 때문입니다.

사람은 죄의 양만큼 재앙을 맞게 하지만 세상의 피조물은 해치지 말라는 것입니다. 세상의 피조물은 어떤 죄악을 짓지 아니하였지만 단지 아담의 죄로 인해 세상도 죄 아래에서 썩을 수밖에 없었으며 예수님으로 인해 세상의 피조물은 구원을 얻게 된 것입니다.

네째 인을 떼실 때에 내가 네째 생물의 음성을 들으니 가로되 오라 하기로 **요한계시록 6:7**

넷째 인을 떼실 때에 넷째 생물의 음성을 들으니 가로되 오라고 말씀하십니다.

> 내가 보매 청황색 말이 나오는데 그 탄 자의 이름은 사망이니 음부가 그 뒤를 따르더라 저희가 땅 사분 일의 권세를 얻어 검과 흉년과 사망과 땅의 짐승으로써 죽이더라 **요한계시록 6:8**

요한이 보매 청황색 말이 나오는데 그 탄 자의 이름은 사망이니 음부가 그 뒤를 따르더라, 저희가 땅 사분의 일의 권세를 얻어 검과 흉년과 사망과 땅의 짐승으로써 죽이더라고 말씀하십니다. 우리에게 재난과 질병이 있는 이유는 죄의 대가라는 사실을 인식하며 하나님을 두려워해야 하는 것입니다.

세상의 가치를 좇아 살아가는 자들은 재난과 질병으로부터 자유하지 못하는 것입니다. 율법은 우리의 죄를 끊임없이 심판을 하시기 때문에 죄를 깨달아야 하는 것입니다. 어떤 자들은 생명 안에 있으며 어떤 자들은 사망 안에 있다는 의미는 예수님께서 보좌에 앉으시고 심판을 하고 계신다는 것입니다.

> 다섯째 인을 떼실 때에 내가 보니 하나님의 말씀과 저희의 가진 증거를 인하여 죽임을 당한 영혼들이 제단 아래 있어 **요한계시록 6:9**

다섯째 인을 떼실 때에 내가 보니 하나님의 말씀과 저희의 가진 증거를 인하여 죽임을 당한 영혼들이 제단 아래에 있다고 말씀하십니다. 이들은 하나님의 말씀을 증거하다가 죽은 자들입니다.

큰 소리로 불러 가로되 거룩하고 참되신 대주재여 땅에 거하는 자들을 심판하여 우리 피를 신원하여 주지 아니하시기를 어느 때까지 하시려나이까 하니 **요한계시록 6:10**

억울하게 죽은 자들이 이르기를, 거룩하고 참되신 대주재여 땅에 거하는 자들을 심판하여 우리 피를 신원하여 주지 아니하시기를 어느 때까지 하시려나이까라고 말합니다. 심판은 곧 구원을 의미하는 것입니다. 땅에 있는 자들을 심판하여야 자신도 구원을 얻을 수가 있기 때문입니다.

하나님을 두려워하시기를 바랍니다. 한 올이라도 자신의 죄를 심판을 받지 아니하면 죄 가운데서 해방을 받지 못하는 것입니다. 하나님께서 진노하실 때 죄악에서 벗어나기를 기도하고 세상을 향한 발걸음을 돌려서 예수님을 향한 발걸음으로 하여야 하는 것입니다. 이 길이 우리의 구원의 길이며 좁은 길입니다. 우리에게 의의 몸을 입혀 주시고 하나님의 통치가 있는 하나님의 나라 안에서 영원한 안식을 주시기 위한 것입니다.

각각 저희에게 흰 두루마기를 주시며 가라사대 아직 잠시 동안 쉬되 저희 동무 종들과 형제들도 자기처럼 죽임을 받아 그 수가 차기까지 하라 하시더라 **요한계시록 6:11**

각각 저희에게 흰 두루마기를 주시며 가라사대 아직 잠시 동안 쉬되 저희 동무 종들과 형제들도 자기처럼 죽임을 받아 그 수가 차기까지 하라고 말씀하십니다.

저희가 칼날에 죽임을 당하며 모든 이방에 사로잡혀 가겠고 예루살렘은 이방인의 때가 차기까지 이방인들에게 밟히리라 **누가복음 21:24**

이스라엘 민족의 가지를 끊어 이방인들의 때가 차기까지 이스라엘 민족이 이방인들에게 밟히는 것입니다. 이방인의 때는 이방인들도 예수님의 가지에 접붙임을 받을 때라는 것입니다. 이스라엘 가지를 끊기 위해서는 심판을 받아야 하는 것입니다. 멸망은 생명이 왕노릇 하는 은혜 시대를 맞이하기 위한 것입니다. 즉 율법 시대 끝을 의미하는 것입니다.

율법 시대 때는 사망이 왕 노릇 하여 모든 사람들이 사망 안에 있었지만 은혜와 진리 시대는 생명이 왕 노릇 하심으로 우리가 생명이 될 수가 있었던 것입니다. 죄와 사망의 법에서 해방을 받은 자들은 더 이상 정죄를 받지 아니하는 것입니다. 즉 사망이라는 심판을 받지 아니하고 영생이 된다는 것입니다. 우리가 영생이 되는 것은 구원의 결말입니다. 죄로부터 자유함이 곧 영생이라는 것입니다.

일월 성신에는 징조가 있겠고 땅에서는 민족들이 바다와 파도의 우는 소리를 인하여 혼란한 중에 곤고하리라 **누가복음 21:25**

이스라엘 민족의 가지가 끊어지고 이방인들이 접붙임을 받는 시기가 심판의 시기인 것입니다. 죄가 있는 육적인 세상을 심판하여야 죄가 없는 은혜 시대를 맞이할 수가 있기 때문입니다. 이때 일월성신에는 징조가 있다고 말씀하십니다.

내가 보니 여섯째 인을 떼실 때에 큰 지진이 나며 해가 총담 같이 검어지고 온 달이 피 같이 되며 **요한계시록 6:12**

요한이 보니 여섯째 인을 떼실 때에 큰 지진이 나며 해가 총담같이 검어지고 온 달이 피같이 된다고 말씀하십니다. 이 시기가 종말이라는 것입니다. 왜! 해가 총담같이 검게 되며 달이 핏빛으로 변하게 되는 것입니까? 구름기둥으로 해를 가리니 해가 총담같이 검게 되고 불기둥으로 달을 가리니 달이 핏빛같이 붉게 물드는 것입니다. 이것은 예루살렘 성을 태움으로써 구름기둥이 해를 가리고 불기둥이 달을 가림으로 죄가 있는 육의 세상을 멸하고 죄가 없는 영의 시대를 맞이하는 것입니다.

구름기둥과 불기둥이 예루살렘 성의 멸망 위에 있다는 의미는 율법 시대를 끝내겠다는 의미입니다. 즉 첫째 언약 시대를 마치고 새 언약의 시대를 여는 의미인 것입니다. 첫째 언약 시대는 죄가 있었기 때문에 사망이 있었지만 둘째 언약 시대는 죄가 없기 때문에 사망이 없는 것입니다. 그래서 우리는 옛 사람을 버리고 새 사람을 입어야 하나님의 통치가 있는 하나님의 은혜 아래로 들어갈 수가 있다는 것입니다.

이스라엘 민족은 억울한 죽음을 당한 것입니다. 단지 이방인들을 접붙여 주기 위해서 가지가 끊어진 것입니다. 그래서 이들은 땅에 있는 자들을 심판하여 달라고 하나님께 간곡히 부탁드린 것입니다. 이방인들을 심판하여야 영혼 구원을 받을 수가 있기 때문입니다.

하늘의 별들이 무화과나무가 대풍에 흔들려 선 과실이 떨어지는것 같이 땅에 떨어지며 **요한계시록 6:13**

하늘의 별들이 무화과나무가 대풍에 흔들려 선 과실이 떨어지는 것같이 땅에 떨어진다고 말씀하십니다. 이 말씀의 의미는 하나님께서 손으로 지은 시대를 끝내실 것이며 손으로 짓지 아니한 새로운 시대를 맞이하시기 위한 것입니다. 이것을 그리스도께서 육신의 죽음으로 인해 하늘과 땅의 통일을 이루신 것입니다.

육적인 세상과 영적인 세상의 통일을 이루면 영적인 세상으로 연합되는 것입니다. 이것은 육인 우리가 영이신 예수님과 연합되어야 영으로 거듭날 수가 있다는 것을 보여 주는 것입니다. 우리가 현재적인 육을 갖고 있는데 어떻게 영이라고 말할 수가 있습니까? 하나님께서 우리의 죄를 가려 주심은 우리가 육에 있지 아니하고 영에 있게 되는 것입니다. 세상도 구름기둥과 불기둥으로 세상 죄를 가려 주시니 하나님의 은혜와 진리 시대를 맞이할 수가 있었던 것입니다.

하늘은 종이 축이 말리는것 같이 떠나가고 각 산과 섬이 제 자리에서 옮기우매
요한계시록 6:14

하늘은 종이 축이 말리는 것같이 떠나가고 각 산과 섬이 제자리에서 옮기우매라고 말씀하십니다. 하늘이 종이 축같이 말리는 것은 첫째 하늘의 시대를 보내기 위한 것입니다. 첫째 하늘과 첫째 땅은 죄가 있었기 때문에 하나님의 심판으로 인해 멸망하는 것입니다.

멸망은 곧 구원을 의미합니다. 세상이 심판을 받는 것이 아니라 구원을 얻기 위한 것입니다. 각 산과 섬이 첫째 하늘과 첫째 땅에서 새 하늘과 새 땅으로 옮겨진다는 것입니다. 즉, 사망에서 생명으로 옮겨진다는 것입니다. 율법 시대는 사망이 왕 노릇 하였기 때문에 썩을 수밖에 없었지만 은혜와 진리 시대는 생명이 왕 노릇 하심으로 영원한 생명이 되게 하신 것처럼 우리 역시 사망이 있는 첫째 사람에서 사망이 없는 새 사람의 옷으로 갈아입혀 주신다는 것입니다.

가라사대 너희 믿음이 적은 연고니라 진실로 너희에게 이르노니 너희가 만일 믿음이 한 겨자씨만큼만 있으면 이 산을 명하여 여기서 저기로 옮기라 하여도 옮길 것이요 또 너희가 못할 것이 없으리라 **마태복음 17:20**

앞에서 말씀하신 것을 이해하는 데 도움이 되는 말씀입니다. 겨자씨만 한 믿음이 있으면 이산을 명하여 여기서 저기로 옮기라 하여도 옮길 것이요 또 너희가 못할 것이 없다고 말씀하십니다. 믿음을 통하여서 사망 안에 있는 우리가 생명으로 옮길 수가 있다는 것입니다. 즉 육적인 세상을 영적인 세상으로 옮길 수가 있다는 것입니다. 우리가 첫째 사람 안에 머물면 사망이 있는 육적인 세상에 머물며 새 사람을 입으면 사망이 없는 영적인 세상으로 옮길 수가 있는 것입니다.

이 말씀의 의미를 저는 최대한 쉽게 설명을 하지만 영적인 어둠 안에 있는 자들은 이해하기가 힘들다는 것도 압니다. 가장 우선되어야 할 것은 자신의 믿음을 통해서 사망에서 생명으로 옮겨져야 한다는 것입니다.

우리가 형제를 사랑함으로 사망에서 옮겨 생명으로 들어간 줄을 알거니와 사랑치 아니하는 자는 사망에 거하느니라 **요한1서 3:14**

형제를 사랑하기 위해서는 새 사람을 입어야 하는 것입니다. 첫째 사람은 사망 안에 있지만 새 사람은 생명 안에 있는 자들입니다. 그래서 사랑하지 않는 자들은 사망에 거한다고 말씀하신 것입니다. 이웃을 사랑하기 위해서는 옛 사람을 버리고 새 사람을 입어야 가능한 것입니다. 옛 사람의 속성은 예수님의 말씀에 복종하고 싶어도 하지 못하는 것입니다. 새 사람을 입은 자들이 예수님께서 사랑하라고 명령하시면 사랑을 할 수가 있는 것은 새 사람을 입은 자들은 예수님의 능력으로 살아갈 수가 있기 때문입니다.

하나님의 영광을 올리기 위해서는 우리의 의를 죽여야 하는 것입니다. 우리의 의가 죽지 아니한다면 하나님의 의를 드러낼 수가 없기 때문입니다. 죄의 본성은 열 가지 재앙을 내려도 죽지 아니하는 본성을 가졌습니다. 오직 주님의 은혜만이 우리의 죄의 본성을 죽일 수가 있기 때문에 기도로써 구원을 이루어 나가야 하는 것입니다. 죄에 복종하면서 자신의 영혼 구원을 바라지 않는다면 이것처럼 불행한 일은 없습니다. 혼미한 영으로 인하여 자신이 어둠 안에 있다는 사실조차 모르기 때문에 자신의 영혼 구원을 위해서 기도를 하지 못하는 것입니다.

> 땅의 임금들과 왕족들과 장군들과 부자들과 강한 자들과 각 종과 자주자가 굴과 산 바위틈에 숨어 **요한계시록 6:15**

예루살렘 성의 멸망으로 인해 땅의 임금들과 왕족들과 장군들과 부자들과 강한 자들과 각종 자주자가 굴과 산 바위틈에 숨는다고 말씀하십니다. 즉, 이 말씀의 의미는 종말이란 우주적인 종말이 아니라 육의 세상과 영의 세상을 연합시켜서 피조물이 하나님의 영광 안으로 들어가서 썩어짐에서 해방을 받는다는 것입니다. 우리 역시 썩어짐에서 해방을 받기 위해서는 사망의 몸을 버리고 생명의 몸으로 갈아입어 하나님의 통치가 있는 보좌로 나아가야 한다는 것입니다.

> 산과 바위에게 이르되 우리 위에 떨어져 보좌에 앉으신 이의 낯에서와 어린 양의 진노에서 우리를 가리우라 **요한계시록 6:16**

산과 바위에게 이르되 우리 위에 떨어져 보좌에 앉으신 이의 낯에서와 어린양의 진노에서 우리를 가리우라고 말씀하십니다. 산과 바위로 가렸다고 해서 하나님의 얼굴과 진노를 피할 수가 없는 것입니다. 예수님의 보혈만이 진노를 피할 수 있게 해줍니다.

첫째 하늘과 첫째 땅은 죄가 있었기 때문에 심판을 통해서 흔들어야 하는 것입니다. 하나님께서 세상을 다스리기 위해서 흔들어야 하는 것입니다. 마찬가지로 우리의 옛 사람을 흔들고 심판하신다는 의미입니다. 새 사람을 입어 하나님의 영광이 있는 곳에 들어가 영원한 생명이 되기 위한 것입니다.

그들의 진노의 큰 날이 이르렀으니 누가 능히 서리요 하더라 **요한계시록 6:17**

그들의 진노의 큰 날이 이르렀으니 누가 능히 서리요라고 하십니다. 그 누구도 하나님의 진노를 피할 수가 없다는 것입니다. 하지만 하나님께서는 우리에게 하나님의 진노로부터 피할 길을 열어 주신 것입니다. 오직 예수 그리스도 안에 있어야 한다는 것입니다. 영적인 간음을 지어서 세상의 가치를 좇아 살아가는 자들은 하나님의 진노를 피하지 못하게 되는 것입니다.

이제 우리는 믿음의 방향을 돌려서 새 사람을 입어 하나님의 진노를 피하는 사람이 되어야 합니다. 왜! 우리에게 재난이 있고 질병이 있습니까? 그것은 방주 안에 있지 못하기 때문입니다. 예수 그리스도 안에 있는 자들은 이미 죄 사함을 받았기 때문에 심판이 없는 것입니다. 심판의 목적은 우리의 죄를 멸하는 것입니다. 그러나 그리스도인은 이미 의의 몸을 입었기 때문에 심판이 없는 것입니다.

심판은 그리스도 안에 있지 못하고 육체의 정욕을 좇아 살아가는 자들에게 있는 것입니다. 육체의 정욕은 우리를 사망 안에 가두게 하는 것입니다. 욕심이 죄를 낳고 죄가 사망을 낳기 때문에 육체의 정욕을 십자가에 못 박아야 한다는 것입니다. 믿음의 방향을 올바르게 설정하여 달려갈 때 비로소 우리는 영으로 거듭나고 그리스도와 연합되어 그리스도의 신부가 될 수가 있는 것입니다.

요한계시록 7장

이 일 후에 내가 네 천사가 땅 네 모퉁이에 선 것을 보니 땅의 사방의 바람을 붙잡아 바람으로 하여금 땅에나 바다에나 각종 나무에 불지 못하게 하더라 **요한계시록 7:1**

이 일 후에 요한이 네 천사가 땅 네 모퉁이에 선 것을 보니 땅의 사방의 바람을 붙잡아 바람으로 하여금 땅에나 바다에나 각종 나무에 불지 못하게 하더라고 말씀하십니다. 바람이 무엇인지를 알아야 하며 왜! 바다에나 각종 나무에 불지 못하는지를 알아야 합니다. 바람은 죄를 불어 버리기도 하고 흩어 버리기도 합니다. 이스라엘 민족을 온 세상으로 흩어 버리시는 이유는 그들이 알고 있는 하나님을 알리기 위한 것입니다.

바다에나 나무에 불지 말라고 하는 것은 세상의 피조물을 건드리지 말라는 것입니다. 이들 피조물은 사람들의 죄로 인해 피해를 입었을 뿐입니다. 그러나 피조물은 예수 그리스도의 보혈로 다시 살아난 것입니다. 세상의 피조물은 이미 예수님의 보혈로 인 맞았기 때문에 바람에게 불지 말라는 것입니다. 그래서 제가 말씀드리는 것은 우리의 구원과 세상 구원을 분리해서 이해하면 성경을 이해하기가 쉬워진다는 것입니다.

> 또 보매 다른 천사가 살아계신 하나님의 인을 가지고 해 돋는 데로부터 올라와서 땅과 바다를 해롭게 할 권세를 얻은 네 천사를 향하여 큰 소리로 외쳐 **요한계시록 7:2**

또 보매 다른 천사가 살아 계신 하나님의 인을 가지고 나와 해 돋는 데로부터 올라와서 땅과 바다를 해롭게 할 권세를 얻은 네 천사를 향하여 큰 소리로 외칩니다. 땅과 바다는 육의 세상을 의미합니다. 즉 죄가 있기 때문에 심판을 통해서 구원을 받게 하는 것입니다. 흔들리는 것은 죄입니다. 왜냐하면 영원하지 못하기 때문입니다. 하나님과의 관계가 성립이 되기 위하여서는 영원하여야 하는 것입니다. 심판의 의미는 곧 구원을 의미하는 것입니다. 세상의 피조물도 하나님의 영광 안으로 들어가야 하기 때문에 땅과 바다를 구원하시는 것입니다.

> 가로되 우리가 우리 하나님의 종들의 이마에 인치기까지 땅이나 바다나 나무나 해하지 말라 하더라 **요한계시록 7:3**

천사들이 말하기를 우리가 우리 하나님의 종들을 이마에 인 치기까지 땅이나 바다나 나무나 해하지 말라고 합니다. 이것도 역시 세상의 피조물은 건드리지 말라는 것입니다. 사람의 구원과 세상의 구원은 다르기 때문입니다. 인 맞은 자들은 이미 첫째 사람을 심판받고 새 사람을 입은 자들입니다. 마찬가지로 세상의 피조물인 첫째 하늘과 첫째 땅을 심판하시고 새 하늘과 새 땅으로 변화되게 하시는 것입니다. 죄가 있는 육의 세상을 죄가 없는 영의 세상과 연합되게 하신다는 것입니다. 그리스도 안에서 하늘과 땅의 통일로 이해하여야 하는 것입니다.

종말이란 즉 완성의 의미를 가진 것입니다. 첫째 하늘과 첫째 땅이 심판을 받는 것이 아니라 새 하늘과 새 땅으로 연합되어 하나님의 영광 안으로 들어가서 구원을 얻는 것처럼 사람들도 첫째 사람 위에 새 사람으로 덧입혀 주심으로 하나님의 영광 안에서 영생이 되는 것입니다. 이것을 사망이 생명에게 삼켜진다고 성경은 말씀하시고 있는 것입니다.

우리가 생명이 되지 못한다면 하나님의 자녀가 될 수가 없습니다. 왜냐하면 하나님의 관점에서는 모든 것이 영생이 되어야 하기 때문입니다. 피조물도 하나님의 영광 안에서 썩어짐에서 해방을 받듯이 사람들도 하나님의 영광 안으로 들어가서 영생이 된다는 것입니다.

> 내가 인맞은 자의 수를 들으니 이스라엘 자손의 각 지파 중에서 인맞은 자들이 십 사만 사천이니 **요한계시록 7:4**

이마에 인 맞은 자의 수를 들으니 이스라엘 자손의 각 지파 중에서 인 맞은 자들이 십사만 사천이라고 말씀하십니다. 우리는 성경을 오버해서 해석할 필요가 없는 것입니다. 여기에서는 이스라엘 민족이라고 말씀하시고 있는 것입니다. 멸망은 이미 이천 년 전에 일어난 일이라는 것입니다. 죄가 있는 율법 시대의 끝은 종말이라는 것입니다. 율법 시대는 죄가 있었기 때문에 종말이 왔지만 은혜와 진리 시대는 죄가 없기 때문에 더 이상 심판도 오지 않아야 합니다.

단지 우리가 의의 몸을 입지 못하고 하나님의 성소 안으로 들어가지 못하였기 때문에 종말을 깨닫지 못하고 있는 것입니다. 우리는 개인적인 종말을 맞이할 때 하나님의 영광이 있는 영생의 세계로 들어갈 수가 있는 것입니다.

유다 지파 중에 인맞은 자가 일만 이천이요 르우벤 지파 중에 일만 이천이요 갓 지파 중에 일만 이천이요 **요한계시록 7:5**

인 맞은 자들은 유다 지파에서 일만 이천이요 르우벤 지파 중에 일만 이천이요 갓 지파 중에 일만 이천이라고 말씀하십니다. 이들은 이스라엘 민족의 구원의 수인 것입니다.

아셀 지파 중에 일만 이천이요 납달리 지파 중에 일만 이천이요 므낫세 지파 중에 일만 이천이요 **요한계시록 7:6**

아셀, 납달리, 므낫세 지파 중에 일만 이천이라고 말씀하십니다. 성경은 어떤 때는 비유로 해석해야 하지만 어떤 때는 성경 말씀 그대로 해석이 되어야 합니다.

시므온 지파 중에 일만 이천이요 레위 지파 중에 일만 이천이요 잇사갈 지파 중에 일만 이천이요 **요한계시록 7:7**

시므온, 레위, 잇사갈 지파 중에 일만 이천이라고 말씀하십니다. 어떻게 이렇게 정확하게 각 지파 중에 일만 이천만 남게 하셨는지는 우리는 이해하지 못합니다. 전쟁 중에 많은 사람들이 목숨을 잃지만 이렇게 정확하게 일만 이천이 남았다는 것은 거룩하신 하나님께서 이루셨기 때문입니다. 이 말씀의 의미는 곧 하나님께서 모든 것을 계획하시고 이루신다는 것입니다.

스불론 지파 중에 일만 이천이요 요셉 지파 중에 일만 이천이요 베냐민 지파 중에 인맞은 자가 일만 이천이라 **요한계시록 7:8**

스불론 지파, 요셉 지파, 베냐민 지파 중에 인 맞은 자가 일만 이천이라고 말씀하십니다. 이들은 예루살렘 성이 무너질 때 살아남은 사람들입니다. 종말이란 율법 시대 끝을 의미하며 이미 종말이 지나갔지만 개인적인 종말을 맞이하여야 영혼 구원에 이를 수가 있는 것입니다. 그러면 종말이 예루살렘 성전의 멸망인지를 성경을 통해서 알아보아야 합니다.

예수께서 성전에서 나가실 때에 제자 중 하나가 가로되 선생님이여 보소서 이 돌들이 어떠하며 이 건물들이 어떠하니이까 **마가복음 13:1**

예수께서 성전에서 나가신다고 말씀하십니다. 이 성전은 예루살렘 성을 가리키고 있습니다. 성전을 나가실 때 제자 중 하나가 선생님이여 보소서 이 돌들이 어떠하며 이 건물들이 어떠하냐고 말씀하십니다. 분명하게 제자들은 예루살렘 성전을 가리키고 말씀드린 것입니다.

예수께서 이르시되 네가 이 큰 건물들을 보느냐 돌 하나도 돌 위에 남지 않고 다 무너뜨려지리라 하시니라 **마가복음 13:2**

예수님께서 이 큰 건물들을 보느냐고 말씀하십니다. 이 큰 건물이 예루살렘 성을 가리키고 있는 것입니다. 이 건물의 돌 하나도 돌 위에 남지 않고 다 무너뜨려지리라고 말씀하십니다. 이 말씀의 의미를 이해하여야 합니다. 예루살렘 성은 보이는 것이지만 새 예루살렘 성은 보이지 않는 것입니다. 보이는 세상을 멸하여야 보이지 않는 세상을 맞이할 수가 있다는 것입니다.

이 세상이 여전히 죄가 있는 육의 세상이라면 하나님께서 만유의 주님이 되실 수가 없는 것입니다. 하나님은 죄가 있는 육의 세상에는 존재할 수가 없기 때문입니다. 눈에 보이는 옛 성을 무너뜨리고 눈에 보이지 않는 새 성을 주시기 위한 것입니다. 새 예루살렘 성이란 새 사람을 의미합니다. 즉 예수 그리스도와 연합된 삶이 새 예루살렘 성이라는 것입니다.

예수께서 감람산에서 성전을 마주 대하여 앉으셨을 때에 베드로와 야고보와 요한과 안드레가 종용히 묻자오되 **마가복음 13:3**

예수님께서 감람산에서 성전을 마주 대하여 앉으셨을 때에 베드로와 야고보와 요한과 안드레가 종용히 예수님께 질문을 합니다.

우리에게 이르소서 어느 때에 이런 일이 있겠사오며 이 모든 일이 이루려 할 때에 무슨 징조가 있사오리이까 **마가복음 13:4**

우리에게 이르소서 어느 때에 이런 일이 있겠사오며 이 모든 일이 이루려 할 때에 무슨 징조가 있습니까? 라고 질문을 합니다. 예수님의 제자들이 돌 위에 돌 하나도 남지 않는 날이 어느 때에 일어나는지를 질문하고 있는 것입니다. 예루살렘 성의 멸망 시점으로 죄가 있는 율법 시대가 끝나고 죄가 없는 은혜와 진리 시대가 오게 되는 것입니다. 사망이 왕 노릇 하는 율법 시대가 끝나고 생명이 왕 노릇 하시는 시대를 맞이한 것입니다.

생명이 왕 노릇 하는 시대가 하나님의 나라입니다. 왜냐하면 생명이 왕 노릇 하시면 피조물과 사람은 썩어짐에서 해방되어 생명이 되어 버리기 때문입니다. 사망이 왕 노릇 할 때는 피조물과 사람은 사망 안에 있었지만 생명 되신 하나님께서 왕 노릇 하시면 모든 만물과 사람은 생명이 되어 버리는 것입니다. 누구에게 복종하느냐에 따라 사망이 되고 생명이 되는 것입니다. 죄에 굴복하면 사망이 되지만 예수님의 말씀에 복종하면 생명이 되는 것입니다. 죄에 복종하는 자들은 육이며 사망 안에 있게 되는 것입니다.

예수님의 말씀에 복종하지 못하고 있다는 것은 통곡해야 할 일입니다. 왜냐하면 영원한 생명이 되지 못하였기 때문입니다. 구원은 복종을 통해서 완성이 되는 것입니다. 복종 못하는 것은 자랑스러운 일이 아니라 통곡하여야 할 일입니다. 우리가 혼미한 영으로 살아가면 예수님의 말씀에 복종하지 않아도 전혀 두려움을 느끼지 못하고 살아가게 되는 것입니다.

> 이 일 후에 내가 보니 각 나라와 족속과 백성과 방언에서 아무라도 능히 셀 수 없는 큰 무리가 흰 옷을 입고 손에 종려 가지를 들고 보좌 앞과 어린 양 앞에 서서
> **요한계시록 7:9**

이 일 후란 종말이 일어난 후를 의미합니다. 각 족속과 백성과 방언에서 아무라도 능히 셀 수 없는 큰 무리가 흰 옷을 입고 손에 종려 가지를 들고 보좌 앞과 어린양 앞에 섰다고 말씀하십니다. 이미 우리는 예수님의 보혈로 속량을 입어 흰 옷을 입고 예수 그리스도와 연합을 이루지 않았습니까? 우리가 보좌 앞에 서 있지 아니하면 어떻게 예수 그리스도와 연합을 이룰 수가 있습니까? 예수 그리스도

께서 성소의 휘장을 열어 주셨기 때문에 우리가 하나님의 영광 안으로 들어가서 하나님의 자녀가 될 수가 있었던 것입니다. 하나님의 영광이 있는 곳은 사망과 아픔과 슬픔이 없는, 영원히 변하지 않는 하나님의 나라인 것입니다.

> 큰 소리로 외쳐 가로되 구원하심이 보좌에 앉으신 우리 하나님과 어린 양에게 있도다 하니 **요한계시록 7:10**

큰 소리로 외쳐 가로되 구원하심이 보좌에 앉으신 우리 하나님과 어린양에게 있다고 말씀하십니다. 구원이 무엇입니까? 사탄의 머리를 밟고 각자 안에 하나님의 처소를 완성하는 것입니다. 하나님의 처소를 완성하여야 하나님과의 동행을 얻을 수가 있는 것입니다. 하나님의 처소는 빛이며 진리이며 하나님의 나라인 것입니다. 하나님의 나라로 들어가야 하나님으로부터 통치를 받을 수가 있는 것입니다.

우리 안에 하나님께서 거하실 처소가 없다면 어떻게 하나님께서 우리와 동행하실 수가 있습니까? 왜! 종말이 필요한 것입니까? 죄가 있는 세상은 하나님께서 통치가 불가능하시기 때문입니다. 그래서 예수님을 이 땅에 보내 주셔서 세상 죄를 멸하시고 사망을 폐지하셨던 것입니다. 우리는 단지 예수님께서 이루신 것을 믿음으로써 각자 안에 하나님의 나라를 완성하여야 하는 것입니다.

> 모든 천사가 보좌와 장로들과 네 생물의 주위에 섰다가 보좌 앞에 엎드려 얼굴을 대고 하나님께 경배하여 **요한계시록 7:11**

모든 천사가 보좌와 장로들과 네 생물의 주위에 섰다가 보좌 앞에 엎드려 얼굴을 대고 하나님께 경배합니다. 왜! 우리가 하나님께 경배할 수가 있었습니까? 예수님께서 성소의 휘장을 열어 주셨기 때문입니다. 하나님의 성소는 영생이 된 자들이 들어가는 곳입니다. 이미 예수님께서 모든 것을 이루시고 우리가 영생이 되게 하셨는데 많은 영혼들이 진리를 알지 못하며 영혼 구원에도 전혀 관심 없이 살아가고 있는 것입니다.

> 가로되 아멘 찬송과 영광과 지혜와 감사와 존귀와 능력과 힘이 우리 하나님께 세세토록 있을찌로다 아멘 하더라 **요한계시록 7:12**

찬송과 영광과 지혜와 감사와 존귀와 능력과 힘이 우리 하나님께 있다고 말씀하십니다. 하나님의 자녀란 하나님의 능력 아래에서 살아가는 자들입니다. 하나님의 능력이 우리를 죄로 인도하실 수가 있습니까? 그럴 순 없습니다. 하나님께서는 우리를 의로 인도하시는 분이시지 죄로 인도하는 경우는 없습니다. 단지 우리가 하나님과 동행하는 법을 잃어버렸기 때문에 죄에 복종하고 있는 것입니다. 성령의 기름을 채우지 않았기 때문에 재림하시는 예수 그리스도와 연합을 이루지 못한 것입니다.

> 장로 중에 하나가 응답하여 내게 이르되 이 흰옷 입은 자들이 누구며 또 어디서 왔느뇨 **요한계시록 7:13**

장로 중에 하나가 응답하여 내게 이르되 이 흰 옷 입은 자들이 누구며 또 어디서 왔는지를 묻습니다.

> 내가 가로되 내 주여 당신이 알리이다 하니 그가 나더러 이르되 이는 큰 환난에서 나오는 자들인데 어린양의 피에 그 옷을 씻어 희게 하였느니라 **요한계시록 7:14**

요한이 내 주여 당신이 알리이다 하니 그가 나더러 이르되 어린 양의 피에 그 옷을 씻어 희게 하였느니라고 대답을 합니다. 그리스도인이란 이미 큰 환난을 겪고 흰 옷을 입은 자들입니다. 우리가 그리스도인이 되기 위해서는 복종을 해야 합니다. 불복종하는 자녀란 없습니다. 구원은 예수님의 말씀에 복종할 때 이루어지는 것입니다. 예수님의 말씀에 복종하기 위해서는 십자가를 통해서 옛 사람을 버려야 하는 것입니다. 죄의 본성은 예수님의 말씀에 복종하고 싶어도 할 수가 없기 때문에 버려야 한다는 것입니다.

십자가에 옛 사람을 버리는 것이 곧 심판이며 큰 환난인 것입니다. 옛 사람을 죽이기 위해서 열 가지 재앙을 부어야 하기 때문입니다. 바로 왕을 기억해야 합니다. 바로는 곧 우리의 죄의 본성을 의미하는 것입니다. 죄의 본성은 하나님을 대적하며 하나님의 말씀에 복종하지 못하는 것입니다. 우리 안에 아직도 죄가 있다면 하나님의 말씀에 복종하지 않았기 때문입니다.

하나님께서 내버려 두신다는 것은 진노입니다. 영혼 구원을 얻어 영원한 안식 안으로 들어가야 하기 때문입니다. 예수님의 보혈로 옷을 깨끗하게 씻어야 하나님께서 거하시고 통치하시는 보좌로 나아갈 수가 있는 것입니다.

그러므로 그들이 하나님의 보좌 앞에 있고 또 그의 성전에서 밤낮 하나님을 섬기매 보좌에 앉으신 이가 그들 위에 장막을 치시리니 **요한계시록 7:15**

흰 옷을 입은 자들은 단련을 받아 정금같이 탄생한 자들입니다. 이들이 하나님의 보좌 앞에 있고 그의 성전에서 밤낮 하나님을 섬기며 보좌에 앉으신 이가 그들 위에 장막을 치신다고 말씀하십니다.

하나님의 성전을 우리 안에 두셨습니다. 그 성전에서 밤낮 하나님을 섬기며 보좌에 앉으신 분이 그들에게 장막을 쳐 주신다고 말씀합니다. 여기에서 장막이란 하나님의 처소이며 나라를 의미하는 것입니다. 하나님께서 거하시고 통치하시는 곳이 하나님의 나라입니다.

> 저희가 다시 주리지도 아니하며 목마르지도 아니하고 해나 아무 뜨거운 기운에 상하지 아니할찌니 **요한계시록 7:16**

저희가 다시 주리지도 아니하며 목마르지 아니하고 해나 아무 뜨거운 기운에 상하지 아니한다고 말씀하십니다. 하나님의 자녀들은 하나님께서 먹이시고 입히시고 마시게 하시기 때문에 전혀 걱정 없는 삶을 살아갈 수가 있는 것입니다. 그리고 해나 뜨거운 기운에 상하지 않는다고 말씀하십니다. 이들은 이미 보좌 안에 있기 때문에 세상의 해나 뜨거운 기운에 상하지 않는 것입니다. 첫째 하늘과 첫째 땅에 있지 아니하고 새 하늘과 새 땅 안에 있기 때문에 상하지 않고 하나님의 보호 속에서 살아갈 수가 있는 것입니다.

첫째 하늘과 첫째 땅은 죄가 있는 율법 시대를 의미하지만 새 하늘과 새 땅은 죄가 없는 은혜와 진리 시대를 의미합니다. 그래서 우리는 첫째 사람을 버리고 새 사람을 입어야 하는 것입니다. 새 사람을 입어야 새 하늘과 새 땅에서 살아갈 수가 있다는 것입니다. 즉 영이 되어야 영적인 세상에서 살아갈 수가 있다는 것입니다.

> 이는 보좌 가운데 계신 어린 양이 저희의 목자가 되사 생명수 샘으로 인도하시고 하나님께서 저희 눈에서 모든 눈물을 씻어 주실 것임이 **요한계시록 7:17**

해나 뜨거운 기운에 상하지 않는 이유는 보좌에 계신 어린양이 우리의 목자가 되시고 생명수 샘으로 인도하시고 우리의 눈에서 눈물을 씻어 주실 것이기 때문이라고 말씀하십니다. 하나님의 자녀란 땅에 살지 않기 때문에 해나 뜨거운 기운에 상하지 아니하고, 하나님께서 우리를 도우시고 우리에게 있는 모든 눈물을 닦아 주시니 슬픔이 없는 삶을 살아갈 수가 있는 것입니다.

이 삶이 복음이며 하나님의 나라가 되는 것입니다. 죄의 자녀에서 하나님의 자녀로 신분 변화가 일어나는 것을 복음이라고 하는 것입니다. 이것은 현재적이며 좁은 길로 가는 자들에게 주어지는 하나님의 은혜인 것입니다.

요한계시록 8장

일곱째 인을 떼실 때에 하늘이 반시 동안쯤 고요하더니 **요한계시록 8:1**

일곱째 인을 떼실 때에 하늘이 반시 동안쯤 고요하더라고 말씀하십니다.

내가 보매 하나님 앞에 시위한 일곱 천사가 있어 일곱 나팔을 받았더라 **요한계시록 8:2**

요한이 보매 하나님 앞에 시위한 일곱 천사가 있어 일곱 나팔을 받았더라고 말씀하십니다.

또 다른 천사가 와서 제단 곁에 서서 금 향로를 가지고 많은 향을 받았으니 이는 모든 성도의 기도들과 합하여 보좌 앞 금단에 드리고자 함이라 **요한계시록 8:3**

또 다른 천사가 와서 제단 곁에 서서 금향로를 가지고 많은 향을 받았으니 이는 모든 성도의 기도들과 합하여 보좌 앞 금단에 드리고자 함이라고 말씀하십니다. 기도가 하나님께 상달된다는 것은 하늘 문을 열었다는 것입니다. 예수님께서 일곱 인을 떼신다는 의미는 우리를 예수님께서 열어 주신 보좌로 나아가게 해 주시는 것입니다. 하나님께서 죄인들의 기도를 듣지 않기 위해서 자신을 구름으로 가리신 것입니다. 이 문을 예수님께서 열어 주셨기 때문에 성도들의 기도가 하늘에 닿을 수가 있었던 것입니다.

성소의 휘장을 찢으신 이유는 우리를 하나님께서 거하시는 영광 안으로 넣어 주시기 위한 것입니다. 이것이 구원의 결말입니다. 하나님의 자녀들은 생명 안에 있기 때문입니다. 하나님께서 우리의 왕이시면 구원이 완성이 된 것입니다. 죄로부터 자유를 얻어 영원한 생명이 되었기 때문입니다. 하나님은 우리를 죄로 인도하시는 분이 아니시라는 것을 분명하게 알아야 합니다. 우리가 죄를 짓고 있는 이유는 믿음이 자라나지 못해 하나님의 의가 있는 곳에 이르지 않았기 때문입니다.

향연이 성도의 기도와 함께 천사의 손으로부터 하나님 앞으로 올라가는지라 **요한계시록 8:4**

향연이 성도의 기도가 함께 천사의 손으로부터 하나님 앞으로 올라간다고 말씀하십니다. 천사는 사람을 도우는 영입니다. 천사가 성도들의 기도를 받아 하나님께 올린다는 것은 종말을 이루고 구원이 이루어졌다는 것입니다. 우리의 기도가 하나님께 상달이 되기 위해서는 죄가 없는 새 사람을 입어야 하는 것입니다.

개인적인 종말이란 옛 사람을 버리는 것입니다. 옛 사람 안에 있다는 것은 사망 안에 있다는 것입니다. 그러나 새 사람을 입으면 생명이 되어 영원하신 하나님과 연합되어 하나님의 통치로 말미암아 죄로부터 자유할 수가 있는 것입니다.

천사가 향로를 가지고 단 위의 불을 담아다가 땅에 쏟으매 뇌성과 음성과 번개와 지진이 나더라 **요한계시록 8:5**

천사가 향로를 가지고 단 위의 불을 담아다가 땅에 쏟으매 뇌성과 음성과 번개와 지진이 나더라고 말씀하십니다. 하나님은 소멸하는 불이십니다. 죄를 불로써 녹여야 하는 속성을 가지신 분이십니다. 불을 담아 땅에 던진다는 것은 죄를 녹이고 하나님의 의가 되는 나라로 바꾼다는 것입니다. 뇌성과 음성과 번개와 지진은 흔들리는 육의 세상을 멸하고 영원히 흔들리지 않는 영의 세상을 주시기 위한 것입니다. 우리 역시 세상의 피조물과 같이 육체를 흔들어야 합니다. 즉, 심판을 통해서만 영의 몸을 입을 수가 있는 것입니다.

율법 아래에는 죄가 있기 때문에 심판이 있으며 사망도 있었지만 은혜 아래에는 죄가 없으며 심판도 없기 때문에 생명이 있는 것입니다. 첫째 하늘과 첫째 땅은 죄가 있었지만 새 하늘과 새 땅은 죄가 없기 때문에 생명이 있는 곳입니다. 우리는 사망에서 생명으로 옮기기 위해서는 첫째 사람을 버려야 하는 것입니다. 첫째 사람 안에 있으면 육신의 정욕을 좇아 살아가기 때문에 욕심이 죄를 낳고 죄가 사망을 낳게 되는 것입니다.

사도 바울은 땅을 바라보고 있는 성도들을 바라보고 통곡을 하였던 것입니다. 뼈를 깎는 아픔을 느끼면서 복음을 전하고 영적으로 키웠는데 이들이 땅의 가치를 보고 달려간 것을 보고 통곡을 하였던 것입니다. 오늘날 성도들이 땅을 바라보고 달려가도 울어 줄 목자가 없는 것은 그들 역시 땅의 가치를 바라보고 달려가고 있기 때문입니다. 이것은 곧 소경이 소경을 이끌어 가는 것이기 때문에 둘 다 멸망의 구덩이에 빠져 버리는 것입니다.

일곱 나팔 가진 일곱 천사가 나팔 불기를 예비하더라 **요한계시록 8:6**

일곱 나팔 가진 일곱 천사가 나팔 불기를 예비하더라고 말씀하십니다. 하나님의 진노로 인해 새로운 시대를 열기 위한 나팔입니다.

첫째 천사가 나팔을 부니 피 섞인 우박과 불이 나서 땅에 쏟아지매 땅의 삼분의 일이 타서 사위고 수목의 삼분의 일도 타서 사위고 각종 푸른 풀도 타서 사위더라 **요한계시록 8:7**

첫째 천사가 나팔을 부니 피 섞인 우박과 불이 나서 땅에 쏟아지매 땅의 삼분의 일도 타서 사위고 수목의 삼분의 일도 태워서 사위고 각종 푸른 풀도 타서 사위더라고 말씀하십니다. 이 말씀은 첫째 하늘과 첫째 땅을 흔들기 위한 것입니다. 이 땅을 흔들어야 영원히 변하지 않는 진리 시대를 맞이할 수가 있기 때문입니다. 흔들리는 나라는 율법이지만 흔들리지 않는 나라는 진리인 것입니다.

이미 진리 시대를 맞이하였다는 것은 흔들리지 않는 새 하늘과 새 땅을 맞이하였다는 의미입니다. 예수님께서 보좌의 문을 열어 주셔서 하늘과 땅이 통일을 이루었기 때문에 죄가 없는 새 하늘과 새 땅을 맞이할 수가 있었던 것입니다.

둘째 천사가 나팔을 부니 불붙는 큰 산과 같은 것이 바다에 던지우매 바다의 삼분의 일이 피가 되고 **요한계시록 8:8**

둘째 천사가 나팔을 부니 불붙는 큰 산과 같은 것이 바다에 던지우매 바다의 삼분의 일이 피가 된다고 말씀하십니다. 이스라엘 민족의 삼분의 일이 칼에 쓰러짐에 따라 강과 바다를 피로 물들이는 것입니다.

네 천사가 놓였으니 그들은 그 년 월 일 시에 이르러 사람 삼분의 일을 죽이기로 예비한 자들이더라 **요한계시록 9:15**

이스라엘 민족 중 삼분의 일을 죽이기로 예비하였다고 말씀하십니다. 하나님의 말씀에 불복종하는 자들을 죽이기로 예비한 것입니다. 이들이 죽어서 강과 바다를 핏빛으로 물들이는 것입니다.

바다 가운데 생명 가진 피조물들의 삼분의 일이 죽고 배들의 삼분의 일이 깨어지더라 **요한계시록 8:9**

바다 가운데 생명 가진 피조물의 삼분의 일이 죽고 배의 삼분의 일이 깨어지더라고 말씀하십니다. 육적인 세상을 구원하기 위한 하나님의 심판인 것입니다. 죄가 있는 율법 시대를 끝내기 위한 심판인 것입니다. 즉 율법을 완성하기 위한 구원으로 해석되는 것이 성경적입니다.

우리는 하나님께서 동행하시지 않으면 율법 아래에 살아가게 되지만 하나님께서 우리와 동행하시면 하나님의 은혜 아래에서 살아갈 수가 있는 것입니다. 하나님께서 은혜를 주시기 위해서 첫째 하늘과 첫째 땅을 구원하여 주시며, 첫째 사람 안에 있는 우리를 구원하여 주셔서 새 사람을 입혀 주신 것은 영생이 되어 하나님과 화목을 이루기 위한 것입니다.

세째 천사가 나팔을 부니 횃불 같이 타는 큰 별이 하늘에서 떨어져 강들의 삼분의 일과 여러 물샘에 떨어지니 **요한계시록 8:10**

셋째 천사가 나팔을 부니 횃불같이 타는 큰 별이 하늘에서 떨어져 강들의 삼분의 일과 여러 물 샘에 떨어진다고 말씀하십니다. 이 말씀도 위의 말씀과 같은 맥락입니다. 이스라엘 민족이 바다에도 쓰러지고 강에도 쓰러져서 그들의 피로 물든다는 의미이며 동시에 첫째 하늘과 첫째 땅을 영원하신 하나님과 연합되어 새 하늘과 새 땅으로 완성하신다는 의미이기도 합니다.

눈에 보이는 현상으로는 이스라엘 민족의 멸망인 것이지만 영적으로는 이들의 가지를 끊어서 이방인들에게도 접붙임을 받는다는 것입니다. 접붙임을 받는다는 것은 구원의 완성인 것입니다. 예수 그리스도 안에 생명이 있기 때문에 그분과의 연합은 곧 영원한 생명을 의미하는 것입니다.

이 별 이름은 쑥이라 물들의 삼분의 일이 쑥이 되매 그 물들이 쓰게 됨을 인하여 많은 사람이 죽더라 **요한계시록 8:11**

이 별 이름은 쑥이라 물들의 삼분의 일에 쑥이 되매 그 물들이 쓰게 됨으로 인하여 많은 사람이 죽더라고 말씀하십니다. 이 말씀을 이루시는 날은 이미 이천 년 전에 멸망을 당했던 이스라엘 민족이 멸망하는 날을 의미하는 것입니다. 이들의 멸망으로 인해 이방인들도 구원을 받았기 때문입니다. 하나님의 자녀가 되는 구원 외에는 또 다른 구원은 없는 것입니다. 이미 우리는 영원하신 하나님과 연합을 이루었기 때문에 복음이 완성이 된 것입니다. 이 복음 외에 다른 복음을 전하게 된다면 하나님의 진노 속에서 살아가게 되는 것입니다.

네째 천사가 나팔을 부니 해 삼분의 일과 달 삼분의 일과 별들의 삼분의 일이 침을 받아 그 삼분의 일이 어두워지니 낮 삼분의 일은 비췸이 없고 밤도 그러하더라 **요한계시록 8:12**

넷째 천사가 나팔을 부니 해 삼분의 일과 달 삼분의 일과 별들의 삼분의 일이 침을 받아 그 삼분의 일이 어두워지니 낮 삼분의 일은 비췸이 없다고 말씀하십니다. 예루살렘 성을 불로 태움으로 인해 구름기둥이 해를 가리고 불기둥이 달을 가리니 해와 달의 비췸이 없어진다는 것입니다.

삼분의 일이라는 의미는 아직도 하나님의 진노가 완성이 되지 않았다는 것입니다. 죄가 있는 육적인 세상의 해와 달이 모두 가리어져야 하나님께서 통치하시는 새 하늘과 새 땅을 맞이할 수가 있기 때문입니다. 첫째 하늘과 첫째 땅은 죄가 지배하는 곳이지만 새 하늘과 새 땅은 하나님께서 만유의 주님이 되시고 만유를 다스리는 시대를 의미하는 것입니다.

하나님께서 만유를 통일하시고 만유를 다스리고 있지 않습니까? 하나님께서 통치하는 나라가 왔기 때문에 우리가 하나님의 자녀가 될 수가 있었던 것입니다. 복음 아래로 들어간다는 것은 구원의 완성인 것입니다.

> 내가 또 보고 들으니 공중에 날아가는 독수리가 큰 소리로 이르되 땅에 거하는 자들에게 화, 화, 화가 있으리로다 이 외에도 세 천사의 불 나팔소리를 인함이로다 하더라 **요한계시록 8:13**

내가 또 보고 들으니 공중에 날아가는 독수리가 큰 소리로 이르되 땅에 거하는 자들에게 화, 화, 화가 있으리라고 말씀하십니다. 이스라엘 민족에게 진노를 삼분의 일씩 하여 세 번에 걸쳐서 화를 내시겠다는 의미입니다. 여기에서 땅에 거하는 자들이란 기름을 채우지 못한 자들을 의미합니다. 기름을 채운 자들은 구름 위에서 예수님의 재림을 기다리고 있기 때문에 화를 면하는 것입니다.

너의 가운데서 삼분지 일은 온역으로 죽으며 기근으로 멸망할 것이요 삼분지 일은 너의 사방에서 칼에 엎드러질 것이며 삼분지 일은 내가 사방에 흩고 또 그 뒤를 따라 칼을 빼리라 **에스겔 5:12**

이스라엘 민족이 세 번에 나누어서 화를 당하는 것입니다. 삼분지 일은 온역과 기근으로 멸망을 하고 삼분지 일은 칼에 엎드러지고 삼분지 일은 사방에 흩고 또 그 뒤를 따라 칼을 빼리라고 말씀하십니다. 왜! 하나님께서 이스라엘 민족의 가지를 끊어 버리는 것입니까? 이방인들이 접붙임을 받기 위한 것입니다.

우리는 하나님의 은혜로 구원을 받아야 하는 것입니다. 예수님의 말씀에 복종하므로 영혼 구원을 이루어야 하는 것입니다. 영혼 구원을 얻지 못한 상태를 사망이라고 하며 영혼 구원을 얻은 상태를 생명이라고 하는 것입니다. 사망 안에 거하는 자들은 영원한 고난과 고통 속에서 살아가지만 생명 안에 거하는 자들은 정금같이 탄생이 되었기 때문에 불로 심판을 받아야 할 이유가 사라진 것입니다.

심판이 없는 삶은 영원한 안식을 의미하는 것입니다. 율법 시대 때는 이스라엘 민족이 가진 안식은 육신의 안식이었습니다. 그러나 은혜와 진리 시대의 안식은 마음의 안식입니다. 즉 마음의 안식을 가진 자들이 그리스도인이라는 것입니다. 이 안식이 없다면 예수 그리스도께서 동행하시지 않기 때문이라는 것을 깨닫고 하나님의 말씀에 복종함으로 영혼 구원을 위해서 예수님을 향해 달려가야 하는 것입니다.

요한계시록 9장

다섯째 천사가 나팔을 불매 내가 보니 하늘에서 땅에 떨어진 별 하나가 있는데 저가 무저갱의 열쇠를 받았더라 **요한계시록 9:1**

다섯째 천사가 나팔을 불매 요한이 보니 하늘에서 땅에 떨어진 별 하나가 있는데 저가 무저갱의 열쇠를 받았더라고 말씀하십니다. 무저갱이란 흑암의 권세가 있는 곳입니다. 흑암의 권세도 하나님께서 허락하시지 않는다면 권세를 가질 수가 없다는 것입니다. 다섯째 천사가 임의로 부는 나팔이 아니기 때문입니다. 흑암의 권세가 없다면 심판도 없으며 우리는 영원히 사망 안에 있어야 하는 것입니다.

저가 무저갱을 여니 그 구멍에서 큰 풀무의 연기 같은 연기가 올라오매 해와 공기가 그 구멍의 연기로 인하여 어두워지며 **요한계시록 9:2**

무저갱의 열쇠를 받은 자가 무저갱을 여니 그 구멍에서 큰 풀무의 연기 같은 연기가 올라오매 공기가 그 구멍의 연기로 인하여 어두워진다고 말씀하십니다. 이러한 일들이 왜! 일어나는 것입니까? 하나님의 말씀에 불복종하는 자들을 심판하여서 새 사람을 입을 기회를 주는 것입니다.

연기는 율법 시대 때의 구름기둥으로 이해하면 됩니다. 우리의 죄를 가리기 위해서 심판하신다는 것입니다. 재난이나 질병이 올 때 우리는 이에 감사하고 은혜를 구하며 옛 사람을 버리는 데 집중을 하면 질병과 재난은 사라지고 더욱더 많은 은혜를 받을 수가 있는 것입니다.

욥의 사건을 우리에게 보여 주는 목적이 무엇입니까? 어떠한 재난과 질병이 와도 하나님만을 붙들고 있으면 다시 회복된다는 것을 우리에게 보여 주신 것입니다. 육의 세상은 죄가 있기 때문에 연기로 가리시는 것이며 동시에 우리의 육체의 죄를 가리기 위하여서 연기로 가려 주시는 것입니다.

또 황충이 연기 가운데로부터 땅 위에 나오매 저희가 땅에 있는 전갈의 권세와 같은 권세를 받았더라 **요한계시록 9:3**

황충이 연기 가운데로부터 땅 위에 나오매 저희가 땅에 있는 전갈의 권세와 같은 권세를 받았더라고 말씀하십니다. 연기, 전갈이 왜! 필요합니까? 우리의 죄의 몸을 심판하기 위한 것입니다. 그러나 의의 몸을 입은 자들은 이러한 심판으로부터 해방을 받을 수가 있는 것입니다. 이 모든 사건은 자신에게 돌려야 하는 것입니다. 성경의 말씀의 전부가 각자의 시작이며 각자의 끝을 의미하는 것입니다.

그러므로 이제 그리스도 예수 안에 있는 자에게는 결코 정죄함이 없나니 **로마서 8:1**

그러므로 이제 그리스도 예수 안에 있는 자들은 결코 정죄함이 없다고 말씀합니다. 이 말씀의 정확한 의미를 이해하여야 합니다. 많은 사람들이 이 말씀을 이렇게 이해하고 있습니다. “우리는 그리스도인으로서, 죽어서 천국으로 들어갈 때 심판을 받지 아니하고 천국으로 바로 들어가게 됩니다”라고 이해하시는 분들이 대부분입니다. 이 말씀의 의미는 죄에 대하여 심판을 받지 아니한다는 것입니다. 하나님의 속성은 죄에 대하여 심판을 하실 수밖에 없습니다. 왜냐하면 하나님은 죄와 함께하실 수가 없기 때문입니다. 다음 절에서 왜! 그리스도인이 정죄함이 없는지를 설명을 하고 있습니다.

이는 그리스도 예수 안에 있는 생명의 성령의 법이 죄와 사망의 법에서 너를 해방하였음이라 **로마서 8:2**

예수 안에 있는 자들은 성령의 법으로 죄와 사망의 법에서 해방을 받았기 때문에 심판을 받지 아니한다는 것입니다. 그러나 성령으로부터 죄와 사망의 법에서 해방을 받지 아니한 자들은 심판을 받아야 한다는 것입니다. 많은 사람들이 심판을 말하면 죽어서 심판을 받는 것으로 받아들이고 있는 것입니다. 심판이란 그런 것을 의미하지 않습니다. 죄가 있으면 심판을 받는다는 의미입니다.

심판은 여러 가지 형태를 가지고 있습니다. 재난, 질병, 우울 등등, 이러한 여러 가지 심판을 통해서 자신이 죄의 몸 아래 있다는 것을 깨닫게 해 주는 것이 심판인 것입니다. 율법이 어떻게 해서 죄를 깨닫게 하는 것입니까? 율법의 특징은 죄를 심판하는 데 있습니다. 우리가 죄의 몸 아래 있으면 끊임없이 심판을 해 주는 것이 율법의 역할 중 하나입니다. 재난과 질병이 오면 회개를 통해서 회복하라는 의미를 가진 것입니다. 그래서 율법은 선한 것이라고 말씀하신 것입니다.

예수님도 예외가 아니었습니다. 죄의 몸을 가지고 이 땅에 오셨기 때문에 율법 아래에서 심판을 받으신 것입니다. 예수님께서 율법 아래에서 심판을 받으셨기 때문에 우리가 율법으로부터 속량을 받아 생명이 된 것입니다. 인생은 누구나 심판을 받게 되지만 성령으로 인해 거듭난 자들은 더 이상 심판받는 삶을 살아가지 않는 이유는 죄와 사망의 법에서 해방을 받았기 때문입니다.

즉, 쉽게 말씀드리면 정금같이 탄생이 되었으므로 더 이상 망치로 두드려야 할 이유가 사라졌다고 이해하면 될 것 같습니다. 그 삶은 영원한 안식을 의미하는 것입니다.

> 저희에게 이르시되 땅의 풀이나 푸른 것이나 각종 수목은 해하지 말고 오직 이마에 하나님의 인 맞지 아니한 사람들만 해하라 하시더라 **요한계시록 9:4**

저희에게 이르시되 땅의 풀이나 푸른 것이나 각종 수목을 해하지 말고 오직 이마에 하나님의 인 맞지 아니한 사람만 해하라고 말씀하십니다. 세상의 피조물을 해하지 말라는 것은 이들이 사람으로 치면 인 맞은 피조물이기 때문에 해하지 말라는 것입니다. 이것을 이해하기 위해서는 세상의 피조물의 구원은 한 영혼이 구원을 얻는다는 것으로 이해하면 됩니다. 개인 구원 안에 세상도 포함해서 이해를 하자는 것입니다. 그래서 세상의 피조물을 인 맞은 자처럼 이해하시면 성경을 이해하기가 쉽게 되는 것입니다.

예를 들어서 예수님께서는 세상 멸망 때 재림하신다고 말씀하셨습니다. 우리가 아니고 세상이 멸망할 때 오신다는 것입니다. 세상의 멸망은 죄가 있는 율법 시대를 끝낸다는 것입니다. 은혜와 진리 시대는 새 시대를 의미하는 것입니다. 이 사실을 안다면 예수님의 재림도 이해를 할 수가 있는 것입니다. 세상이라는 이름을 가진 한 영혼에게 오신 것처럼 우리 각자에게도 오셔야 한다는 것입니다. 개인적으로는 언제 오셔야 합니까? 세상이 종말을 이룰 때 오시는 것처럼 우리의 개인적인 종말, 즉 옛 사람을 버릴 때 오실 수가 있다는 것입니다.

예수님께서 오시는 목적은 우리를 하나님과 예수님께서 거하시는 빛의 나라로 옮기시기 위한 것입니다. 어둠 안에서 사망의 몸을 입고 있는 우리를 건져서 빛 안에서 생명이 되게 하기 위해서 예수님께서 오셔야 하는 것입니다. 우리는 중보자를 통하여야만 하나님께서 거하시고 통치하시는 빛으로 들어갈 수가 있는 것입니다. 이미 예수님께서 성소의 휘장을 열어 주셔서 우리로 하여금 하나님의 보좌로 들어갈 수 있도록 문을 열어 주신 것입니다. 믿음이 자라나서 영으로 거듭날 때 하나님의 보좌로 들어가서 영원한 안식을 누릴 수가 있는 것입니다.

> 그러나 그들을 죽이지는 못하게 하시고 다섯달 동안 괴롭게만 하게 하시는데 그 괴롭게 함은 전갈이 사람을 쏠 때에 괴롭게 함과 같더라 **요한계시록 9:5**

그러나 그들은 죽이지는 못하게 하고 다섯 달 동안 괴롭게만 하게 하시는데 그 괴롭게 함은 전갈이 사람이 쏠 때 괴롭게 함과 같더라고 말씀하십니다. 사람이 죽는 것과 죽지 못하고 괴롭게만 되는 것 중에 어떤 것이 더 나은 삶입니까? 저는 하나님의 손에서 끊어지면 하나님께 죽음을 구합니다. 왜냐하면 육적인 삶은 엄청나게 힘들고 괴롭기 때문입니다.

저는 육적인 것이 고통스럽다는 것을 누구보다도 잘 알고 있습니다. 왜냐하면 하나님 품 안에서 안식을 누려 보았기 때문입니다. 우리가 죄의 몸 아래에서 살아가고 있다면 이러한 괴로움을 느끼며 살아갈 수밖에 없다는 것입니다. 수천 조를 가지고도 괴로운 인생이라면 재산이 없어도 평강을 누리는 삶이 훨씬 더 나은 삶이라는 것을 기독교는 알려 주는 것입니다. 영혼 구원의 삶은 영원한 안식이라고 성경은 말씀하시고 있는 것입니다.

> 그날에는 사람들이 죽기를 구하여도 얻지 못하고 죽고 싶으나 죽음이 저희를 피하리로다 **요한계시록 9:6**

그날이란 율법 시대가 끝나는 날을 의미합니다. 사람들이 죽기를 구하여도 얻지 못하고 죽고 싶으나 죽음이 피하리라고 말씀하십니다. 정확하게 율법의 끝은 예루살렘 성의 멸망을 의미합니다. 율법 시대가 끝나야 하나님의 은혜와 진리 시대를 맞이할 수가 있는 것입니다. 사람이 죽고 사는 것은 하나님께 달려 있는 것입니다. 죽고 싶다고 해서 죽을 수 있는 것은 아닙니다. 죽음을 택하기보다는 자신의 죄의 몸을 버리기를 하나님께서 원하시고 기다리시는 것입니다.

지옥이란 육적인 삶을 의미합니다. 죄의 몸을 불에 태우고 소금을 쳐서 맛을 내기 위한 지옥인 것입니다. 그러나 영으로 거듭난 자들의 삶은 천국인 것입니다. 우리는 이러한 삶을 경험해 보지 않고 판단을 하지 말아야 합니다. 육체의 정욕을 좇아가는 옛 사람을 버려 보고 판단하는 것이 더 나은 것입니다.

황충들의 모양은 전쟁을 위하여 예비한 말들 같고 그 머리에 금 같은 면류관 비슷한 것을 썼으며 그 얼굴은 사람의 얼굴 같고 **요한계시록 9:7**

황충들의 모양은 전쟁을 위하여 예비한 말 같고 그 머리에 금 같은 면류관 비슷한 것을 썼으며 그 얼굴은 사람의 얼굴 같다고 말씀하십니다. 이들은 예루살렘 성을 멸망시키기 위한 군대를 의미하지만 한편으로는 우리의 육체를 죽이기 위한 영적 현상을 의미하기도 합니다.

전쟁의 목적은 예루살렘 성과 우리의 옛 성을 죽이기 위한 것으로 해석하면 좋을 듯싶습니다. 왜냐하면 우리의 죄뿐만 아니라 세상 죄를 가져가시기 위함이기 때문입니다. 이미 예수님께서 세상 죄를 가져가셨기 때문에 은혜와 진리 시대를 맞이할 수가 있었던 것입니다. 우리와 세상을 심판하시는 목적은 우리와 세상을 진리 안에 두기 위함입니다. 진리는 영원히 변하지 않는 하나님의 나라입니다. 하나님의 나라를 주시기 위해서 하나님께서 심판을 하시는 것입니다.

또 여자의 머리털 같은 머리털이 있고 그 이는 사자의 이 같으며 **요한계시록 9:8**

또 여자의 머리털과 같은 머리털이 있고 그 이는 사자의 이 같으며라고 말씀하십니다. 이 모든 것은 보이는 세상을 멸하고 보이지 않는 세상을 주시기 위한 것입니다. 보이는 것은 잠깐이며 보이지 않는 것이 영원하기 때문입니다. 황충들이란 용맹한 군사들을 의미하며 이들이 율법을 가진 이스라엘의 멸망을 위해서 성소를 밟는 것임과 동시에 우리의 죄의 몸을 죽이기 위한 영적인 군사인 것입니다.

우리가 왜! 전신 갑주를 입어야 합니까? 죄를 이기기 위한 것입니다. 오늘날 우리가 죄에 복종하고 있는 것은 영적으로 무장 해제를 하고 있기 때문입니다. 전혀 영적이라는 것을 찾아볼 수가 없는 것입니다. 재림하시는 예수님을 영접하여야 죄에서 벗어나서 영원한 하나님의 나라 안에서 영생이 될 수가 있는 것입니다. 성령의 기름을 채우지 못한다면 예수님과 연합을 이룰 수가 없으며 예수님의 신부가 될 수가 없는 것입니다.

예수님의 재림은 각자 안에 하나님께서 거하시고 통치하실 하나님의 나라를 완성하시기 위한 것입니다. 즉 예수님의 재림이 없다면 우리는 하나님의 자녀가 되지 못하고 죄의 자녀로 영원히 살아갈 수밖에 없는 것입니다. 예수님께서 재림하셔야 예수님께서 왕이시고 통치하시는 빛으로 들어갈 수가 있는 것입니다. 성령의 기름을 채워서 예수님의 재림을 맞이한 자들은 이미 예수님의 나라 안에 있는 자들입니다. 예수님의 나라는 흑암의 권세에서 벗어난 빛의 나라를 의미하는 것입니다.

> 또 철흉갑 같은 흉갑이 있고 그 날개들의 소리는 병거와 많은 말들이 전장으로 달려 들어가는 소리 같으며 **요한계시록 9:9**

또 철 흉갑 같은 흉갑이 있고 그 날개들의 소리는 병거와 많은 말들이 전장으로 달려가는 소리 같다고 말씀하십니다. 네 짐승이란 바벨론 제국, 페르시아 제국, 헬라 제국, 로마 제국을 의미합니다. 이스라엘 민족이 로마 제국으로 인해 멸망당하고 세계 곳곳으로 흩어지게 되는 것입니다. 바벨론 제국은 사람의 머리에 속하며 페르시아 제국은 사람의 가슴과 양팔을 의미하며 헬라 제국은 사람의 배와 넓

적다리를 의미하며 로마 제국은 사람의 두 종아리와 열 발가락을 의미합니다. 즉 우리의 죄의 몸을 죽이기 위한 전쟁이라는 것입니다.

또 전갈과 같은 꼬리와 쏘는 살이 있어 그 꼬리에는 다섯달 동안 사람들을 해하는 권세가 있더라 **요한계시록 9:10**

전갈과 같은 꼬리와 쏘는 살이 있어 그 꼬리에는 다섯 달 동안 사람들을 해하는 권세가 있더라고 말씀하십니다. 이 모든 것은 이스라엘 백성의 가지를 끊기 위한 것입니다. 그 가지를 끊어 주어야 이방인들이 접붙임을 받을 수가 있기 때문입니다.

저희에게 임금이 있으니 무저갱의 사자라 히브리 음으로 이름은 아바돈이요 헬라 음으로 이름은 아볼루온이더라 **요한계시록 9:11**

저희에게 임금이 있으니 무저갱의 사자라 히브리 음으로 하면 아바돈이요 헬라 음으로 이름은 아볼루온이더라고 말씀하십니다. 무저갱의 사자는 사탄입니다. 사탄이 있어야 하는 이유는 심판이 있어야 하기 때문입니다.

첫째 화는 지나갔으나 보라 아직도 이 후에 화 둘이 이르리로다 **요한계시록 9:12**

첫째 화는 지나갔으나 보라 아직도 이후에 화 둘이 이르리라고 말씀합니다. 화, 화, 화가 있어야 하는 이유는 육적인 세상과 우리의 육체를 심판하시기 위한 것입니다. 화 하나가 지나갔다는 의미는 삼분지 일만 심판하였다는 것입니다. 화는 어떤 자들에게는 하나님의 진노가 되는 반면에 어떤 자들에게는 축복이 되는 것입니다. 우리는 무엇을 선택하여야 현명한 판단이 되겠습니까? 우리는 자신의 죄의 몸을 버려야 할 것을 잘 알고 있습니다. 성경이 그렇게 말씀하시고 있습니다.

어떤 자들은 이렇게 생각할 것입니다. “우리는 이미 예수 그리스도와 함께 죄의 몸을 죽였고 의의 몸으로 갈아입었기 때문에 걱정할 필요가 없다. 우리는 예수 그리스도를 믿었기 때문에 영혼 구원을 얻은 것이다”라고 대부분의 기독교 교인들을 그렇게 생각하고 있는 것입니다. 이미 예수님 말씀대로 죄의 몸은 죽었는데 예수님께서 버리라고 명령을 해야 할 이유가 있습니까?

예수님께서 이 모든 일을 이루신 것은 분명합니다. 그러나 우리는 예수님께서 이루신 것을 믿음을 통해서 성취하여야 하는 것입니다. 우리가 생각하는 구원이 그렇게 이루어지는 것이라면 삶도 성경 말씀처럼 달라져야 한다는 것입니다. 하나님의 의가 된 자들은 이미 생명이 되어서 영원한 안식을 누려야 합니다. 안식이 없는 영혼 구원은 없는 것입니다.

> 여섯째 천사가 나팔을 불매 내가 들으니 하나님 앞 금단 네 뿔에서 한 음성이 나서 **요한계시록 9:13**

여섯째 천사가 나팔을 불매 내가 들으니 하나님 앞 금단 네 뿔에서 한 음성이 나왔다고 말씀하십니다. 이 말씀은 진리의 말씀이기 때문에 이루어지는 것입니다.

> 나팔 가진 여섯째 천사에게 말하기를 큰 강 유브라데에 결박한 네 천사를 놓아 주라 하매 **요한계시록 9:14**

나팔을 가진 여섯째 천사에게 말하기를 큰 강 유브라데에 결박한 네 천사를 놓아 주라고 말씀하십니다. 이 천사들이 심판을 하기 위한 것입니다. 유브라데강은 이스라엘 백성을 멸망시키기 위한 통로입니다. 심판은 예루살렘 성을 멸망시키기 위한 것입니다. 이 시점에 율법이 끝나고 은혜와 진리 시대를 맞이할 수가 있었기 때문입니다. 전쟁은 죄와의 싸움입니다. 은혜와 진리 시대는 죄와 사망이 없는 시대입니다.

네 천사가 놓였으니 그들은 그 년 월 일 시에 이르러 사람 삼분의 일을 죽이기로 예비한 자들이더라 **요한계시록 9:15**

네 천사가 놓였으니 그들은 그 연 월 일 시에 이르러 사람 삼분의 일을 죽이기로 예비한 자들이더라고 말씀하십니다. 첫 번째 화에서 사람 삼분지 일을 죽였으며, 이것은 두 번째 화에서 삼분지 일을 죽이기 위해서 하나님께서 네 천사들을 보내시는 것입니다.

마병대의 수는 이만만이니 내가 그들의 수를 들었노라 **요한계시록 9:16**

마병대의 수는 이만 만이니 내가 그들의 수를 들었다고 말씀하십니다. 저는 계속해서 왜! 이러한 일들이 일어나는지에 집중을 하고 말씀을 드리고 있는 것입니다. 마병대의 수가 왜! 이만 만이 되어야 하는지는 모르지만 이들이 이스라엘 민족을 심판한다는 것은 분명한 것입니다. 그래서 저는 큰 관점을 바라보고 말씀을 드리는 것입니다.

이같이 이상한 가운데 그 말들과 그 탄 자들을 보니 불빛과 자주빛과 유황빛 흉갑이 있고 또 말들의 머리는 사자 머리 같고 그 입에서는 불과 연기와 유황이 나오더라 **요한계시록 9:17**

이같이 이상한 가운데 그 말들과 그 탄 자들을 보니 불빛과 자줏빛과 유황빛 흉갑이 있고 또 말들의 머리는 사자 머리 같고 그 입에서는 연기와 유황이 나오더라고 말씀하십니다.

이 세 재앙 곧 저희 입에서 나오는 불과 연기와 유황을 인하여 사람 삼분의 일이 죽임을 당하니라 **요한계시록 9:18**

이 세 재앙 곧 저희 입에서 나오는 불과 연기와 유황으로 인해 사람 삼분의 일이 죽임을 당한다고 말씀하십니다. 이 죽음은 이스라엘 민족의 죽음을 의미합니다. 이 시기에 로마군에 의해서 이스라엘 민족이 멸망을 하게 되고 예루살렘 성도 멸망케 되는 것입니다. 손으로 지은 시대를 마치고 손으로 짓지 아니한 성전을 우리에게 주신 것입니다. 하나님의 말씀을 우리 마음에 주시기 위해서 하나님의 성전을 우리에게 주신 것입니다. 오늘날 교회는 손으로 지은 성전이지만 진정한 성전은 교인들의 마음 안에 두신 것입니다.

우리 마음 안에 성전이 없다면 우리는 하나님께 예배를 드릴 수가 없는 것입니다. 새 예루살렘 성이 우리 안에 있어야 하나님께 예배를 드릴 수가 있는 것입니다. 새 예루살렘 성은 새 사람을 의미하며 진리를 의미하는 것입니다. 우리가 진리 안에 있을 때 하나님께 예배를 드릴 수가 있는 것입니다. 진리 안에는 죄가 없기 때문에 영원한 것입니다. 진리 시대를 맞이하였다는 것은 영원히 변하지 않는 하나님의 나라를 맞이하였다는 것입니다. 예수님께서 세상 죄를 이기셨기 때문에 진리 시대를 맞이한 것입니다.

> 이 말들의 힘은 그 입과 그 꼬리에 있으니 그 꼬리는 뱀 같고 또 꼬리에 머리가 있어 이것으로 해하더라 **요한계시록 9:19**

이 말들의 힘은 그 입과 그 꼬리에 있으니 그 꼬리는 뱀 같고 또 꼬리에 머리가 있어 이것으로 해하더라고 말씀하십니다. 요한이 본 환상은 과거, 현재, 미래를 본 것입니다. 그리고 이 모든 것은 이미 이루어진 과거의 일입니다. 왜냐하면 예수님께서 왕이시고 통치하시는 나라가 되었기 때문입니다. 문제는 우리가 믿음이 없어 예수님께서 통치하시는 빛에 이르지 못하고 있는 것입니다. 믿음의 방향을 잘 세워서 영혼 구원에 이르러야 하는 것입니다.

> 이 재앙에 죽지 않고 남은 사람들은 그 손으로 행하는 일을 회개치 아니하고 오히려 여러 귀신과 또는 보거나 듣거나 다니거나 하지 못하는 금, 은, 동과 목석의 우상에게 절하고 **요한계시록 9:20**

이 재앙의 날은 예루살렘 성의 멸망이며 율법 시대 끝을 의미합니다. 율법 시대 때는 죄가 있었기 때문에 사망이 있었지만 은혜와 진리 시대는 죄가 없기 때문에 사망이 없는 곳입니다. 이 재앙으로 인해 죽지 아니하고 남은 사람들은 자신들이 행하는 것을 회개치 아니하고 오히려 여러 귀신과 또는 보거나 듣거나 다니거나 하지 못하는 금, 은, 동, 목석의 우상에게 절한다고 말씀하십니다.

우리가 세상의 가치를 좇아 살아가는 자들은 회개를 하고 돌아서야 합니다. 왜! 우리가 죄에 복종하며 살아가고 있습니까? 예수님을 좇지 아니하고 세상을 좇아 살아가고 있기 때문에 예수님의 재림을 영접하지 못하여 죄로부터 자유를 얻지 못하고 살아가고 있는 것입니다.

또 그 살인과 복술과 음행과 도적질을 회개치 아니하더라 **요한계시록 9:21**

또 살인과 복술과 음행과 도적질을 회개치 아니하더라고 말씀하십니다. 옛 사람의 본성은 바로 왕과 같이 강퍅합니다. 엄청난 재앙을 퍼부어도 좀처럼 사라지지 않는 것입니다. 오직 십자가의 길과 기도로써 자신 안에 있는 옛 사람이 버려지기를 바라야 하는 것입니다.

우리가 영혼 구원을 바라지 않는다면 죽어서 천국 간다는 것을 보장할 수가 없습니다. 살아 있는 우리가 영혼 구원을 이루는 것이 곧 하나님의 나라요 영생인 것입니다. 하나님께서 우리에게 영생을 주시기 위해서 이 땅에 예수님을 보내셔서 구원을 성취하셨는데 우리는 예수님의 말씀에 복종하지 않으므로 영혼 구원에 이르지 못하고 영혼의 안식을 누리지 못하고 살아가고 있는 것입니다.

요한계시록 10장

내가 또 보니 힘센 다른 천사가 구름을 입고 하늘에서 내려 오는데 그 머리 위에 무지개가 있고 그 얼굴은 해 같고 그 발은 불기둥 같으며 **요한계시록 10:1**

내가 또 보니 힘센 다른 천사가 구름을 입고 하늘에서 내려오는데 그 머리 위에 무지개가 있고 그 얼굴은 해 같고 그 발은 불기둥 같다고 말씀하십니다. 구름을 입고 하늘에서 천사가 내려온다고 말씀하십니다. 구름을 입지 않고 천사가 하늘로부터 내려올 수가 없습니다. 구름으로 경계선을 두고 구름 위를 하늘이라고 하며 구름 아래를 땅이라고 부르는 것입니다. 천사는 영적인 존재이므로 구름을 입고 하늘에서 내려오는 것입니다.

그 손에 펴 놓인 작은 책을 들고 그 오른발은 바다를 밟고 왼발은 땅을 밟고 **요한계시록 10:2**

그 손에 펴 놓인 작은 책을 들고 그 오른발은 바다를 밟고 왼발은 땅을 밟고라고 말씀하십니다. 이 책은 예수님께서 하나님의 뜻을 이루기 위한 책입니다. 예수님께서 이 땅에 오신 목적은 우리에게 영생을 주시기 위한 것입니다. 그래서 첫째 것을 폐하시고 둘째 것을 세우신 것입니다. 첫째 것을 폐하시기 위해서 심판을 하시고 우리에게 둘째 것이 되게 하셔서 영원한 생명이 되게 하시는 것이 이 책의 비밀입니다. 첫째 것은 육이며 둘째 것은 영을 의미하는 것입니다.

예수님께서 세상 죄를 가져가셨다는 의미는 영적인 세상이 되었다는 의미를 말씀하시는 것이며 우리는 영적인 존재가 되었다는 것입니다. 죄 사함의 목적은 우리를 영으로 거듭나게 해서 영원하신 하나님과 연합되게 하는 것입니다.

> 사자의 부르짖는것 같이 큰 소리로 외치니 외칠 때에 일곱 우뢰가 그 소리를 발하더라 **요한계시록 10:3**

사자가 부르짖는 것같이 큰 소리로 외치니 외칠 때에 일곱 우뢰와 그 소리를 발하더라고 말씀하십니다. 일곱 우뢰는 죄가 있는 육적인 세상을 멸하기 위한 것입니다.

> 일곱 우뢰가 발할 때에 내가 기록하려고 하다가 곧 들으니 하늘에서 소리나서 말하기를 일곱 우뢰가 발한 것을 인봉하고 기록하지 말라 하더라 **요한계시록 10:4**

일곱 우뢰가 발할 때에 내가 기록하려고 하다가 곧 들으니 하늘에서 소리가 나서 말씀하시기를 일곱 우뢰가 발한 것을 인봉하고 기록하지 말라 말씀하십니다. 일곱 우뢰는 심판을 의미합니다. 요한계시록은 주님께서 요한에게 이렇게 될 것을 환상으로 보여 주신 사건입니다. 그리고 속히 이루어질 일이라고 말씀하신 것입니다.

성경은 진리의 말씀입니다. 단지 우리가 진리 안에 있지 못하기 때문에 진리를 이해하지 못하는 것입니다. 진리 안에 있는 자들은 죄가 없는 자들입니다. 이들이 진리의 말씀을 받아서 많은 영혼들을 인도할 때 멸망으로 이끌지 않게 되는 것입니다.

요한계시록은 예루살렘 성의 멸망과 우리 개인적인 멸망을 통해서 새 시대를 열어 주신다는 것에 초점을 두어야 합니다. 이스라엘 민족의 가지를 끊고 이방인들을 접붙여 주시기 위한 심판이라는 것에 맞추어 성경을 이해하여야 합니다.

내가 본바 바다와 땅을 밟고 섰는 천사가 하늘을 향하여 오른손을 들고 **요한계시록 10:5**

내가 본바 바다와 땅을 밟고 선 천사가 하늘을 향하여 오른손을 들고라고 말씀하십니다. 모세가 오른손을 들었을 때 하나님의 능력으로 전쟁에서 승리할 수가 있었던 것처럼 오른손을 들었다는 것은 하나님의 능력으로 심판을 해 달라는 의미입니다.

천사가 구름을 입고 오지 못한다면 바다와 땅을 밟을 수가 없습니다. 천사들은 영적인 존재이기 때문에 죄가 있는 육적인 세상으로 내려올 수가 없는 것입니다. 천사가 구름을 입었다는 의미는 죄를 가렸다는 의미입니다. 하나님께서도 이스라엘 백성에게 나아가실 때 구름으로 덮으시고 나아가셨던 것입니다. 구름으로 죄를 가려야 영적인 세상이 되는 것입니다. 은혜와 진리 시대는 구름으로 덮인 세상입니다. 왜냐하면 은혜 아래에는 죄가 없는 영원한 하나님의 나라이기 때문입니다.

세세토록 살아계신 자 곧 하늘과 그 가운데 있는 물건이며 땅과 그 가운데 있는 물건이며 바다와 그 가운데 있는 물건을 창조하신 이를 가리켜 맹세하여 가로되 지체하지 아니하리니 **요한계시록 10:6**

세세토록 살아 계신 자 곧 하늘과 그 가운데 있는 물건이며 땅과 그 가운데 있는 물건이며 바다와 그 가운데 있는 물건이며 물건을 창조하신 이를 가리켜 맹세하여 지체하지 않는다고 말씀하십니다. 즉 심판을 지체하지 않는다는 의미입니다. 하나님은 사랑이십니다. 그리고 심판의 의미는 회복을 위한 것입니다. 죄의 몸을 심판하여야 의의 몸을 입고 생명이 될 수가 있는 것입니다.

일곱째 천사가 소리 내는 날 그 나팔을 불게 될 때에 하나님의 비밀이 그 종 선지자들에게 전하신 복음과 같이 이루리라 **요한계시록 10:7**

일곱째 천사가 소리 내는 날 그 나팔을 불게 될 때에 하나님의 비밀이 그 종 선지자들에게 전하신 복음과 같이 이루리라고 말씀하십니다. 종말을 통해서 복음이 오는 것입니다. 복음이 오지 않았다면 우리는 죄 아래에서 살아가야 하는 것입니다. 이미 하나님의 나라가 도래하였기 때문에 우리가 하나님의 자녀가 될 수 있게 하신 것입니다. 하나님의 자녀란 복음 안에서 영생이 된 자들입니다. 사람은 개인적인 종말을 맞이하여야 하나님의 통치 속에서 살아갈 수가 있다는 것입니다.

우리가 죄의 몸을 버리지 않는다면 끊임없는 고난과 고통 속에서 살아가게 되는 것입니다. 하나님께서 죄와 함께하실 수가 없기 때문에 죄의 몸을 심판하시는 것입니다. 그래서 요한계시록의 의미는 예루살렘 성을 멸망시키시며 새 예루살렘 성을 주시기 위한 것이며 우리의 죄의 몸을 죽여서 의의 몸으로 갈아입혀 주시기 위한 것입니다.

우리가 의의 몸을 입기 위해서는 예수님의 말씀에 순종을 하고 예수님을 따라야 하는 것입니다. 의의 몸은 구원의 완성인 것입니다. 영생이 되는 것이 우리 인생의 목적이기 때문입니다. 더 이상 다른 진리는 없습니다. 우리가 하나님의 자녀가 되어 영생이 되는 것 외에 다른 진리를 기다리지 않아야 한다는 것입니다. 단지 우리가 믿음이 없어서 하나님의 의에 이르지 못하였기 때문에 소경이 되어 살아가고 있을 뿐입니다.

하늘에서 나서 내게 들리던 음성이 또 내게 말하여 가로되 네가 가서 바다와 땅을 밟고 섰는 천사의 손에 펴 놓인 책을 가지라 하기로 **요한계시록 10:8**

하늘에서 나서 내게 들리던 음성이 또 내게 말하여 가로되 네가 가서 바다와 땅을 밟고 선 천사의 손에 펴 놓인 책을 가지라고 말씀하십니다. 이 책의 비밀은 멸망을 통해서 회복시키는 것입니다. 멸망은 죄가 있는 곳에 있지 죄가 없는 곳에는 없습니다. 멸망의 목적이 하나님께서 통치하시는 나라를 만들기 위한 것입니다. 즉, 죄가 있는 율법 시대를 끝내고 죄가 없는 은혜와 진리 시대를 맞이하기 위한 것입니다.

세상은 이미 하나님께서 통치하시는 하나님의 나라가 되었지만 인간은 믿음에 따라서 하나님의 처소가 완성이 될 때 천국 안에서 하나님의 통치 속에서 살아갈 수가 있는 것입니다. 율법 시대 때는 하나님의 성전은 보이는 것이었습니다. 그러나 은혜 시대의 성전은 보이지 않는 것입니다. 우리 마음에 성전을 두시고 하나님의 말씀이 함께하셔서 하나님이 통치하시기 위한 새 시대를 열어 주신 것입니다. 우리가 첫째 사람 안에 있으면 첫째 하늘과 첫째 땅에서 살아가게 되지만 새 사람을 입게 되면 하나님의 의가 있는 새 하늘과 새 땅에서 살아갈 수가 있는 것입니다.

이 말씀을 좀 더 쉽게 설명을 하자면, 육에 머무는 자들은 죄가 있는 육의 세상에서 살아가지만 영으로 거듭난 자들은 죄가 없는 하나님의 처소인 빛으로 들어가서 살아갈 수가 있다는 것입니다. 그래서 성경은 믿음으로써 구원을 얻는다는 것입니다. 겉 사람이 후패하고 속 사람이 강건하여질 때 빛으로 들어가서 영원한 안식을 누리게 하시는 것입니다.

하나님은 공평하신 분이십니다. 어떤 자들은 예수님 재림을 맞이하여서 영생의 삶을 누리게 하시며 어떤 자들은 예수님의 재림을 맞이하지 못하고 영원한 사망 안에 있게 된다면 공평하시지 않게 됩니다. 즉 공평하신 하나님께서는 누구나가 예수님의 재림을 맞이하고 하나님의 나라를 완성할 기회를 주시지만 단지 우리가 깨닫지 못하였을 뿐입니다. 믿음을 위해서 달려가지 못하기 때문에 예수님의 재림을 맞이하지 못하여 빛으로 들어가지 못한 것입니다.

지금이라도 늦지 않았습니다. 믿음의 방향을 돌려서 성령의 기름을 채워야 재림하시는 예수님을 영접하고 영원하신 하나님과 연합되어 영생이 될 수가 있는 것입니다. 쉽게 말씀드려서, 깨어 있지 못하였기 때문에 예수님을 영접하지 못하고 하나님의 영광 안으로 들어가지 못한 것입니다. 하나님의 영광의 문은 이미 예수님께서 열어주셨습니다. 믿음이 있는 자들이 하나님의 영광 안으로 들어가서 하나님의 통치 속에서 살아갈 수가 있는 것입니다.

내가 천사에게 나아가 작은 책을 달라 한즉 천사가 가로되 갖다 먹어버리라 네 배에는 쓰나 네 입에는 꿀 같이 달리라 하거늘 **요한계시록 10:9**

내가 천사에게 나아가 작은 책을 달라 한즉 천사가 가로되 갖다 먹어 버리라 네 배에는 쓰나 네 입에는 꿀과 같이 다리라 말씀하십니다. 하나님의 말씀을 삼킨다는 의미는 우리 마음에 하나님의 말씀을 둔다는 것입니다. 은혜와 진리 시대는 하나님의 성전을 우리 마음에 두고 예배를 드리는 시대입니다. 우리 안에 성령이 없으면 하나님께 예배를 드릴 수가 없는 것입니다. 하나님께 예배를 드리기 위해서는 하나님의 통치가 있는 보좌로 들어가야 하는 것입니다.

내가 천사의 손에서 작은 책을 갖다 먹어버리니 내 입에는 꿀 같이 다나 먹은 후에 내 배에서는 쓰게 되더라 **요한계시록 10:10**

요한이 천사의 손에서 작은 책을 갖다 먹어 버리니 요한의 입에는 꿀같이 다나 먹은 후에는 내 배에서 쓰게 되더라고 말씀하십니다. 하나님의 말씀이 우리의 배에서 쓰게 되는 이유는 심판이기 때문입니다. 하나님의 말씀은 우리의 골수를 쪼갤 수 있는 능력이 있습니다. 즉 죄의 본성을 죽이기 위해서 심판하시기 때문에 배에서 쓰다고 표현하신 것 같습니다.

하나님의 말씀이 우리 마음에 부어지는 것을 복음이라고 하는 것입니다. 우리가 이 복음을 누리지 못하는 이유는 자신 안에 하나님께서 거하시고 통치하실 나라가 완성이 되지 않았기 때문입니다. 세상은 이미 구원을 얻어 생명이 왕 노릇 하는 은혜와 진리 시대를 맞이하였지만 우리는 믿음이 자라나지 못하고 겉 사람 안에 머물고 있기 때문이 하나님의 통치가 일어나지 못하고 있는 것입니다.

빛으로 오시는 예수님의 재림을 맞이하기 위해서는 성령의 기름을 채워야 하는 것입니다. 성령의 기름을 채워야 재림하시는 예수님을 맞이하고 예수님과 연합되어 예수님의 신부로 살아갈 수가 있는 것입니다. 예수님의 신부가 된 자들은 새 예루살렘 성 안에 있는 자들입니다. 새 예루살렘 성이란 하나님의 성전을 의미합니다. 하나님께서 우리 마음에 성전을 두시기 위해서 우리의 죄의 몸을 심판하시는 것입니다.

저가 내게 말하기를 네가 많은 백성과 나라와 방언과 임금에게 다시 예언하여야 하리라 하더라 **요한계시록 10:11**

저가 요한에게 말씀하시기를 네가 많은 백성과 나라와 방언과 임금에게 다시 예언하여야 하리라고 하십니다. 하나님의 말씀이 우리 안에 거하시기 위해서 하나님의 나라가 완성이 되어야 합니다. 우리 안에 하나님께서 거하실 처소가 없다면 어떻게 하나님께서 우리와 동행을 하실 수가 있습니까?

요한계시록의 최종적인 목적은 우리를 심판하여 주셔서 의의 몸으로 갈아입혀 주셔서 영생이 되게 하시는 것입니다. 하나님의 통치는 영생 안에서만 이루어지는 것입니다. 진리 안에서 거룩함을 입은 자들이 하나님의 영광 안으로 들어가서 하나님의 통치로 영생이 되는 것입니다.

문제는 우리가 예수님에 대한 믿음이 없기 때문에 세상의 가치를 좇아 살아가는 것입니다. 믿음이 있는 자들은 예수님의 말씀에 순종하고 각자 안에 하나님께서 거하시고 통치하실 하나님의 나라를 완성할 수가 있습니다. 그러나 예수님의 말씀에 순종하지 못하고 세상의 가치를 좇아 살아가는 자들은 하나님의 나라를 완성할 수가 없으며 하나님께서 동행하실 수가 없는 것입니다.

우리가 죄에 복종하는 이유는 하나님께서 거하실 처소를 완성하지 않았기 때문입니다. 그래서 죄에 복종하며 영원한 사망 안에 있게 되는 것입니다. 하나님의 말씀이 있는 자들은 자신 안에 하나님의 나라가 있다는 것을 전할 수가 있는 것입니다. 좁은 길로 가셔야 영혼 구원을 이루어 진리 안에서 영생이 되어 하나님께 예배를 드릴 수가 있는 것입니다.

우리 자신 안에 하나님의 나라가 없다면 누구에게 복음을 설명을 할 수가 있는 것입니까? 우리가 진리 안에서 하나님께 예배를 드리지 못한다면 소경인 것입니다. 이런 사람들은 아무리 복음을 전하여도 알아듣지 못하는 것입니다. 진리 안에 있기 위해서는 하나님께 귀찮을 정도로 구원을 요구하여야 합니다. 죄 아래에서 살아가고 있다면 그것은 영혼 구원이 아닌 것입니다. 영혼 구원을 받은 자들은 하나님의 통치 속에서 살아가기 때문에 죄로부터 자유하며 영생이 될 수가 있는 것입니다.

구원의 완성은 하나님의 자녀가 되어 영생하는 것을 의미하는 것입니다. 요한계시록의 목적은 우리에게 하나님의 나라를 주셔서 영원한 생명을 얻게 하기 위한 것입니다. 하나님은 우리를 죄로 인도하는 경우는 없습니다. 우리는 단지 하나님의 자녀가 되지 못하고 영생이 되지 못하였기 때문에 죄에 복종하며 살아가고 있는 것입니다.

세상의 가치를 좇는다는 것은 자신을 죄에 주는 것과 같은 것입니다. 그래서 죄에 복종하며 살아가고 있으며 소경으로 살아가고 있는 것입니다. 소경이란 진리를 알지 못하는 자들을 의미하는 것입니다.

요한계시록 11장

또 내게 지팡이 같은 갈대를 주며 말하기를 일어나서 하나님의 성전과 제단과 그 안에서 경배하는 자들을 척량하되 **요한계시록 11:1**

요한에게 지팡이 같은 갈대를 주며 말하기를 일어나서 하나님의 성전과 제단과 그 안에서 경배하는 자들을 척량하라고 말씀하십니다. 성전 안은 이스라엘 민족이 하나님께 예배를 드렸던 곳입니다.

성전 밖 마당은 척량하지 말고 그냥 두라 이것을 이방인에게 주었은즉 저희가 거룩한 성을 마흔 두달 동안 짓밟으리라 **요한계시록 11:2**

성전 밖 마당은 척량하지 말고 그냥 두라 이것을 이방인에게 주었은즉 저희가 거룩한 성을 마흔두 달 동안 짓밟으리라고 말씀하십니다. 마흔두 달은 로마군들이 이스라엘 민족을 짓밟은 날과 일치합니다. 삼 년 반이라는 의미는 예수님께서 삼 일 반 동안 죽음 안에 있었던 것을 하루를 일 년으로 계산하여 삼 년 반 동안 로마 민족에게 지배를 받은 것입니다. 이방인들에게도 구원을 주시기 위한 것입니다. 이 모든 것들은 하나님의 계획 속에서 움직였던 것입니다.

하나님의 생명이 바퀴 안에 있다는 것은 모든 생물과 인간이 하나님의 의해서 살아가고 있다는 것입니다. 중요한 것은 좋은 그릇으로 사용되어야 하는데 나쁜 그릇으로 사용되어서는 안 된다는 것입니다.

내가 나의 두 증인에게 권세를 주리니 저희가 굵은 베옷을 입고 일천 이백 육십 일을 예언하리라 **요한계시록 11:3**

내가 나의 두 증인에게 권세를 주리니 저희가 굵은 베옷을 입고 일천이백육십 일을 예언하리라고 말씀하십니다. 일천이백육십 일은 마흔두 달과 같은 것입니다. 왜! 이스라엘 민족이 심판을 받아야 합니까? 이방인들을 구원하기 위해서입니다. 이스라엘 민족의 가지를 끊어야 이방인들의 접붙임이 일어날 수가 있기 때문입니다. 예수 그리스도와 접붙임을 받은 자들은 예수님의 생명으로 연합되었기 때문에 영생이라는 것입니다.

이는 이 땅의 주 앞에 섰는 두 감람나무와 두 촛대니 **요한계시록 11:4**

이들은 이 땅의 주 앞에 선 두 감람나무와 두 촛대라고 말씀하십니다. 두 감람나무가 무엇인지를 성경을 통해서 알아보아야 합니다.

가로되 이는 기름 발리운 자 둘이니 온 세상의 주 앞에 모셔 섰는 자니라 하더라 **스가랴 4:14**

두 감람나무란 기름 발리운 자 둘이라고 말씀하십니다. 이들은 온 세상의 주 앞에 모셔 선 자라고 말씀하십니다. 그리고 두 촛대는 교회라고 말씀하십니다. 교회란 성도들의 모임을 의미합니다. 율법 시대 때는 보이는 성전을 의미하지만 은혜와 진리 시대의 성전은 우리 마음에 둔 보이지 않는 성전입니다. 성전이 있는 자들의 모임인 것입니다. 성령의 기름으로 빛을 발하는 자들을 의미합니다.

> 만일 누구든지 저희를 해하고자 한즉 저희 입에서 불이 나서 그 원수를 소멸할찌니 누구든지 해하려 하면 반드시 이와 같이 죽임을 당하리라 **요한계시록 11:5**

만일 누구든지 저희를 해하고자 한즉 저희 입에서 불이 나서 그 원수를 소멸할지니 누구든지 해하려 하면 반드시 이와 같이 죽임을 당하리라고 말씀하십니다. 성령의 기름으로 불을 밝히는 자들을 해하려고 하는 자들은 반드시 죽임을 당한다고 말씀하십니다. 성령을 모독하는 자들은 회개의 기회를 얻지 못한다고 말씀하십니다.

> 세계 민족 중에 이러한 일이 있으리니 곧 감람나무를 흔듬 같고 포도를 거둔 후에 그 남은 것을 주움 같을 것이니라 **이사야 24:13**

두 증인에 대한 것은 율법과 복음을 의미하는 것 같습니다. 율법의 증인은 모세이며 복음의 증인은 예수님이십니다. 감람나무를 흔든다는 것은 예수님의 육체이며 율법을 의미하며, 육체를 흔들어야 영원한 생명으로 거듭날 수가 있는 것입니다. 율법은 우리의 육체를 흔드는 것이며 예수님은 우리를 영원한 생명이 되게 하시는 것입니다. 흔들리는 것은 육체이며 흔들리지 않는 것은 영을 의미합니다.

우리가 감람나무에 접붙임을 받는다는 것은 예수님의 가지에 접붙임을 받는다는 것입니다. 감람나무란 예수님을 의미합니다. 예수님을 십자가에 못 박는 것을 감람나무를 흔듦 같다고 표현한 것입니다. 포도를 거둔 후에 그 남은 것을 주움 같을 것이라고 말씀하신 것은 예수님의 보혈로 정결함을 얻은 자들이 구원을 얻을 것을 말씀하시고 있는 것입니다.

> 저는 모세보다 더욱 영광을 받을만한 것이 마치 집 지은 자가 그 집보다 더욱 존귀함 같으니라 **히브리서 3:3**

예수님은 모세보다 더욱 영광을 받을 만한 것이 마치 집 지은 자가 그 집보다 더욱 존귀함 같으니라고 말씀하십니다. 예수님은 모퉁이 돌이십니다. 모퉁이 돌이 있어야 하나님께서 거하실 집을 지을 수가 있는 것입니다. 그래서 예수님께서는 집을 짓는 분이십니다. 집 짓는 자가 그 집보다 낫다는 의미는 예수님이 하나님의 나라보다 더욱더 낫다는 것입니다.

> 집마다 지은 이가 있으니 만물을 지으신 이는 하나님이시라 **히브리서 3:4**

집마다 지은 이가 있으니 만물을 지으신 이는 하나님이시라고 말씀하십니다. 만물이 하나님께 창조되었기 때문에 만물은 하나님을 창화하는 것이 마땅한 것입니다.

> 또한 모세는 장래에 말할 것을 증거하기 위하여 하나님의 온집에서 사환으로 충성하였고 **히브리서 3:5**

모세는 장래에 말할 것을 증거하기 위해서 하나님의 온 집에서 사환으로 충성하였다고 말씀하십니다. 사환은 심부름하는 자들을 의미합니다. 모세는 하나님의 나라를 증거하기 위해서 사환으로 봉사를 하였다는 것입니다.

> 그리스도는 그의 집 맡은 아들로 충성하였으니 우리가 소망의 담대함과 자랑을 끝까지 견고히 잡으면 그의 집이라 **히브리서 3:6**

그리스도는 집 맡은 아들로 충성하였으니 우리가 소망의 담대함과 자랑을 끝까지 견고히 잡으면 그의 집이라고 말씀하십니다. 모세와 예수님의 차이를 말씀하시고 있습니다. 모세는 사환으로 봉사하였지만 예수님은 아들로 충성하였다고 말씀하십니다. 모세와 예수님은 하나님의 나라를 증거하셨던 것입니다. 모세는 사환으로 봉사하였으며 예수님은 아들로 충성으로 증거하였습니다.

두 증인은 모세와 예수님을 의미하는 것 같습니다. 저는 가능한 한 '그런 것 같습니다'라고 하지 않습니다. 왜냐하면 진리는 분명한 것이기 때문입니다. 그러나 하나님의 말씀을 이해하는 것에 대한 저의 부족으로 이렇게 말할 수밖에 없습니다. 이 부분은 제가 좀 더 하나님의 은혜를 구하고 진리의 성령께서 저를 밝혀 주셔야 이해를 할 수가 있는 부분입니다. 진리의 성령께서는 하나님의 말씀으로 분명하게 가르칩니다. 다른 성경 말씀을 통해서 보게 하시기 때문입니다.

> 저희가 권세를 가지고 하늘을 닫아 그 예언을 하는 날 동안 비 오지 못하게 하고 또 권세를 가지고 물을 변하여 피 되게 하고 아무 때든지 원하는 대로 여러가지 재앙으로 땅을 치리로다 **요한계시록 11:6**

두 증인의 권세를 가지고 하늘을 닫아 그 예언을 하는 날 동안 비 오지 못하게 하고 또 권세를 가지고 물을 변하여 피가 되게 하고 아무 때든지 원하는 대로 여러 가지 재앙으로 땅을 칠 것이라고 말씀하십니다. 모세가 바로 왕 앞에 갈 때 여러 가지 재앙을 주었습니다. 하나님의 능력으로 모세는 바로 왕에게 재앙을 내렸던 것입니다.

저희가 그 증거를 마칠 때에 무저갱으로부터 올라오는 짐승이 저희로 더불어 전쟁을 일으켜 저희를 이기고 저희를 죽일터인즉 **요한계시록 11:7**

저희가 그 증거를 마칠 때에 무저갱으로부터 올라오는 짐승이 저희로 더불어 전쟁을 일으켜 저희를 이기고 저희를 죽일 것을 말씀하십니다. 여기에서 말씀하시는 짐승은 로마 제국을 의미합니다. 예수님께서는 로마군에 의해 죽임을 당하시는 것입니다. 즉 예수님의 육체는 율법을 의미하기도 하며 우리의 죄의 몸을 의미하기도 하는 것입니다. 예수님께서 율법을 완성하시기 위해서 육체를 드리신 것입니다.

저희 시체가 큰 성길에 있으리니 그 성은 영적으로 하면 소돔이라고도 하고 애굽이라고도 하니 곧 저희 주께서 십자가에 못 박히신 곳이니라 **요한계시록 11:8**

저희 시체가 큰 성길에 있으리니 그 성은 영적으로 하면 소돔이라고도 하고 애굽이라고도 하니 곧 저희 주께서 십자가에 못 박히신 곳이라고 말씀하십니다. 예수님께서 십자가에 돌아가심으로 사망이 있는 율법 시대를 끝내고 사망이 없는 은혜와 진리 시대를 맞이할 수가 있었던 것입니다. 이것은 우리의 죄의 몸을 끝내고 사망이 없는 의의 몸으로 갈아입히기 위한 것입니다.

백성들과 족속과 방언과 나라 중에서 사람들이 그 시체를 사흘 반 동안을 목도하며 무덤에 장사하지 못하게 하리로다 **요한계시록 11:9**

백성들과 족속과 방언과 나라 중에서 사람들이 그 시체를 사흘 반 동안을 목도하며 무덤에 장사하지 못하게 하리라고 말씀하십니다. 예수님은 사흘 반 동안 사망 안에 계셨던 것입니다.

이 두 선지자가 땅에 거하는 자들을 괴롭게 한고로 땅에 거하는 자들이 저희의 죽음을 즐거워하고 기뻐하여 서로 예물을 보내리라 하더라 **요한계시록 11:10**

이 두 선지자가 땅에 거하는 자들을 괴롭게 한 고로 땅에 거하는 자들이 저희의 죽음을 즐거워하고 기뻐하여 서로 예물을 보내리라 하더라고 말씀하십니다. 예수님께서 땅에 속한 자들을 책망하신 이유는 땅에 살지 말고 하늘에서 살아가라는 의미입니다. 이 엄청난 은혜를 거부하고 오히려 자신들을 괴롭게 하였다고 표현을 한 것입니다.

괴롭게 한 자가 죽게 되니 서로 기뻐하고 서로 예물을 보냈다고 말씀하십니다. 이들이 예수님께서 돌아가심을 바라보고 기뻐하였던 이유는 자신들이 괴로움을 받았다고 생각하였기 때문입니다.

오늘날도 마찬가지입니다. 진리 안에 있는 자들이 진리 안에 있지 못하는 자들에게 상처를 받고 괴로워하는 것입니다. 이것은 어둠은 빛을 싫어하기 때문입니다. 진리의 말씀을 이해하기 위해서는 진리 안으로 들어가야 합니다. 즉 죄로부터 자유함이 곧 진리 안으로 들어간다는 의미입니다.

삼일 반 후에 하나님께로부터 생기가 저희 속에 들어가매 저희가 발로 일어서니 구경하는 자들이 크게 두려워하더라 **요한계시록 11:11**

삼 일 반 후에 하나님께로부터 생기가 저희 속에 들어가매 저희가 발로 일어서니 구경하는 자들이 크게 두려워하더라고 말씀하십니다. 이분 중 한 선지자는 예수님이시지만 다른 한 선지자는 모세라고 딱히 말씀드릴 수가 없습니다. 왜냐하면 동시대의 사람이 아니기 때문입니다. 그러나 이 말씀을 영적으로 이해하면 두 선지자가 모세와 예수님이라고 할 수가 있는 것입니다.

예수님의 부활은 하늘과 땅의 통일을 의미합니다. 영과 육의 통일을 의미합니다. 우리의 육이 하나님의 영과 연합됨으로써 부활한다는 것입니다. 율법과 은혜가 하나로 통합된다는 것은 하나님께서 저희에게 생기를 주시는 것과 같은 것입니다. 율법이 하나님의 은혜로 완성이 되는 것을 의미합니다.

> 하늘로부터 큰 음성이 있어 이리로 올라오라 함을 저희가 듣고 구름을 타고 하늘로 올라가니 저희 원수들도 구경하더라 **요한계시록 11:12**

하늘로부터 큰 음성이 있어 이리로 올라오라 함을 저희가 듣고 구름을 타고 하늘로 올라가니 저희 원수들도 구경하더라고 말씀하십니다. 저희가 하늘로 올라갔다고 말씀하십니다. 예수님뿐만 아니고 한 사람이 더 있다는 것입니다. 예수님께서 하늘로 올라가신 첫 열매입니다. 즉, 예수님께서 올라가셔야 다른 자들도 올라갈 수가 있는 것입니다.

구름을 타고 하늘로 올라가셨다는 말씀에 집중해 보시기를 바랍니다. 여기에서 하늘이란 우리가 바라보는 하늘을 의미하는 것이 아닙니다. 영적인 세계를 의미하는 것입니다. 구름을 타신다는 표현은 영적인 세계로 들어가신다는 의미입니다.

그 시에 큰 지진이 나서 성 십분의 일이 무너지고 지진에 죽은 사람이 칠천이라 그 남은 자들이 두려워하여 영광을 하늘의 하나님께 돌리더라 **요한계시록 11:13**

예수님께서 구름을 타고 올라가시는 날 그 시에 큰 지진이 나서 성 십분의 일이 무너지고 지진에 죽은 사람이 칠천이라 그 남은 자들이 두려워하여 영광을 하늘의 하나님께 돌리더라고 말씀하십니다. 구름을 타고 오른 곳은 하나님의 영광이 있는 하나님의 처소이며 영의 세계를 의미합니다.

땅에 지진이 나고 성이 무너진다는 말씀은 육적인 세상을 흔든다는 것입니다. 왜냐하면 육적인 세상을 흔들어야 영적인 세상을 맞이할 수가 있기 때문입니다. 그리고 성이 무너진다는 의미는 옛 성이 무너져야 새 성으로 들어갈 수가 있기 때문입니다. 이 말씀의 의미를 사람에게 적용한다면 옛 사람을 흔들어야 새 사람을 입어 영생이 될 수가 있다는 것입니다.

둘째 화는 지나갔으나 보라 세째 화가 속히 이르는도다 **요한계시록 11:14**

둘째 화는 지나갔으나 보라 셋째 화가 속히 이르는도다라고 말씀하십니다. 육적인 세상도 세 번의 화를 맞이하듯이 우리의 육체도 세 번의 화를 맞이한다는 것입니다. 즉 세 번이라는 것은 완전한 죽음을 의미합니다. 하나님께서 말씀을 확정하기 위해서는 항상 세 번을 말씀하셨습니다. 베드로가 예수님을 배반할 때도 세 번을 부인하였습니다. 세 번의 부인은 완전한 부인이라는 것입니다.

일곱째 천사가 나팔을 불매 하늘에 큰 음성들이 나서 가로되 세상 나라가 우리 주와 그 그리스도의 나라가 되어 그가 세세토록 왕노릇 하시리로다 하니 **요한계시록 11:15**

일곱째 천사가 나팔을 불매 하늘에 큰 음성들이 나서 가로되 세상 나라가 우리 주와 그 그리스도의 나라가 되어 그가 세세토록 왕노릇 하시리라고 말씀하십니다. 하나님의 은혜 시대는 생명이 왕 노릇 하는 시대입니다. 이미 하나님께서 만유의 주님이 되셔서 만유를 다스리고 계시는 것입니다. 하나님과 그리스도께서 통치하시는 나라가 되었기 때문에 예수님께서 우리의 왕이 되셨던 것입니다. 단지 우리가 깨어 있지 못하고 예수님께서 통치하시는 빛의 나라로 들어가지 못하고 있는 것입니다.

요한계시록은 이미 이천 년 전에 이루어졌기 때문에 하나님과 그리스도께서 다스리는 빛의 나라가 된 것입니다. 너무나 분명한 하나님의 말씀을 보고도 보지 못하는 이유는 각자의 안에 죄가 있기 때문입니다. 예수님께서 이 땅에 오셔서 모든 것을 이루시고 영원하신 하나님과 화목을 이루게 하셨는데 깨닫지 못하며 살아가고 있는 것입니다. 믿음이 자라나서 하나님의 의에 이르러야 하나님의 말씀을 이해할 수가 있는 것입니다.

하나님 앞에 자기 보좌에 앉은 이십 사 장로들이 엎드려 얼굴을 대고 하나님께 경배하여 **요한계시록 11:16**

하나님 앞에 자기 보좌에 앉은 이십사 장로들이 엎드려 얼굴을 대고 하나님께 경배하여라고 말씀하십니다. 우리가 보좌에 앉아야 하나님께 경배를 할 수가 있습니다. 예수님께서 보좌의 문을 열어 주셨기 때문에 생명이 왕 노릇 하는 하나님과 그리스도께서 주인 되신 나라가 되었습니다.

나라란 두 개의 나라가 있습니다. 어둠은 죄가 다스리는 나라이지만 빛은 하나님과 그리스도께서 다스리는 나라입니다. 이 나라는 이미 우리에게 와 있는데 우리는 구원을 바라지도 않고 있다는 것입니다. 깨어 있으라고 해도 깨어 있지 아니하며 성령의 기름을 채우라고 해도 채우지 못하였기 때문에 예수님을 영접하지 못하고 빛 안으로 들어가지 못하고 있는 것입니다. 어둠 안에 있는 자들은 사망이며 영원한 고통 속에서 살아가지만 빛 안에 있는 자들은 생명 안에서 안식을 누리고 있는 것입니다.

세상은 이미 사망이 왕 노릇 하는 율법 시대를 마치고 생명이 왕 노릇 하는 은혜와 진리 시대를 맞이하여 하나님께 영광을 올리고 있지만, 사람들은 하나님께서 통치하시는 빛으로 들어가지 못하고 있는 것입니다. 성령의 기름을 채우고 빛으로 들어가서 하나님의 통치 속에서 살아가는 삶이 구원이며 복음인 것입니다.

하나님의 나라가 오지 않았는데 어떻게 하나님의 자녀가 있을 수가 있습니까? 하나님의 자녀란 하나님의 나라 안에서 영생이 된 자들입니다. 이들은 빛 안에 있는 자들입니다. 이십사 장로들이 하나님께 예배를 드릴 수가 있게 된 것은 하나님의 나라가 왔기 때문입니다. 하나님의 나라가 오지 않았다면 우리는 어둠 안에서 살아가야 합니다. 이미 우리가 하나님의 나라로 들어갈 수 있도록 예수님께서 성소의 휘장을 열어 주셨지만 우리는 구원을 바라지도 않고 있는 것입니다.

구원에 전혀 관심 없이 살아가는 이유는 미혹된 영에 의해 살아가고 있기 때문입니다. 우리가 죄를 짓고 살아가는 이유는 미혹된 영에 사로잡혀 살아가고 있기 때문에 자신이 어둠 안에 있다는 사실조차 알지 못하기 때문입니다. 우리가 진리를 알지 못하는 이유 또한 미혹된 영으로 인해 이끌림을 받고 있기 때문입니다.

> 가로되 감사하옵나니 옛적에도 계셨고 시방도 계신 주 하나님 곧 전능하신이여 친히 큰 권능을 잡으시고 왕노릇 하시도다 **요한계시록 11:17**

하나님께서는 옛적에도 계셨고 시방도 계신 주이십니다. 종말이란 죄가 있는 율법 시대의 끝을 의미합니다. 죄가 있는 곳은 육이기 때문입니다. 그러나 은혜와 진리 시대는 생명이 왕 노릇 하는 하나님의 나라입니다. 우리가 죄에 복종하는 이유는 하나님께서 통치하시는 빛의 나라로 들어가지 않았기 때문입니다. 하나님께서는 우리를 의의 길로 가게 하시는 분이십니다. 우리가 죄의 길로 가고 있다는 것은 성령의 기름을 채우지 못하고 재림하시는 예수님을 영접하지 않았기 때문입니다. 빛으로 들어가지 못하고 어둠 안에 머물고 있다는 사실을 인식하시고 믿음의 방향을 하나님께로 돌려야 하는 것입니다.

> 이방들이 분노하매 주의 진노가 임하여 죽은 자를 심판하시며 종 선지자들과 성도들과 또 무론대소하고 주의 이름을 경외하는 자들에게 상 주시며 또 땅을 망하게 하는 자들을 멸망시키실 때로소이다 하더라 **요한계시록 11:18**

이방들이 분노하매 주의 진노가 임하여 죽은 자를 심판하시며 종 선지자들과 성도들과 또 무론대소하고 주의 이름을 경외하는 자들에게 상 주신다고 말씀하십니다. 주의 이름을 경외하는 자가 누구입니까? 하나님을 두려워하는 자들입니다. 자신의 죄는 하나님의 손에서 끊어진다는 사실을 알고 철저하게 하나님의 은혜를 구하는 자들이 하나님을 경외하는 자들입니다.

이들이 받는 상이란 영혼 구원을 얻어 하나님의 통치 속에서 살아갈 수 있는 하나님의 은혜입니다. 하늘로부터 부름 받는 상을 받게 된다는 것입니다. 하나님의 은혜는 하늘에 있는 것입니다. 즉 보좌로 나아가서 하나님의 은혜를 받을 수가 있다는 것입니다.

> 이에 하늘에 있는 하나님의 성전이 열리니 성전 안에 하나님의 언약궤가 보이며 또 번개와 음성들과 뇌성과 지진과 큰 우박이 있더라 **요한계시록 11:19**

이에 하늘에 있는 하나님의 성전이 열리니 성전 안에 하나님의 언약궤가 보이며 또 번개와 음성들과 뇌성과 지진과 큰 우박이 있더라고 말씀하십니다. 하나님의 성전의 문은 예수님께서 이미 여셨기 때문에 우리가 보좌로 나아갈 수가 있었던 것입니다.

성전 안에 지진과 음성과 뇌성과 큰 우박이 있다는 것은 심판을 의미합니다. 하나님께서는 입법자이시며 심판자이십니다. 하나님의 속성은 죄를 멸하여야 하는 것입니다. 그래서 심판이 필요한 것입니다. 우리가 육체의 정욕을 좇는 죄 아래에서 살아가고 있기 때문에 하나님의 심판 속에 고난과 질병이 있는 것입니다. 그러나 육체의 정욕을 십자가에 못 박은 자들은 빛 안에서 안식을 누리게 되는 것입니다.

그리스도 안에 있다는 의미는 주님께서 통치하시는 나라 안에 있다는 의미입니다. 나라 없는 주인이 없으며 주인 없는 나라 또한 없는 것입니다. 주님으로 오신다는 의미는 나라를 가지고 오신다는 것입니다. 예수님을 주인으로 영접한 자들은 이미 주님께서 다스리는 나라 안에서 영생이 되었다는 것입니다. 죄의 것은 죄에 복종하지만 예수님의 것은 예수님의 말씀에 복종하기 때문에 죄로부터 자유할 수가 있는 것입니다.

요한계시록 12장

하늘에 큰 이적이 보이니 해를 입은 한 여자가 있는데 그 발 아래는 달이 있고 그 머리에는 열 두 별의 면류관을 썼더라 **요한계시록 12:1**

해를 입은 한 여자가 있다고 말씀하십니다. 그녀의 발아래는 달이 있고 그 머리에는 열두 별의 면류관을 썼다고 말씀하십니다. 이 여자가 누구인지를 다음 절에서 알아보도록 하겠습니다.

이 여자가 아이를 배어 해산하게 되매 아파서 애써 부르짖더라 **요한계시록 12:2**

이 여자가 아이를 배어 해산하게 되매 아파서 애써 부르짖더라고 말씀하십니다. 이 여자는 예수님의 어머니, 마리아를 의미합니다.

하늘에 또 다른 이적이 보이니 보라 한 큰 붉은 용이 있어 머리가 일곱이요 뿔이 열이라 그 여러 머리에 일곱 면류관이 있는데 **요한계시록 12:3**

하늘에 또 다른 이적이 보이니 보라 한 큰 붉은 용이 있어 머리가 일곱이요 뿔이 열이며 그 여러 머리에 일곱 면류관이 있다고 말씀하십니다. 일곱 머리는 일곱 산을 가진 로마 제국입니다. 그리고 뿔이 열이라는 것은 로마 제국의 열 왕국을 의미합니다. 예수님의 어머니는 로마 제국에 의해 쫓겨 다녔던 것입니다.

그 꼬리가 하늘 별 삼분의 일을 끌어다가 땅에 던지더라 용이 해산하려는 여자 앞에서 그가 해산하면 그 아이를 삼키고자 하더니 **요한계시록 12:4**

그 꼬리가 하늘 별 삼분의 일을 끌어다가 땅에 던지더라 용이 해산하려는 여자 앞에서 그가 해산하면 그 아이를 삼키고자 하더라고 말씀하십니다. 별 삼분의 일이라는 의미는 죄를 심판하신다는 것입니다. 보이는 세상은 죄가 있기 때문에 별 삼분의 일을 심판하여 없앤다는 것입니다. 첫째 하늘의 별과 달과 해는 죄가 있는 곳이기 때문에 심판을 하신다는 것입니다. 즉, 육의 세상을 마치고 생명이 왕노릇 하시는 영의 세상을 맞이하기 위한 것입니다.

이에 헤롯이 박사들에게 속은줄을 알고 심히 노하여 사람을 보내어 베들레헴과 그 모든 지경 안에 있는 사내 아이를 박사들에게 자세히 알아본 그 때를 표준하여 두 살부터 그 아래로 다 죽이니 **마태복음 2:16**

헤롯이 예수님을 죽이기를 작정하였지만 하나님께서 현몽하여 애굽으로 떠나라고 명령하셨고, 그 명령에 따라 애굽으로 피신하였습니다. 이에 헤롯은 속은 줄 알고 베들레헴과 그 모든 지경에 있는 사내아이를 두 살부터 그 아래로 다 죽이게 됩니다.

여자가 아들을 낳으니 이는 장차 철장으로 만국을 다스릴 남자라 그 아이를 하나님 앞과 그 보좌 앞으로 올려가더라 **요한계시록 12:5**

여자가 아들을 낳으니 이는 장차 철장으로 만국을 다스릴 남자라 그 아이를 하나님 앞과 그 보좌 앞으로 올려 가더라고 말씀하십니다. 구름을 타고 하늘로 올라가신다는 의미는 보좌로 나아가신다는 것입니다. 이 아이는 예수님이시며 나라를 다스리는 분이십니다. 이미 오셔서 다스리고 계시는 것입니다. 예수님의 나라는 흑암의 권세에서 벗어난 빛의 나라입니다.

그가 우리를 흑암의 권세에서 건져내사 그의 사랑의 아들의 나라로 옮기셨으니 **골로새서 1:13**

하나님께서 우리를 흑암의 권세에서 건져서 그의 사랑의 아들의 나라로 옮기셨다고 말씀하십니다. 예수님을 영접하기 위해서는 빛으로 들어가야 합니다. 예수님께서 통치하시는 나라는 빛이기 때문입니다. 깨어 있어 예수님을 영접하는 자들이 예수님께서 통치하시는 빛의 나라로 들어가게 되는 것입니다. 예수님께서 재림을 하시지 않은 것이 아니라 기름을 채우지 못하였기 때문에 빛의 나라로 들어가지 못한 것입니다. 세례 요한 이후부터는 하나님의 나라는 침노하는 자들의 것입니다. 성령의 기름을 채운 자들이 들어가는 하나님의 나라입니다.

그 여자가 광야로 도망하매 거기서 일천 이백 육십일 동안 저를 양육하기 위하여 하나님의 예비하신 곳이 있더라 **요한계시록 12:6**

그 여자가 광야로 도망하매 거기서 일천이백육십 일 동안 저를 양육하기 위하여 하나님의 예비하신 곳이 있더라고 말씀하십니다. 이곳은 애굽을 의미합니다. 일천이백육십 일 동안이란 로마 제국이 이스라엘 민족을 지배하는 날입니다. 즉, 예수님께서 십자가에 못 박혀 돌아가셨던 삼 일 반 동안을 일 년씩 계산을 하여 이스라엘 민족을 밟는 것입니다. 이스라엘 가지가 끊어져야 이방인들에게 복음을 전할 수가 있기 때문입니다. 성경은 이러한 큰 틀에서 이해를 하고 맞추어 나가야 합니다.

구원의 결말은 하나님의 통치 속에서 살아가는 것입니다. 이것이 복음이기 때문입니다. 복음을 위해서 종말이 오는 것이며 예수님의 재림이 이루어지는 것입니다. 이 복음에 맞추어서 성경을 해석해 나가야 한다는 것입니다. 단지 우리가 성경을 보지 못하는 이유는 우리가 어둠 안에 있기 때문입니다. 믿음을 바로 세워서 빛으로 들어가야 진리의 말씀을 이해할 수 있도록 하나님께서 지혜와 계시를 주시는 것입니다.

성경은 하나님의 지혜와 계시로만 이해하여야 합니다. 왜냐하면 성경은 학문이 아니라 영의 글이기 때문입니다. 의의 몸을 입어야 영의 글들을 이해할 수가 있는 것입니다. 자신들의 영혼 구원에 집중하는 인생이 되어야 하는 것입니다. 영혼 구원을 받아 하나님의 자녀가 되는 것이 복음의 완성인 것입니다. 이것 외에 다른 구원은 없습니다. 왜냐하면 이것이 복음이기 때문입니다.

하늘에 전쟁이 있으니 미가엘과 그의 사자들이 용으로 더불어 싸울쌔 용과 그의 사자들도 싸우나 **요한계시록 12:7**

하늘에 전쟁이 있으니 미가엘과 그의 사자들이 용으로 더불어 싸울쌔 용과 그의 사자들도 싸운다고 말씀하십니다. 이 전쟁의 목적이 무엇입니까? 우리가 복음 아래로 들어가기 위한 것입니다. 이 전쟁은 세상 죄와 예수님의 싸움입니다. 우리가 예수님을 믿어야 하는 이유는 우리 스스로는 죄에 이길 수가 없기 때문입니다. 우리는 죄에 복종할 수밖에 없는 존재입니다. 그래서 능력 되신 예수님을 주인으로 모시고 살아가게 되는 것입니다.

예수님을 주인으로 모시기 위해서는 육체의 정욕을 좇아 살아가는 옛 사람을 버리고 새 사람을 입어 예수님의 말씀에 복종해야 합니다. 많은 사람들이 믿음이라는 것을 알지 못하기 때문에 정확한 설명을 하지 못하고 교회에 나가는 것만으로 믿음을 가졌다고 주장을 하는 것입니다. 믿음은 예수님의 말씀에 복종할 수 있을 만큼 자라나는 것입니다.

이기지 못하여 다시 하늘에서 저희의 있을 곳을 얻지 못한지라 **요한계시록 12:8**

용이 이기지 못하여 다시 하늘에 저희의 있을 곳을 얻지 못하였다고 말씀하십니다. 하늘이란 하나님께서 거하시고 통치하시는 영의 세계를 의미합니다. 이곳은 죄가 있는 곳이 아닌 것입니다. 그래서 우리가 영으로 거듭난다는 의미는 죄로부터 자유를 얻어야 한다는 것입니다. 예수님께서 우리의 죄를 사해 주시고 영원하신 하나님과 연합되어 복음 아래에서 살아갈 수 있도록 하여 주셨던 것입니다. 우리는 믿음을 통해서 예수님께서 완성하셨던 것을 누리면 되는 것입니다.

큰 용이 내어 쫓기니 옛 뱀 곧 마귀라고도 하고 사단이라고도 하는 온 천하를 꾀는 자라 땅으로 내어 쫓기니 그의 사자들도 저와 함께 내어 쫓기니라 **요한계시록 12:9**

큰 용이 내어 쫓기니 옛 뱀 곧 마귀라고도 하고 사탄이라고도 하는 온 천하를 꾀는 자라 땅으로 내어 쫓기니 그의 사자들도 저와 함께 내어 쫓기었다고 말씀하십니다. 죄는 하늘에 있지 아니하고 땅에 있는 것입니다. 육은 땅에 속한 형체이며 영은 하늘에 속한 형체입니다. 육은 죄에 복종하게 되며 영은 예수님의 말씀에 복종하게 되는 것입니다.

우리가 죄를 짓는 이유는 육에 머물고 있기 때문입니다. 믿음이 자라나서 속 사람이 강건하여질 때 우리는 예수님의 말씀에 복종하며 영으로 거듭날 수가 있는 것입니다. 영이 된다는 것은 땅에 사는 존재가 아니라 죄와 사망이 없는 하늘에서 살아가는 존재가 된다는 것입니다. 하늘에 올라가야 하나님과 연합을 이룰 수가 있는 것입니다. 죄가 있다면 하나님과 연합을 이룰 수가 없는 것입니다.

> 내가 또 들으니 하늘에 큰 음성이 있어 가로되 이제 우리 하나님의 구원과 능력과 나라와 또 그의 그리스도의 권세가 이루었으니 우리 형제들을 참소하던 자 곧 우리 하나님 앞에서 밤낮 참소하던 자가 쫓겨 났고 **요한계시록 12:10**

내가 들으니 하늘에 큰 음성이 있어 가로되 이제 우리 하나님의 구원과 능력과 나라와 또는 그의 그리스도의 권세가 이루었으니 우리 형제를 참소하던 자가 쫓겨났다고 말씀하십니다. 하나님의 나라와 능력과 권세는 하늘에 있는 것입니다. 사탄은 하늘에서 쫓겨 나와 땅에 머물고 있는 것입니다. 그래서 우리는 땅에 속한 형체를 벗어 버리고 하늘에 속한 형체인 새 사람을 입어야 한다는 것입니다. 구름 위에 하나님의 보좌가 있습니다. 그곳은 죄로부터 자유를 얻은 자들이 하나님의 보좌로 들어갈 수가 있는 것입니다. 하나님의 자녀란 죄로부터 자유를 얻어 하나님의 나라에 있는 자들입니다.

또 여러 형제가 어린 양의 피와 자기의 증거하는 말을 인하여 저를 이기었으니 그들은 죽기까지 자기 생명을 아끼지 아니하였도다 **요한계시록 12:11**

또 여러 형제가 어린양의 피와 자기의 증거하는 말을 인하여 저를 이기었으니 그들은 죽기까지 자기 생명을 아끼지 아니하였다고 말씀하십니다. 이 전쟁은 예수님께서 세상을 이기기 위한 전쟁입니다. 이를 위해 예수님의 고난에 참여한 자들 역시 죽기까지 자신의 생명을 아끼지 않았던 것입니다. 우리가 복음 아래에서 살아가기 위한 이들의 희생입니다.

그러므로 하늘과 그 가운데 거하는 자들은 즐거워하라 그러나 땅과 바다는 화 있을찐저 이는 마귀가 자기의 때가 얼마 못된 줄을 알므로 크게 분내어 너희에게 내려 갔음이라 하더라 **요한계시록 12:12**

그러므로 하늘과 그 가운데 거하는 자들은 즐거워하라고 말씀하십니다. 하늘에 거하는 자가 누구입니까? 성령의 기름을 채워서 구름 위에 있는 자들입니다. 영으로 거듭난 자들이 하늘에 속한 자가 되어 하나님의 보좌에 있는 것입니다.

마귀는 자기의 때가 얼마 되지 못한 것을 알고 분 내어 너희에게 내려갔다고 말씀하십니다. 마귀의 통치는 땅에서만 이루어집니다. 그러나 하나님의 통치는 하늘에서 이루어지는 것입니다. 성령의 기름을 채우지 못한다면 그리스도와 연합을 이룰 수가 없습니다.

용이 자기가 땅으로 내어쫓긴 것을 보고 남자를 낳은 여자를 핍박하는지라 **요한계시록 12:13**

용이 자기가 땅으로 내어 쫓긴 것을 보고 남자를 낳은 여자를 핍박한다고 말씀하십니다. 용은 육적인 상태로 이해한다면 로마군을 의미하지만 영적인 상태로 이해하면 사탄입니다. 사탄이 예수님의 어머니를 괴롭히는 것입니다.

그 여자가 큰 독수리의 두 날개를 받아 광야 자기 곳으로 날아가 거기서 그 뱀의 낯을 피하여 한 때와 두 때와 반 때를 양육 받으매 **요한계시록 12:14**

그 여자가 큰 독수리의 두 날개를 받아 광야 자기 곳으로 날아가 거기서 그 뱀의 낯을 피하여 한 때와 두 때와 반 때를 양육 받는다고 말씀하십니다. 이 시기는 예수님께서 애굽에 있는 시간입니다. 한 때, 두 때, 반 때란 삼 일 반을 의미하며, 일천이백육십 일, 즉 마흔두 달을 의미하기도 합니다. 예수님께서 양육 받는 시간과 사망 안에 계시는 시간과 로마 제국이 이스라엘 민족을 밟는 시간이 같은 것을 볼 수가 있습니다. 실제 역사상 로마 제국의 이스라엘 통치 기간이 마흔두 달인 것입니다.

여자의 뒤에서 뱀이 그 입으로 물을 강 같이 토하여 여자를 물에 떠내려 가게 하려 하되 **요한계시록 12:15**

여자의 뒤에서 뱀이 그 입으로 물을 강같이 토하여 여자를 물에 떠내려가게 하려 한다고 말씀하십니다. 우리는 뱀이 그 입으로 물을 강같이 토하여지는 것을 눈으로 볼 수가 없으나 영적으로는 그렇게 할 수가 있다는 것입니다.

자신에게 우연히 주어지는 현상은 없습니다. 모든 것은 하나님의 주권 아래에서 허락된 일입니다. 뱀이 강을 토하는 것도 하나님의 허락 없이는 불가능한 것입니다. 왜! 하나님께서 사탄이 하는 일들을 허락하십니까? 우리의 영혼 구원을 위한 것입니다. 우리의 죄의 몸을 멸하시기 위한 하나님의 허락입니다. 자신에게 주어지는 고난의 환경은 자신이 어둠 안에 있다는 것을 보여 주시기 위함입니다. 우리는 자신의 상태를 알고 어둠에서 벗어나기를 기도하며 하나님의 은혜를 구하여야 합니다.

죄를 반복하여 짓고 있다는 것은 그리스도의 초보에 머물고 있는 것입니다. 온전한 믿음은 완전한 곳인 진리 안으로 나아갈 수가 있는 것입니다. 이것은 예수님과의 온전한 연합을 의미하며 신부가 신랑 되신 예수님을 맞이하는 것입니다.

땅이 여자를 도와 그 입을 벌려 용의 입에서 토한 강물을 삼키니 **요한계시록 12:16**

뱀이 물을 토하여 여자를 떠내려가게 하려고 하였지만 땅이 여자를 도와 용이 토한 강물을 삼킨다고 말씀하십니다. 하나님의 보호는 완벽합니다. 그래서 우리는 영으로 거듭나서 하나님의 통치 속에서 살아가야 한다는 것입니다. 이 삶은 영적인 방주 안에 있는 삶입니다. 재난과 질병은 방주 밖에서 일어나는 현상들이지만 방주 안에 있는 자들은 영원한 안식 안으로 들어가게 되는 것입니다. 영은 생명이며 평안이라고 말씀합니다. 영으로 거듭나야 하나님의 나라 안에서 기쁨과 평안을 누릴 수가 있다는 것입니다.

영으로 거듭난다는 것은 극히 좁은 길입니다. 그 누구도 가려고 하지 않는 좁은 길입니다. 우리가 양심이 있다면 판단하는 것을 멈추어야 합니다. 왜냐하면 자신이 좁은 길로 가지 않고서는 어떤 것도 판단을 할 수가 없는 입장이기 때문입니다. 좁은 길로 가셔서 영혼 구원을 이루어 보고 판단하는 것이 가장 최선의 방법입니다.

어둠 안에서는 소경입니다. 소경 된 자들이 소경을 이끌게 되면 둘 다 멸망에 빠져 버립니다. 양심이 있다면 자신이 알지 못하는 것을 가르치지 않아야 합니다. 왜냐하면 많은 영혼들을 멸망으로 이끌기 때문입니다. 빛으로 인도하여야 할 목사들이 자신도 못 들어가게 되고 많은 영혼들이 빛으로 들어가지 못하도록 막게 되는 것입니다.

많은 목사들이 설마 자신이 많은 영혼들을 천국에 들어가지 못하도록 막고 있다는 사실조차도 인식하지 못하고 있는 것입니다. 인식은 천국 안에서만 가능한 것입니다. 자신이 천국으로 침노하지 않았다면 말씀 전하는 것을 포기하여야 합니다. 왜냐하면 많은 영혼들을 어둠 안으로 이끌게 되기 때문입니다. 자신 안에 하나님의 나라가 완성이 되지 못한 자들은 자신의 입을 닫아야 하는 것입니다.

용이 여자에게 분노하여 돌아가서 그 여자의 남은 자손 곧 하나님의 계명을 지키며 예수의 증거를 가진 자들로 더불어 싸우려고 바다 모래 위에 섰더라 **요한계시록 12:17**

용이 여자에게 분노하여 돌아가서 그 여자의 남은 자손 곧 하나님의 계명을 지키며 예수의 증거를 가진 자들로 더불어 싸우려고 바다 모래 위에 섰더라고 말씀하십니다. 사탄은 끊임없이 예수의 증거를 가진 자와 싸우려고 합니다. 우리의 죄의 몸이 죽을 때까지 괴롭힌다는 것입니다.

사탄의 지배에서 빠져나오기 위해서는 하나님께서 통치하시는 하늘로 올라가야 합니다. 땅은 사탄이 지배하는 나라이지만 하늘은 하나님께서 통치하시는 나라입니다. 우리 인생이 그러합니다. 영으로 거듭나기까지 영적인 싸움을 하게 되는 인생입니다. 그러나 우리가 믿음의 방향을 올바르게 세워서 예수님께로 달려간다면 심판의 삶은 사라지고 영원한 안식 안으로 들어갈 수가 있다는 것을 성경은 말씀하시고 있는 것입니다.

요한계시록 13장

내가 보니 바다에서 한 짐승이 나오는데 뿔이 열이요 머리가 일곱이라 그 뿔에는 열 면류관이 있고 그 머리들에는 참람된 이름들이 있더라 **요한계시록 13:1**

내가 보니 바다에서 한 짐승이 나오는데 뿔이 열이요 머리가 일곱이라고 말씀하십니다. 그 뿔에는 열 면류관이 있고 그 머리들에는 참람된 이름들이 있더라고 말씀하십니다. 여기에서 말씀하시는 짐승은 로마 제국을 의미합니다. 뿔이 열이라는 것은 열 왕국을 의미합니다. 머리가 일곱이라는 것은 산이 일곱 개라는 것입니다. 일곱 개의 산으로 둘러싸인 나라가 로마 제국이며 이들은 열 왕국을 형성하고 있습니다.

로마 제국은 우리의 육체로는 두 개의 종아리를 의미하며 열 왕은 우리의 발가락을 의미합니다. 두 종아리라는 의미는 동로마, 서로마를 의미하며 열 개의 나라는 앵글로색슨, 프랑크, 알라만, 롬바르드, 수에비, 서고트, 헬루리, 반달, 동고트, 부르군트 이 열 개의 나라입니다.

내가 본 짐승은 표범과 비슷하고 그 발은 곰의 발 같고 그 입은 사자의 입 같은데 용이 자기의 능력과 보좌와 큰 권세를 그에게 주었더라 **요한계시록 13:2**

요한은 자신이 본 짐승은 표범과 비슷하고 그 발은 곰의 발 같고 그 입은 사자의 입 같은데 용이 자기의 능력과 보좌와 큰 권세를 그에게 주었더라고 말씀하십니다. 여기에서 말씀하시는 여러 가지 짐승의 형태는 네 짐승의 나라를 의미하는 것 같습니다. 바벨론 제국은 사자, 페르시아 제국은 곰, 헬라 제국은 표범, 로마 제국은 무서운 짐승으로 표현됩니다.

그의 머리 하나가 상하여 죽게 된 것 같더니 그 죽게 되었던 상처가 나으매 온 땅이 이상히 여겨 짐승을 따르고 **요한계시록 13:3**

그의 머리 하나가 상하여 죽게 된 것 같더니 그 죽게 되었던 상처가 나으매 온 땅이 이상히 여겨 짐승을 따랐다고 합니다. 머리는 바벨론 제국을 의미합니다. 바벨론 제국은 페르시아 제국에게 넘어져 상처가 난 짐승이지만, 페르시아 제국은 상처가 나은 제국입니다.

바벨론은 여호와의 손에 잡혀 있어 온 세계가 취하게 하는 금잔이라 뭇 민족이 그 포도주를 마심으로 미쳤도다 바벨론이 갑자기 넘어져 파멸되니 이로 말미암아 울라 그 상처를 위하여 유향을 구하라 혹 나으리로다 **예레미야 51:7-8**

바벨론은 여호와의 손에 잡혀 있어 온 세계가 취하게 하는 금잔이라고 뭇 민족이 그 포도주를 마심으로 미쳤다고 말씀하십니다. 바벨론은 세상의 죄를 의미하며 우리의 육체의 머리를 의미하는 것입니다. 우리의 영혼이 먹음직스러움과 보암직스러움에 미치게 하였던 사탄의 머리인 것입니다. 이 제국은 페르시아 제국에게 넘어져서 머리에 상처가 난 제국입니다.

용이 짐승에게 권세를 주므로 용에게 경배하며 짐승에게 경배하여 가로되 누가 이 짐승과 같으뇨 누가 능히 이로 더불어 싸우리요 하더라 **요한계시록 13:4**

용이 짐승에게 권세를 주므로 용에게 경배하며 짐승에게 경배하며 가로되 누가 이 짐승과 같으뇨 누가 능히 이로 더불어 싸우리요라고 말씀하십니다. 용이 짐승에게 권세를 준다는 것은 사탄이 군대에게 권세를 주어서 예루살렘 성을 밟는 것을 의미합니다. 이 짐승에게 이길 자는 예수님뿐이십니다. 그래서 우리는 예수님을 믿는 것입니다. 우리가 예수님의 능력을 입어야 사탄을 이길 수가 있는 것입니다.

또 짐승이 큰 말과 참람된 말 하는 입을 받고 또 마흔 두달 일할 권세를 받으니라 **요한계시록 13:5**

또 짐승이 큰 말과 참람된 말 하는 입을 받고 또 마흔두 달 일할 권세를 받으리라고 말씀하십니다. 로마군이 이스라엘 민족을 밟을 수 있도록 권세를 받은 것입니다. 이들이 이스라엘 민족을 밟아 주어야 이방인들의 접붙임이 일어나기 때문입니다. 이 모든 것들은 하나님의 계획에 의한 일입니다. 우리에게 영원한 생명을 주시기 위한 것입니다.

짐승이 입을 벌려 하나님을 향하여 훼방하되 그의 이름과 그의 장막 곧 하늘에 거하는 자들을 훼방하더라 **요한계시록 13:6**

짐승이 입을 벌려 하나님을 향하여 훼방하되 그의 이름과 그의 장막 곧 하늘에 거하는 자들을 훼방하더라고 말씀하십니다. 육에 속한 자는 하나님을 대적하는 자입니다. 우리의 믿음이 자라나서 예수님의 말씀에 복종할 때 영으로 거듭나는 것입니다. 우리는 자신의 상태를 알지 못하면 하나님을 대적하는 위치에 있게 되는 것입니다. 땅에 속한 자는 육에 속한 자를 의미하며 하늘에 속한 자는 영에 속한 자를 의미하는 것입니다. 왜냐하면 육은 땅에 속한 것이며 영은 하늘에 속한 것이기 때문입니다.

> 또 권세를 받아 성도들과 싸워 이기게 되고 각 족속과 백성과 방언과 나라를 다스리는 권세를 받으니 **요한계시록 13:7**

또 권세를 받아 성도들과 싸워 이기게 되고 각 족속과 백성과 방언과 나라를 다스리는 권세를 받았다고 말씀하십니다. 죄가 다스릴 수 있는 곳은 육입니다. 우리의 믿음이 부족한 상태에 머물게 되면 육에 머물게 되고 죄에 복종하며 살아가게 되는 것입니다.

> 왕이여 지극히 높으신 하나님이 왕의 부친 느부갓네살에게 나라와 큰 권세와 영광과 위엄을 주셨고 **다니엘서 5:18**

벨사살의 왕의 아버지 느부갓네살에게 나라와 큰 권세와 영광과 위엄을 주셨다고 말씀하십니다.

> 그에게 큰 권세를 주셨으므로 백성들과 나라들과 각 방언하는 자들이 그의 앞에서 떨며 두려워하였으며 그는 임의로 죽이며 임의로 살리며 임의로 높이며 임의로 낮추었더니 **다니엘서 5:19**

그 권세로 백성들과 각 방언하는 자들이 그의 앞에서 떨며 두려워 하였다고 말씀하십니다. 느부갓네살 왕이 백성에게 폭군이 되어 백성을 죽이기도 하고 높이기도 하고 낮추기도 하였다는 것입니다. 바벨론 제국의 왕이 받은 권세가 짐승이 받은 권세와 같은 말씀이라는 것을 보여 주고 있습니다.

그가 마음이 높아지며 뜻이 강퍅하여 교만을 행하므로 그 왕위가 폐한바 되며 그 영광을 빼앗기고 **다니엘서 5:20**

느부갓네살 왕의 마음이 높아지며 뜻이 강퍅하여 교만을 행하므로 그 왕위가 폐한 바 되고 그 영광을 빼앗겼다고 말씀하십니다. 교만은 몰락을 의미합니다. 그래서 우리는 옛 사람을 버려야 하는 것입니다. 옛 사람 안에 있으면 죄의 본성으로 하나님의 말씀에 복종할 수가 없는 것입니다.

하나님의 말씀에 복종할 수가 있다는 것은 하나님의 은혜입니다. 하나님의 은혜를 받기 위해서 죄의 본성을 버려야 하는 것입니다. 율법 시대 때 우리가 죄의 본성을 버릴 수가 없었던 것은 죄가 지배하는 세상이었기 때문입니다. 그러나 예수님께서 이 땅에 오심으로 우리는 죄의 본성에서 벗어나 하나님의 본성으로 신분이 변화한 것입니다. 이것이 예수님께서 오신 목적입니다.

그러나 우리가 옛 사람의 본성을 버리지 못한다면 예수님의 보혈과 무관한 삶을 살아가게 되는 것입니다. 옛 사람의 본성은 사망이지만 새 사람의 본성은 생명인 것입니다. 옛 사람을 버리지 못한다면 이것은 생명이 되는 것을 거부하는 것입니다. 즉, 영생을 포기하는 것과 같은 것입니다.

인생 중에서 쫓겨나서 그 마음이 들짐승의 마음과 같았고 또 들나귀와 함께 거하며 또 소처럼 풀을 먹으며 그 몸이 하늘 이슬에 젖었으며 지극히 높으신 하나님이 인간 나라를 다스리시며 자기의 뜻대로 누구든지 그 위에 세우시는줄을 알기까지 이르게 되었었나이다 **다니엘서 5:21**

느부갓네살 왕은 인생 중에서 쫓겨나서 그 마음이 들짐승의 마음과 같았고 들나귀와 함께 거하며 소처럼 풀을 먹으며 그 몸이 하늘 이슬에 젖었으며 지극히 높으신 하나님이 인간 나라를 다스리며 자기의 뜻대로 누구든지 그 위에 세우는 줄을 깨달았다고 말씀하십니다. 우리 역시 깨달아야 합니다. 모든 것은 하나님의 의해서 이루어진다는 것입니다.

그러나 우리의 믿음이 자라나지 못하여 육에 머물고 있다면 하나님의 능력을 받지 못하고, 오히려 하나님과 대적하는 위치에서 진리를 거부하게 되는 것입니다. 우리가 진리 안에서 거룩함을 입지 못하고 살아가는 이유는 무엇입니까? 육에 머물며 하나님을 대적하고 있기 때문입니다. 우리가 진리에 이르지 못하면 바리새인과 같이 진리 안에 있는 자들을 판단하게 되는 것입니다. 모든 판단은 진리 안에서만 해야 한다는 것입니다.

벨사살이여 왕은 그의 아들이 되어서 이것을 다 알고도 오히려 마음을 낮추지 아니하고 **다니엘서 5:22**

아버지 왕의 잘못으로 인해 왕권이 무너지는 것을 본 벨사살 왕은 그의 아들이 되어 이것을 알고도 마음을 낮추지 않았다고 합니다. 강퍅한 마음이란 옛 사람을 의미합니다. 이 옛 사람이 무너져야 하나님의 나라 안에서 하나님의 통치 속에서 살아갈 수가 있다는 것입니다.

도리어 스스로 높여서 하늘의 주재를 거역하고 그 전 기명을 왕의 앞으로 가져다가 왕과 귀인들과 왕후들과 빈궁들이 다 그것으로 술을 마시고 왕이 또 보지도 듣지도 알지도 못하는 금, 은, 동, 철과 목, 석으로 만든 신상들을 찬양하고 도리어 왕의 호흡을 주장하시고 왕의 모든 길을 작정하시는 하나님께는 영광을 돌리지 아니한지라 **다니엘서 5:23**

하늘의 주재를 거역하고 왕과 귀인들과 왕후들과 빈궁들이 다 그것으로 술을 마시고 듣지도 알지도 못하는 금, 은, 동, 철과 목, 석으로 만든 신상들을 찬양하고, 도리어 왕의 호흡을 주장하시고 왕의 모든 길을 작정하시는 하나님께는 영광을 돌리지 않았다고 말씀하십니다. 이것은 바벨론 제국의 왕에게 하신 말씀이지만 우리에게도 역시 동일하게 적용하여야 합니다.

우리가 세상의 것들을 좇아 살아간다면 하나님께 영광을 올릴 수가 없다는 것입니다. 우리 인생의 모든 길은 하나님께서 작정하시고 이끌어 가시는데 우리가 세상의 가치를 좇아 살아간다면 하나님을 대적하는 자가 되어 버리는 것입니다. 진리의 말씀을 거부하며 순종하지 않게 된다는 것입니다. 하나님의 말씀에 순종하지 못하는 자들은 영으로 거듭날 수가 없는 것입니다. 순종하지 못하면 하나님의 은혜를 구하여서라도 순종하는 것을 배워야 하는 것입니다.

이러므로 그의 앞에서 이 손가락이 나와서 이 글을 기록하였나이다 **다니엘서 5:24**

왕이 올바른 정치를 하지 못하였기 때문에 이 손가락이 나와서 이 글을 기록하였다고 말씀하십니다. 벨사살 왕이 하나님 앞에 영광을 올리지 못하고 세상의 것들을 찬양한 결과 손가락이 나와서 글을 기록한 것입니다.

기록한 글자는 이것이니 곧 메네 메네 데겔 우바르신이라 **다니엘서 5:25**

그 글자는 이것이니 곧 메네 메네 데겔 우바르신이라고 말씀하십니다. 이 말씀의 뜻은 다음 절에서 설명을 하고 있습니다.

그 뜻을 해석하건대 메네는 하나님이 이미 왕의 나라의 시대를 세어서 그것을 끝나게 하셨다 함이요 **다니엘서 5:26**

이 말씀의 뜻은 하나님께서 이미 왕의 시대를 세어서 그것을 끝나게 하셨다 함입니다. 다니엘은 하나님의 지혜로 정확하게 해석하여 주었던 것입니다. 우리 역시 세상의 가치를 좇아 살아가게 된다면 우리의 시대를 세어서 마치게 하시겠다는 의미입니다. 우리의 죽음은 하나님의 손에 달려 있는 것입니다. 어떻게 사느냐에 따라 장수하기도 하고, 일찍 죽기도 한다는 것입니다.

성경은 육적인 부분과 영적인 부분을 같이 설명하여야 합니다. 바벨론 제국은 분명하게 이스라엘 민족을 침략한 짐승이라는 것을 다니엘서에서 보여 주고 있는 것입니다. 또 동시에 죄의 속성으로 살아가고 있는 우리에게 말씀하시는 것입니다. 성경은 각자의 영혼을 위한 글입니다. 어느 한 점도 소홀히 대해서는 안 된다는 것입니다. 그래서 요한계시록과 다니엘서가 일치하고 있다는 것을 보여 주는 것입니다.

데겔은 왕이 저울에 달려서 부족함이 뵈었다 함이요 **다니엘서 5:27**

데겔은 왕이 저울에 달려서 부족함이 뵈었다고 말씀하십니다. 저울은 자신의 인생을 어떻게 살았는가를 달아 보는 것입니다. 저울로 왕의 인생을 달아 보니 부족함이 있었다는 것입니다. 이 말씀은 우리의 인생에도 저울을 단다는 것입니다. 장수하느냐 장수하지 못하느냐는 저울에 달려 있는 것입니다.

> 베레스는 왕의 나라가 나뉘어서 메대와 바사 사람에게 준바 되었다 함이니이다 **다니엘서 5:28**

베레스는 왕의 나라가 나뉘어서 메대와 바사 사람에게 준바 되었다고 말씀하십니다. 바벨론 제국은 페르시아 제국에게 멸망을 당하는 것입니다. 그리고 바사 왕은 메대를 정복하고 다시 통합을 합니다. 그래서 한 뿔은 길고 다른 한 뿔은 짧다고 말씀하신 것입니다. 뿔의 길이는 왕의 통치 기간을 말씀하시는 것입니다.

> 죽임을 당한 어린 양의 생명책에 창세 이후로 녹명되지 못하고 이 땅에 사는 자들은 다 짐승에게 경배하리라 **요한계시록 13:8**

죽임을 당한 어린양의 생명책에 창세 이후로 녹명되지 못하고 이 땅에 사는 자들은 다 짐승에게 경배한다고 말씀하십니다. 영혼 구원은 생명입니다. 우리가 생명이 되지 못하면 그리스도인이 될 수가 없으며, 죄에 복종할 수밖에 없는 것입니다. 그리고 자신이 죄에 복종하는 것도 당연하게 생각하고 있는 것입니다. 그리스도인은 땅에 사는 자가 아니라 하늘에서 살아가는 자입니다. 땅에 사는 자는 죄가 우리를 지배하게 되고 하늘에서 사는 자는 하나님의 의가 지배하게 되는 것입니다.

누구든지 귀가 있거든 들을찌어다 **요한계시록 13:9**

누구든지 귀가 있거든 들으라고 말씀하십니다. 여기에서 귀는 영적으로 열린 귀를 말합니다. 이 귀가 열려 있지 못하면 진리의 말씀을 보고도 보지 못하고 들어도 듣지 못하게 되는 것입니다.

사로잡는 자는 사로잡힐 것이요 칼로 죽이는 자는 자기도 마땅히 칼에 죽으리니 성도들의 인내와 믿음이 여기 있느니라 **요한계시록 13:10**

사로잡는 자는 사로잡힐 것이요 칼로 죽이는 자는 자기도 마땅히 칼에 죽으리니 성도들의 인내와 믿음이 여기 있다고 말씀하십니다. 성도들은 율법에 매여 있는 것이 아니라 하나님의 은혜 아래에서 살아가며 인내와 믿음이 자라나는 것입니다. 믿음이 자라나지 못하면 육에 머물게 되며 땅에서 죄에 복종하며 살아갈 수밖에 없는 것입니다.

하나님의 사랑이 없는 자는 화평을 잃은 자입니다. 이들은 서로 죽이고 죽게 되는 자들입니다. 하나님의 사랑이 없는 자는 이미 사망 안에 있는 자입니다.

내가 보매 또 다른 짐승이 땅에서 올라오니 새끼양 같이 두 뿔이 있고 용처럼 말하더라 **요한계시록 13:11**

내가 보매 또 다른 짐승이 땅에서 올라오니 새끼 양같이 두 뿔이 있고 용처럼 말하더라고 말씀하십니다. 두 뿔의 나라는 페르시아 제국을 의미합니다. 이 제국은 메대와 바사 왕국으로 나누어져 있기 때문에 두 뿔이 있다고 말씀하는 것입니다. 바벨론 제국은 이 두 뿔의 나라에게 멸망을 당하는 것입니다.

저가 먼저 나온 짐승의 모든 권세를 그 앞에서 행하고 땅과 땅에 거하는 자들로 처음 짐승에게 경배하게 하니 곧 죽게 되었던 상처가 나은 자니라 **요한계시록 13:12**

저가 먼저 나온 짐승의 모든 권세를 그 앞에서 행하고 땅과 땅에 거하는 자들로 처음 짐승에게 경배하게 하니 곧 죽게 되었던 상처가 나은 자라고 말씀하십니다. 첫째 짐승은 바벨론 제국을 의미하며, 머리가 상하였지만 페르시아 제국은 짐승에게 경배하니 곧 죽게 되었던 상처가 나은 자라고 말씀하십니다.

우리가 사탄에게 지배를 받고 있다는 것은 짐승에게 경배를 하고 있다는 것입니다. 자신을 죄에 주었기 때문입니다. 세상의 가치를 좇아 살아간다는 것은 자신을 죄에 주는 역할을 하게 되는 것입니다. 그렇지 않았다면 죄의 지배는 없었을 것입니다. 오늘날 누가 죄의 지배에서 벗어난 자가 있습니까? 진리에 이르지 못한 자들이 성경을 함부로 해석해서는 안 된다는 것입니다.

큰 이적을 행하되 심지어 사람들 앞에서 불이 하늘로부터 땅에 내려 오게 하고 **요한계시록 13:13**

이 짐승은 이적을 행하되 심지어 사람들 앞에서 불이 하늘로부터 땅에 내려오게 하였다고 말씀하십니다. 이 말씀은 전쟁을 위한 도구를 사용하는 것을 의미하는 것 같습니다.

짐승 앞에서 받은바 이적을 행함으로 땅에 거하는 자들을 미혹하며 땅에 거하

는 자들에게 이르기를 칼에 상하였다가 살아난 짐승을 위하여 우상을 만들라 하더라
요한계시록 13:14

짐승 앞에서 받은바 이적을 행함으로 땅에 거하는 자들을 미혹하여 땅에 거하는 자들에게 이르기를 칼에 상하였다가 살아난 짐승을 위하여 우상을 만들라고 합니다. 땅에 거하는 자들은 죄에 경배를 할 수밖에 없는 것입니다. 성령의 기름을 채운 자들은 구름 위에 있는 하늘에 속한 자가 됩니다. 하늘에 올라가야 하나님으로부터 지배를 받으며 죄로부터 자유할 수가 있습니다.

아직도 죄에 복종을 하고 있다면 믿음이 자라날 수 있도록 방향을 바꾸어야 합니다. 이것은 탕자가 아버지께로 돌아가는 것입니다. 오늘날 많은 영혼들이 죄의 지배 아래에서 살아가고 있는 것입니다. 세상의 가치를 좇아 살아갔기 때문에 믿음이 자라나지 못하여 죄의 지배 아래에서 살아가게 되는 것입니다. 하나님의 자녀란 하나님의 의로 인도를 받는 자들입니다. 탕자의 길에서 돌아서야 영혼 구원이 이루어지는 것입니다.

저가 권세를 받아 그 짐승의 우상에게 생기를 주어 그 짐승의 우상으로 말하게 하고 또 짐승의 우상에게 경배하지 아니하는 자는 몇이든지 다 죽이게 하더라
요한계시록 13:15

저가 권세를 받아 그 짐승의 우상에게 생기를 주어 그 짐승의 우상으로 말하게 하고 또 짐승의 우상에게 경배하지 아니하는 자는 몇이든지 다 죽이게 하더라고 말씀하십니다. 땅에 거하는 자는 인 맞지 않은 자입니다. 성령으로 인 맞은 자는 하늘에서 살아가는 자입니다. 하나님께서 우리를 헐고 세우시는 목적은 우리가 하늘에서 살

아가게 하시려는 것입니다. 그러나 땅에 살아가는 자신의 죄로 말미암아 심판의 삶을 살아가게 된다는 의미입니다.

영혼 구원은 심판의 삶에서 속량되었음을 의미합니다. 그래서 성경은 그리스도 안에는 정죄가 없다고 말씀하신 것입니다. 하늘에서 살아간다는 의미는 우리의 마음의 평안을 의미하는 것입니다. 육체를 좇는 자들은 염려와 걱정으로 살아가게 되지만 영을 좇는 자들은 육체적인 염려와 걱정들로부터 해방을 받을 수가 있으며 마음의 평강을 누릴 수가 있다는 것입니다. 그래서 우리가 영으로 거듭나서 영적인 삶을 누리는 것은 천국으로 올라간다는 의미인 것입니다.

> 저가 모든 자 곧 작은 자나 큰 자나 부자나 빈궁한 자나 자유한 자나 종들로 그 오른손에나 이마에 표를 받게 하고 **요한계시록 13:16**

저가 모든 자 곧 작은 자나 큰 자나 부자나 빈궁한 자나 자유한 자나 종들로 그 오른손에나 이마에 표를 받게 한다고 말씀하십니다. 짐승의 표를 받았다는 것은 세상의 가치에 유혹받았다는 의미입니다. 보암직스러움과 먹음직스러움에 유혹된 자들이 짐승의 표를 받게 되고 세상 죄에 복종하며 살아가게 되는 것을 말합니다.

> 누구든지 이 표를 가진 자 외에는 매매를 못하게 하니 이 표는 곧 짐승의 이름이나 그 이름의 수라 **요한계시록 13:17**

누구든지 이 표를 가진 자 외에는 매매를 못 하게 하니 이 표는 곧 짐승의 이름이나 그 이름의 수라고 말씀하십니다. 이 말씀의 의미는 돈인 것 같습니다. 매매는 돈으로 하기 때문입니다. 돈을 사랑하는 자는 죄에 유혹되어 죄의 지배 아래에서 살아가게 되는 것입니다.

돈과 하나님을 동시에 섬길 수가 없는 것입니다. 돈을 좇아 살아가는 자들은 죄에 복종하지만 하나님만 바라보고 좇아가는 자들은 하나님의 의의 말씀에 복종할 수밖에 없는 것입니다.

> 지혜가 여기 있으니 총명 있는 자는 그 짐승의 수를 세어 보라 그 수는 사람의 수니 육백 육십 륙이니라 **요한계시록 13:18**

지혜가 여기 있으니 총명이 있는 자는 그 짐승의 수를 세어 보라 그 수는 사람의 수니 육백육십육이라고 말씀하십니다. 온전한 자란 영혼 구원을 이루어 영원한 하나님의 안식 안에 있는 자를 의미하는 것입니다. 이들의 수는 칠칠칠입니다.

그러나 영원한 안식 아래에 있지 못한 자들은 짐승의 수로 표현한 것입니다. 육을 세 번을 말씀하신 것은 확정을 의미한 것입니다. 이것은 베드로가 예수님을 세 번 부인한 것과 같은 것입니다. 영혼 구원을 받지 못한 자들을 표현한 숫자가 육육육이라는 것입니다. 이들은 돈을 사랑하는 자들입니다. 돈을 사랑하는 자들은 영혼 구원에 이를 수가 없다는 것을 말씀하시고 있는 것입니다.

돈을 좇아 살아가는 자들은 멸망으로 갈 수밖에 없습니다. 욕심은 죄를 낳고 죄는 사망을 낳기 때문에 세상의 가치를 좇지 아니하는 것이 짐승의 표를 받지 아니한다는 것입니다. 영혼 구원은 세상을 섬기는 것이 아니라 하나님을 섬길 때 이루어지는 것입니다. 영혼 구원을 받은 삶이 천국이며 영원한 생명이 되어 안식을 누릴 수가 있다는 것입니다.

칠칠칠은 영혼 구원을 받아 온전한 자가 되어서 영원한 안식 아래에 있는 자들이지만 육육육은 돈을 사랑하는 자들이 짐승의 표를 받은 자들입니다. 영혼 구원을 이루지 못한 자들을 짐승의 수로 표현한 것입니다.

네 짐승은 군대를 의미하는 것입니다. 바벨론 제국, 페르시아 제국, 헬라 제국, 로마 제국을 의미합니다. 이 네 제국들이 예루살렘 성을 침략하고 발로 밟는 것입니다. 이것은 곧 우리에게 새 예루살렘 성을 주시기 위한 것입니다.

은혜와 진리 시대는 죄가 없는 영원한 하나님의 나라입니다. 예수님께서 육체로 성소의 휘장을 찢으셨기 때문에 생명이 왕 노릇 하는 은혜와 진리 시대를 열어 주셨던 것입니다. 우리의 믿음이 자라나지 못하고 육에 머물면 사망이 왕 노릇 하는 율법 시대에서 살아가게 되지만, 믿음이 자라나서 속 사람이 강건하여지면 생명이 왕 노릇 하는 은혜와 진리 안에서 살아갈 수가 있다는 것입니다.

요한계시록 14장

또 내가 보니 보라 어린 양이 시온산에 섰고 그와 함께 십 사만 사천이 섰는데 그 이마에 어린 양의 이름과 그 아버지의 이름을 쓴 것이 있도다 **요한계시록 14:1**

어린양이 시온 산에 섰고 그와 함께 십사만 사천이 섰는데 그 이마에 양의 이름과 그 아버지의 이름을 쓴 것이 있다고 말씀하십니다. 여기에서 십사만 사천이라는 숫자는 이스라엘 각 지파별로 만 이천 명씩 해서 십사만 사천 명입니다. 이들은 예루살렘 성의 멸망 때 연단을 받은 자들입니다.

내가 하늘에서 나는 소리를 들으니 많은 물소리도 같고 큰 뇌성도 같은데 내게 들리는 소리는 거문고 타는 자들의 그 거문고 타는 것 같더라 **요한계시록 14:2**

요한이 하늘에서 나는 소리를 들으니 많은 물소리도 같고 큰 뇌성도 같은데 내게 들리는 소리는 거문고 타는 자들의 그 거문고 타는 것 같더라고 말씀하십니다. 심판을 통해서 하나님께서 우리를 회복시키시는 것입니다. 하나님께서 우리의 죄의 몸을 심판하셔서 의의 몸으로 살아가는 삶이 회복된 삶인 것을 알려 주시는 것입니다.

의의 몸을 입은 자들은 생명수를 마시며 영원하신 하나님과 화목을 이룰 수가 있다는 것입니다. 인생의 최고의 축복은 영원하신 하나님과 화목을 이루는 것입니다. 이 삶이 복음이기 때문입니다.

저희가 보좌와 네 생물과 장로들 앞에서 새 노래를 부르니 땅에서 구속함을 얻은 십 사만 사천인 밖에는 능히 이 노래를 배울 자가 없더라 **요한계시록 14:3**

저희가 보좌와 네 생물과 장로들 앞에서 새 노래를 부르니 땅에서 구속을 얻은 십사만 사천 인밖에는 능히 이 노래를 배울 자가 없더라고 말씀하십니다. 둘째 언약 시대는 하나님께서 통치하시는 영의 시대를 의미합니다. 예수님께서 죄를 가져가심으로 말미암아 생명이 통치하시는 나라가 되었다는 것입니다.

이 보좌 안의 피조물과 예수님의 보혈로 속량을 입은 이스라엘 민족의 숫자가 십사만 사천이라는 것입니다. 그러나 우리도 예수님의 보혈로 속량을 입어야 한다는 것을 우리에게 말씀하시고 있는 것입니다. 우리가 영혼 구원을 이루지 못한다면 그 숫자가 어떤 의미를 가질 수가 있습니까? 우리 자신이 영혼 구원을 받아 천국 보좌로 나아가는 것이 더욱더 중요하다는 것입니다.

사도 바울도 자신의 구원을 위해서 자신의 몸을 쳐서라도 복종하기를 원한다고 말씀하십니다. 왜! 자신의 몸을 쳐야 합니까? 그것은 사망의 몸은 하나님의 말씀에 복종하고 싶어도 할 수가 없기 때문입니다. 믿음이 자라나서 겉 사람은 죽고 속 사람이 강건하여질 때 비로소 예수님의 말씀에 복종할 수가 있으며 죄로부터 자유할 수가 있는 것입니다. 예수님의 말씀에만 복종하여도 죄를 지을 여유가 없는 것입니다.

이들은 땅에서 구속을 받아서 새 노래를 부른다고 말씀하십니다. 땅에서의 구속이란 육의 몸을 벗어나는 것을 의미합니다. 육은 땅에 속한 형체이며 영은 하늘에 속한 형체이기 때문입니다. 예수님의 본체가 영이시기 때문에 하늘에서 내려오시는 생명의 떡이신 것입니다. 우리 역시 속 사람이 강건하여지면 땅이 아니라 구름 위에 있는 하늘 보좌에서 살아갈 수가 있다는 것입니다.

> 이 사람들은 여자로 더불어 더럽히지 아니하고 정절이 있는 자라 어린 양이 어디로 인도하든지 따라가는 자며 사람 가운데서 구속을 받아 처음 익은 열매로 하나님과 어린 양에게 속한 자들이니 **요한계시록 14:4**

이 사람들은 여자로 더불어 더럽히지 아니하고 정절이 있는 자이며 어린양이 어디로 인도하든지 따라가는 자라고 말씀하십니다. 여기에서 여자란 세상의 음녀입니다. 세상의 죄로 자신을 더럽히지 않는 자들이란 예수 그리스도의 보혈로 속량을 받아 예수님의 말씀에 복종하며 십자가를 지고 따르는 자들입니다. 그러나 죄의 본성을 버리지 못한 자들은 예수님의 말씀에 순종하지 못하며 따를 수가 없다는 것입니다. 따르지 못한 결과는 어둠 안에서 사망의 몸을 입고 살아가야 한다는 것입니다.

구원은 개인 구원입니다. 왜냐하면 믿음은 다 같을 수가 없기 때문입니다. 믿음에 따라서 하나님의 의에 이른 자들이 있는가 하면 여전히 죄에 벗어나지 못한 자가 있다는 것입니다. 믿음이 자라나서 하나님의 의에 이른 자가 성령으로 이마에 인 맞은 자가 되는 것입니다. 십사만 사천의 의미가 중요한 것이 아니라 자신이 믿음의 방향을 잘 설정하여 성령으로 인 맞아 하나님의 보좌로 나아가는 것이 중요하다는 것입니다.

그 입에 거짓말이 없고 흠이 없는 자들이더라 **요한계시록 14:5**

십사만 사천 명은 거짓말이 없고 흠이 없는 자들이라고 말씀하십니다. 거짓말하지 않고 흠이 없는 자들은 영으로 거듭난 자들입니다. 하나님의 은혜는 새 시대입니다. 새 시대에 들어오면서 이러한 자들이 영으로 거듭나서 영원하신 하나님과 연합을 이룰 수가 있었던 것입니다. 율법 시대는 죄에 매여 영원한 사망 안에 있었지만 예수님께서 보혈의 피를 흘려 주심으로써 우리가 죄 사함을 받아 영원하신 하나님과 연합하여 생명이 된 것입니다.

또 보니 다른 천사가 공중에 날아가는데 땅에 거하는 자들 곧 여러 나라와 족속과 방언과 백성에게 전할 영원한 복음을 가졌더라 **요한계시록 14:6**

또 보니 다른 천사가 공중에 날아가는데 땅에 거하는 자들 곧 여러 나라와 족속과 방언과 백성에게 전할 영원한 복음을 가졌다고 말씀하십니다. 죄가 있어 영원히 땅에 머무는 자들에게 하나님께서 은혜를 주셔서 복음을 가질 수가 있었던 것입니다. 죄에 매여 살아가는 우리를 건져서 하나님과 화목을 이루고 복음을 누릴 수 있게 되었지만, 많은 영혼들이 죄에서 벗어나지 못하고 여전히 땅에서 살아가고 있는 것입니다. 이미 우리에게 생명이 왕 노릇 하시는 하나님의 나라를 주셨는데 믿음의 부족으로 인해 영혼 구원을 성취하지 못하고 있는 것입니다.

믿음이 자라나서 영으로 거듭날 때 비로소 예수님과 연합되고 예수님의 신부가 되어 빛 안에서 살아갈 수가 있는 것입니다. 짐승의 표가 무엇인지, 그리고 십사만 사천 명이 누구인지 아는 것이 중요한 것이 아니라, 자신이 믿음이 자라나서 하나님의 보좌로 들어가는 것이 중요하다는 것입니다.

> 그가 큰 음성으로 가로되 하나님을 두려워하며 그에게 영광을 돌리라 이는 그의 심판하실 시간이 이르렀음이니 하늘과 땅과 바다와 물들의 근원을 만드신 이를 경배하라 하더라 **요한계시록 14:7**

하나님을 두려워하며 그에게 영광을 돌리라 이는 그의 심판하실 시간이 이르렀음이니 하늘과 땅과 바다와 물들의 근원을 만드신 이를 경배하라고 말씀하십니다. 심판하실 시간이 이르렀다고 말씀하십니다. 심판이 무엇인지를 이해하여야 심판이 이르렀는지 이르지 않았는지를 알 수가 있는 것입니다.

심판은 죄가 있는 곳을 심판하시기 위한 것입니다. 죄를 심판하여야 하나님께서 이들을 통치하실 수가 있기 때문입니다. 율법 시대는 죄가 있었기 때문에 사망이 있었던 것입니다. 그러나 은혜 시대는 죄가 없기 때문에 사망이 없는 것입니다. 예수님께서 이를 위해서 오셔서 사망을 폐지시키시고 생명을 드러내신 것입니다.

우리 역시 개인적인 심판을 받아야 합니다. 하나님의 통치가 있는 은혜 아래에서 살아가기 위해서는 죄의 몸을 버려야 하는 것입니다. 각자가 믿음을 통해서 영혼 구원을 얻어 하나님의 통치 속에서 살아가야 하기 때문에 심판이 필요한 것입니다. 심판의 때란 세상으로는 율법 시대에서 은혜 시대로 넘어가는 것이지만 사람으로는 죄의 몸을 심판하여 의의 몸을 입어야 하는 것입니다.

또 다른 천사 곧 둘째가 그 뒤를 따라 말하되 무너졌도다 무너졌도다 큰 성 바벨론이여 모든 나라를 그 음행으로 인하여 진노의 포도주로 먹이던 자로다 하더라
요한계시록 14:8

또 다른 천사 곧 둘째가 그 뒤를 따라 말하되 무너졌다고 말씀하십니다. 바벨론 제국은 사탄의 머리입니다. 바벨론 제국이 무너졌다는 것은 사탄의 머리가 무너졌다는 의미입니다. 사탄이 우리를 음행케 하였으며 진노의 포도주를 먹게 하였습니다.

요한계시록을 이해하기 위해서는 과거, 현재, 미래가 하나로 이해되어야 합니다. 왜냐하면 이들은 죄의 세상을 멸하기 위한 것이기 때문입니다. 예수님께서 세상 죄를 이기기 위한 것입니다. 예수님께서 세상 죄를 이기셨기 때문에 하나님의 나라가 온 것입니다. 그러니 우리 역시 세상 죄를 이기기 위해서는 각자 안에 하나님의 나라가 와야 하는 것입니다. 예수님께서 재림하셔서 사탄을 쫓아내고 하나님의 나라를 주셔야 우리가 죄로부터 자유하며 영생이 될 수가 있는 것입니다.

우리 안에 하나님의 나라가 있어야 할 이유는 하나님께서 우리 안에 거하실 처소가 마련되어야 하나님께서 우리와 동행하실 수가 있기 때문입니다. 예수님께서 재림하시지 않았다면 우리는 죄에 복종하며 살아가야 하는 것입니다. 예수님께서는 우리의 왕으로 오시기 때문에 나라를 가지고 오셔야 합니다.

예수님께서 왕이시고 통치하시는 나라는 빛입니다. 빛으로 들어가야 하나님과 사귐을 이룰 수가 있는 것입니다. 예수님의 나라로 들어가기 위해서는 성령의 기름을 채워야 합니다. 즉, 예수님께서 오시지 않은 것이 아니라 우리가 성령의 기름을 채우지 못하였기 때문

에 주님의 나라로 들어가지 못한 것입니다.

이유는 좁은 길로 가지 않았기 때문입니다. 세상을 향한 믿음은 멸망으로 인도될 뿐이지만, 성령의 기름을 채우기 위해서는 오직 예수님만 바라보고 달려가야 한다는 것입니다. 이미 사탄이 무너지고 하나님의 나라는 왔지만 우리에게는 믿음이 없어서 예수님의 재림을 영접하지 못하고 하나님께서 통치하시는 나라로 들어가지 못한 것입니다. 예수님의 재림 없이는 하나님께로 나아갈 자가 없는 것입니다.

> 또 다른 천사 곧 세째가 그 뒤를 따라 큰 음성으로 가로되 만일 누구든지 짐승과 그의 우상에게 경배하고 이마에나 손에 표를 받으면 **요한계시록 14:9**

또 다른 천사 곧 셋째가 그 뒤를 따라 큰 음성으로 가로되 만일 누구든지 짐승과 그의 우상에게 경배하고 이마에나 손에 표를 받으면 이라고 말씀하십니다. 짐승의 표를 손이나 이마에 받지 말아야 한다는 의미는 세상의 가치관에 자신을 바치지 말아야 한다는 것입니다. 세상의 가치관을 가지고 살아간다는 것은 곧 하나님의 진노 속에서 살아간다는 것입니다.

예수님께서 이 땅에 오신 목적은 네 짐승을 멸하기 위한 것입니다. 네 짐승이란 바벨론 제국, 페르시아 제국, 헬라 제국, 로마 제국입니다. 동시에 우리의 죄의 몸을 멸하시기 위해서 오신 것입니다. 짐승의 표란 옛 사람의 본성을 의미하기도 합니다. 완전한 사람은 새 사람을 의미하는 것입니다.

우리가 죄를 짓고 있는 이유는 새 사람을 입지 못하고 죄에 복종하며 살아가고 있는 것입니다. 즉, 짐승의 표를 받고 짐승에게 복종하고 있기 때문에 죄를 짓고 살아가고 있는 것입니다. 그러나 새 사람을 입은 자는 죄에 복종하는 자가 아니라 예수님의 말씀에 복종하는 자입니다. 세상의 가치를 좇아 살아간다는 의미는 짐승에게 경배한다는 것입니다.

그도 하나님의 진노의 포도주를 마시리니 그 진노의 잔에 섞인 것이 없이 부은 포도주라 거룩한 천사들 앞과 어린 양 앞에서 불과 유황으로 고난을 받으리니 **요한계시록 14:10**

세상의 가치관 속에서 살아가는 자들은 하나님의 진노의 포도주를 마시고 살아가고 있는 것입니다. 왜냐하면 하나님의 안식 안에 있지 못하기 때문입니다. 우리는 이러한 인식을 할 수가 있어야 하는 것입니다. 하나님의 은혜는 우리가 하나님의 의가 되어 영생이 되게 하는 것입니다. 그러나 하나님의 의가 되지 못하고 죄 아래 살아간다는 것은 하나님의 진노의 포도주를 마시고 살아가고 있는 것입니다.

그 고난의 연기가 세세토록 올라가리로다 짐승과 그의 우상에게 경배하고 그 이름의 표를 받는 자는 누구든지 밤낮 쉼을 얻지 못하리라 하더라 **요한계시록 14:11**

그 고난의 연기가 세세토록 올라간다고 말씀하십니다. 짐승과 그의 우상에게 경배하고 그 이름의 표를 받는 자는 누구든지 밤낮 쉼을 얻지 못하리라고 말씀하십니다. 영으로 거듭나지 못하면 육적인 존재가 됩니다. 이 삶은 죄가 있기 때문에 영원한 심판을 받고 밤낮 쉼 없이 살아가게 되는 것입니다.

이미 심판이 이루어지고 있다는 것을 인식하여야 합니다. 빛으로 들어간 자는 생명이 되어 영원한 안식을 누리게 되지만 어둠 안에 있는 자는 자신의 죄로 말미암아 심판의 삶을 살아가게 되는 것입니다. 양과 염소는 이미 분리되어 살아가고 있는 것입니다. 예수님, 어린양의 피로 속량을 입은 자는 빛 안에서 양이 되어 살아가고 있지만 예수님의 피로 속량을 받지 못한 자는 짐승에게 경배를 하며 어둠 안에서 고난과 고통 속에서 살아가게 되는 것입니다. 성령으로 인 맞은 자는 예수님의 말씀에만 복종하며 죄로부터 자유한 자입니다.

성도들의 인내가 여기 있나니 저희는 하나님의 계명과 예수 믿음을 지키는 자니라 **요한계시록 14:12**

성도들의 인내가 여기 있나니 저희는 하나님의 계명과 예수 믿음을 지키는 자라고 말씀하십니다. 누가 하나님의 말씀을 지키며 예수님에 대한 믿음을 지키는 자입니까? 영으로 거듭난 자들이 하나님의 말씀을 지키고 예수님을 믿고 신뢰하며 따를 수가 있는 것입니다. 세상의 가치를 좇아 살아가고 있다는 것은 육이며 하나님의 말씀을 지킬 수가 없는 것입니다. 결국은 밤낮 쉼 없이 고난 속에서 살아가게 되는 것입니다.

또 내가 들으니 하늘에서 음성이 나서 가로되 기록하라 자금 이후로 주 안에서 죽는 자들은 복이 있도다 하시매 성령이 가라사대 그러하다 저희 수고를 그치고 쉬리니 이는 저희의 행한 일이 따름이라 하시더라 **요한계시록 14:13**

또 내가 들으니 하늘에서 음성이 나서 가로되 기록하라 지금 이후로는 주 안에서 죽는 자들이 복이 있다고 말씀하십니다. 누가 주 안에 있는 자들입니까? 영으로 거듭난 자들이 주 안에 있는 자들입니다. 세상의 가치관을 좇아 죄 아래 살아가는 자들은 주 안에 있는 자들이 아닌 것입니다. 주 안에 있는 자들은 영원한 안식을 누릴 수가 있기 때문에 수고를 그치고 쉼을 이룰 수가 있다는 것입니다.

영으로 거듭난 자들은 예수님의 말씀에 순종하였기 때문에 예수님의 안식을 누릴 수가 있는 것입니다. 하나님의 통치 속으로 들어가는 것이 곧 하나님의 나라인 것입니다. 하나님의 나라는 재림하시는 예수님을 영접하고 빛으로 들어가는 것을 의미하는 것입니다. 믿음에 따라서 어떤 자들은 성령의 기름을 채우고 예수님을 영접한 자들이 있는가 하면, 성령의 기름을 채우지 못하고 예수님을 영접하지 못한 자들도 있습니다. 그들은 하나님께서 통치하시는 빛으로 들어가지 못한 것입니다.

> 또 내가 보니 흰구름이 있고 구름 위에 사람의 아들과 같은 이가 앉았는데 그 머리에는 금 면류관이 있고 그 손에는 이한 낫을 가졌더라 **요한계시록 14:14**

또 내가 보니 흰 구름이 있고 구름 위에 사람의 아들과 같은 이가 앉았는데 그 머리에는 금 면류관이 있고 그 손에는 이한 낫을 가졌더라고 말씀하십니다. 구름 위란 하나님의 처소이며 영적인 세계를 의미합니다. 머리에는 금 면류관이 있고 한 손에는 이한 낫을 가졌더라고 말씀하십니다. 낫은 추수를 위한 것입니다. 익은 곡식을 거두는 것입니다. 믿음이 자라나서 영으로 거듭난 자들을 거둔다는 것입니다. 영으로 거듭난 자들이 천국 안에서 영생하고 있는 것입니다.

또 다른 천사가 성전으로부터 나와 구름 위에 앉은이를 향하여 큰 음성으로 외쳐 가로되 네 낫을 휘둘러 거두라 거둘 때가 이르러 땅에 곡식이 다 익었음이로다 하니 **요한계시록 14:15**

또 다른 천사가 성전으로부터 나와 구름 위에 앉은 이를 향하여 큰 음성으로 외쳐 가로되 네 낫을 휘둘러 거두라 거둘 때가 이르러 땅에 곡식이 익었음이로다라고 말씀하십니다. 익은 곡식이 누구입니까? 영이 된 자들을 의미합니다. 이들은 그리스도와 연합되어 영생이 된 자들입니다.

우리는 추수를 받아서 빛으로 들어가야 합니다. 죄와 연합되어 있는 자들은 어둠 안에서 고난과 고통 속에서 심판을 받고 살아가고 있는 것입니다. 하나님께서 우리의 눈을 밝혀 주신다면 자신이 어둠 안에 있다는 것을 알고 통곡을 하였을 것입니다. 그러나 혼미한 영으로 살아가기 때문에 자신이 어둠 안에 있다는 사실조차도 모르는 것입니다.

구름 위에 앉으신 이가 낫을 땅에 휘두르매 곡식이 거두어지니라 **요한계시록 14:16**

구름 위에 앉으신 이가 낫을 땅에 휘두르매 곡식이 거두어진다고 말씀하십니다. 익은 곡식은 빛 안에서 안식을 누리게 되는 것입니다. 빛은 하나님께서 통치하시는 하나님의 나라입니다. 하나님의 나라는 하나님의 의가 있는 곳입니다. 믿음이 자라나서 하나님의 의가 있는 곳에 이르러야 천국 안에서 안식을 누릴 수가 있는 것입니다.

또 다른 천사가 하늘에 있는 성전에서 나오는데 또한 이한 낫을 가졌더라 **요한계시록 14:17**

또 다른 천사가 하늘에 있는 성전에서 나오는데 또한 이한 낫을 가졌다고 말씀하십니다. 추수를 위한 낫입니다. 우리는 추수를 받아서 하나님의 나라로 들어가야 합니다. 하나님의 나라로 들어가야 하나님의 통치로 말미암아 죄에서 자유하며 영생이 될 수가 있는 것입니다. 가라지가 되어 불 속에서 살아가서는 안 되는 것입니다.

현재 죄에 복종하고 있다면 그것은 하나님의 불 속에서 소금 치듯 함을 받고 있다는 것을 인식하여야 합니다. 지옥이란 땅에 갇힌 삶을 의미합니다. 반대로 천국이란 하늘에 올라간 삶을 의미합니다. 육은 땅에 속한 자들이지만 영은 하늘에 속한 형체이기 때문에 하늘에서 안식을 누리게 되는 것입니다.

> 또 불을 다스리는 다른 천사가 제단으로부터 나와 이한 낫 가진 자를 향하여 큰 음성으로 불러 가로되 네 이한 낫을 휘둘러 땅의 포도송이를 거두라 그 포도가 익었느니라 하더라 **요한계시록 14:18**

또 불을 다스리는 다른 천사가 제단으로부터 나와 이한 낫을 가진 자를 향하여 큰 음성으로 불러 가로되 네 이한 낫을 휘둘러 땅의 포도송이를 거두라 포도가 익었다고 말씀하십니다. 익은 포도는 영으로 거듭난 자들을 의미하는 것입니다.

> 천사가 낫을 땅에 휘둘러 땅의 포도를 거두어 하나님의 진노의 큰 포도주 틀에 던지매 **요한계시록 14:19**

천사가 낫을 땅에 휘둘러 땅의 포도를 거두어 하나님의 진노의 큰 포도주 틀에 던진다고 말씀하십니다. 하나님의 진노는 심판을 통해서 회복되기 위한 것입니다. 그러나 심판의 의미를 깨닫지 못한다면 영원한 고통 속에서 살아가게 되는 것입니다. 예수 그리스도의 보혈로 많은 영혼들이 회복된다는 것입니다. 그리스도와 연합을 이룰 때 우리는 그리스도인이 되어 예수님의 나라에서 살아갈 수가 있는 것입니다. 즉 예수님의 능력으로 죄로부터 자유한 자들이 그리스도인인 것입니다.

> 성 밖에서 그 틀이 밟히니 틀에서 피가 나서 말굴레까지 닿았고 일천 육백 스다디온에 퍼졌더라 **요한계시록 14:20**

성 밖에서 그 틀이 밟히니 틀에서 피가 나서 말굴레까지 닿았고 일천육백 스다디온에 퍼졌더라고 말씀하십니다. 하나님의 심판으로 말미암아 인 맞지 아니한 자들은 죽음을 당하게 되는 것입니다. 그리스도인은 빛 안에서 이미 생명이 된 것입니다.

우리에게 어떠한 열매가 맺어지느냐에 따라 자신의 상태를 인식하여야 합니다. 자신 안에 죄의 열매가 있다면 회개하고 가는 발걸음을 멈추고 돌아서서 추수를 받아 빛 안에서 안식을 누려야 하는 것입니다. 더 이상 하나님의 진노 속에서 살아가서는 안 되는 것입니다. 구원은 하나님의 불 속에서 건짐을 받는 것입니다.

요한계시록 15장

또 하늘에 크고 이상한 다른 이적을 보매 일곱 천사가 일곱 재앙을 가졌으니 곧 마지막 재앙이라 하나님의 진노가 이것으로 마치리로다 **요한계시록 15:1**

또 하늘에 크고 이상한 다른 이적을 보매 일곱 천사가 일곱 재앙을 가졌으니 곧 마지막 재앙이라고 말씀하십니다. 하나님의 진노가 이것으로 마칠 것이라고 말씀하십니다. 하나님의 진노는 죄를 멸하여서 하나님의 통치가 있는 보좌 안에서 살아가기 위한 것입니다. 하나님의 자녀들은 이미 보좌에 앉은 자들이라는 사실을 인식하여야 합니다. 육은 하나님의 보좌 안으로 들어갈 수가 없지만 영은 하나님의 보좌 안으로 들어가서 하나님의 통치 속에서 살아갈 수가 있기 때문입니다.

또 내가 보니 불이 섞인 유리 바다 같은 것이 있고 짐승과 그의 우상과 그의 이름의 수를 이기고 벗어난 자들이 유리바다 가에 서서 하나님의 거문고를 가지고 **요한계시록 15:2**

또 내가 보니 불이 섞인 유리 바다 같은 것이 있고 짐승과 그의 우상과 그의 이름의 수를 이기고 벗어난 자들이 유리 바닷가에 서서 하나님의 거문고를 가진다고 말씀하십니다. 짐승과 그의 우상을 이긴 자들이란 세상의 가치관에 속하지 않은 자들을 의미하는 것입니다. 세상의 가치관 속에서 살아가는 자들은 욕심이 죄를 낳고 죄가 사망을 낳기 때문에 영으로 거듭날 수가 없는 것입니다.

보좌 앞에 수정과 같은 유리 바다가 있고 보좌 가운데와 보좌 주위에 네 생물이 있는데 앞뒤에 눈이 가득하더라 **요한계시록 4:6**

유리 바다는 보좌 앞에 있다고 말씀하십니다. 짐승과 그의 우상과 그의 이름의 수를 이긴 자들이 하나님의 보좌 안으로 들어가서 하나님의 통치를 받을 수가 있는 것입니다. 하나님의 자녀란 하나님의 보좌 안에서 하나님의 통치 속에서 살아가는 자들입니다. 이들은 빛 안에서 영원한 생명이 되어 살아가는 자들입니다.

하나님은 산 자들의 하나님이십니다. 살았다는 의미는 영혼이 살았다는 것입니다. 이들은 죄와 사망의 법에서 해방이 되어 영원한 생명이 되었다는 것입니다. 구원은 죄의 자녀에서 하나님의 자녀가 되는 것이 완성인 것입니다. 죄의 자녀들은 죄에 복종하며 살아가지만 하나님의 자녀란 하나님의 말씀에만 복종하기 때문에 죄로부터 자유할 수가 있는 것입니다.

짐승에게 경배한다는 의미는 돈을 좇아간다는 것입니다. 돈을 좇아간다면 욕심이 생기고 욕심이 죄를 낳고 죄가 사망을 낳는 것입니다. 우리가 죄에 복종하고 있다는 것은 세상의 욕심을 좇았기 때문입니다. 그러나 예수님을 좇는 자들은 생명 안에 있게 되는 것입니다.

그러므로 우리가 긍휼하심을 받고 때를 따라 돕는 은혜를 얻기 위하여 은혜의 보좌 앞에 담대히 나아갈 것이니라 **히브리서 4:16**

그러므로 우리가 긍휼하심을 받고 때를 따라 돕는 은혜를 얻기 위하여 은혜의 보좌 앞에 담대히 나아갈 것이라고 말씀하십니다. 하나님의 은혜는 보좌 안에 있다는 것입니다. 하나님의 보좌로 들어갈 수가 있었다는 것은 종말을 이루었기 때문입니다. 육의 세상이 무너지고 영의 시대를 맞이하였기 때문에 우리가 하나님의 보좌로 들어가서 하나님의 자녀가 될 수가 있었던 것입니다.

요한계시록의 심판은 곧 죄가 있는 육의 세상과 우리의 육체를 대상으로 하는 것입니다. 이미 심판이 이루어졌기 때문에 생명이 왕노릇 하는 은혜와 진리 시대를 맞이할 수가 있었던 것입니다. 우리 역시 죄의 몸을 심판하셔야 의의 몸을 입고 하나님의 나라 안에서 하나님의 통치를 받으며 기쁨과 평안을 누릴 수가 있다는 것입니다. 혈과 육은 하나님의 보좌로 나아가지 못하지만 영은 하나님의 의가 되어 하나님의 은혜가 있는 보좌로 나아갈 수가 있는 것입니다.

하나님의 종 모세의 노래, 어린 양의 노래를 불러 가로되 주 하나님 곧 전능하신 이시여 하시는 일이 크고 기이하시도다 만국의 왕이시여 주의 길이 의롭고 참되시도다 **요한계시록 15:3**

하나님의 종 모세의 노래, 어린양의 노래를 불러 가로되 주 하나님 곧 전능하신 이시여 하시는 일이 크고 기이하시도다 만국의 왕이시여 주의 길이 의롭고 참되시도다라고 말씀하십니다. 구원의 완성은 하나님의 자녀가 되는 것입니다. 왜냐하면 하나님의 자녀가 되는 것이 영생이기 때문입니다.

진리 안은 죄가 없는 영원한 나라입니다. 우리가 진리 안에 있다는 것은 영원한 생명 안에 있다는 것입니다. 진리 안에 하나님과 예수님과 아브라함과 이삭과 야곱 외에 영생하는 자들이 있는 것입니다. 우리 역시 진리 안에 있어야 하나님께 예배를 드릴 수가 있는 것입니다.

진리는 영원히 변하지 않는 하나님의 나라입니다. 은혜와 진리 시대는 완전한 하나님의 나라인 것입니다. 이 진리 외에 또 다른 진리가 없기 때문입니다. 진리는 하나입니다. 더 이상 다른 진리를 기다리지 말아야 한다는 것입니다. 재림하시는 예수님과 온전한 연합을 이루는 것이 진리 안에 있는 것입니다. 재림하시는 예수님은 하나님의 나라를 가지고 오시는 것입니다. 하나님의 나라란 하나님의 통치 속에서 살아가는 삶입니다. 하나님은 우리를 죄로 인도하시지 않고 영생이 되게 하시는 것입니다.

> 주여 누가 주의 이름을 두려워하지 아니하며 영화롭게 하지 아니하오리이까 오직 주만 거룩하시니이다 주의 의로우신 일이 나타났으매 만국이 와서 주께 경배하리이다 하더라 **요한계시록 15:4**

주여 누가 주의 이름을 두려워하지 아니하며 영화롭게 하지 아니하오리까? 오직 주님만 거룩하시니이다 주의 의로우신 일이 나타났으매 만국이 와서 주께 경배하리이다라고 말씀하십니다. 하나님께서 심판하시는 목적은 하나님께서 통치하시는 나라를 만들기 위한 것입니다. 이미 심판이 끝났기 때문에 은혜와 진리 시대를 맞이할 수가 있었던 것입니다. 은혜와 진리 시대는 죄가 없는 곳이며 하나님의 의가 있는 곳입니다. 이 진리 안으로 들어가는 것이 보좌이며 빛인 것입니다.

주님께 경배할 수가 있었던 것은 심판이 끝났기 때문입니다. 그러나 아직도 심판이 남아 있는 것은 각자 안의 죄의 본성이 완전히 버려지지 않았기 때문인 것입니다. 우리가 예수 그리스도와 함께 죄의 본성을 버리지 못한다면 그리스도인이 될 수가 없는 것입니다.

하나님께서 만유의 주님이 되시고 만유를 통치하시는 하나님의 나라 시대입니다. 종말이란 첫째 것을 폐지하는 것입니다. 율법 시대의 끝이 종말이며 은혜와 진리 시대는 하나님께서 통치하시는 영원한 하나님의 나라인 것입니다.

또 이 일 후에 내가 보니 하늘에 증거 장막의 성전이 열리며 **요한계시록 15:5**

또 이 일 후에 요한이 보니 하늘에 증거 장막의 성전이 열린다고 말씀하십니다. 하나님의 성전은 구름 위에 있습니다. 우리가 영으로 거듭나서 하나님의 통치가 있는 보좌로 나아갈 수 있도록 예수님께서 보혈의 피로 성소의 휘장을 열어 주신 것입니다.

하나님께 예배를 드릴 수가 있는 것은 이미 영원히 변하지 않는 나라를 맞이하였기 때문입니다. 둘째 언약은 사망이 없는 곳입니다. 첫째 언약 아래에는 죄가 있었기 때문에 사망이 죄를 쏘았지만 둘째 언약은 예수님께서 세상 죄를 가져가심으로 인해 사망이 죄를 쏘지 못하게 된 것입니다. 우리가 사망이 없는 둘째 언약 아래에서 살아가기 위해서는 새 사람을 입어야 할 것을 성경은 말씀하시고 있는 것입니다.

일곱 재앙을 가진 일곱 천사가 성전으로부터 나와 맑고 빛난 세마포 옷을 입고 가슴에 금띠를 띠고 **요한계시록 15:6**

일곱 재앙을 가진 일곱 천사가 성전으로부터 나와 맑고 빛난 세마포 옷을 입고 가슴에 금띠를 띤다고 말씀하십니다. 세마포란 예수님의 보혈로 씻은 옷입니다. 즉 죄 사함을 받은 자들이 세마포를 입고 빛 안에서 하나님의 의를 행하는 자들입니다.

네 생물 중에 하나가 세세에 계신 하나님의 진노를 가득히 담은 금대접 일곱을 그 일곱 천사에게 주니 **요한계시록 15:7**

네 생물 중에 하나가 세세에 계신 하나님의 진노를 가득히 담은 금 대접 일곱을 그 일곱 천사에게 준다고 말씀하십니다. 하나님의 진노는 심판을 통하여 하늘에 있는 성전의 문을 열기 위한 것입니다. 이미 예수님께서 성소의 휘장을 열어 주셔서 하나님의 은혜가 있는 보좌로 나아갈 수가 있었던 것입니다.

우리가 하나님의 성소 안으로 들어갈 때 종말을 깨닫게 되는 것입니다. 종말 없이 하나님의 성소 안으로 들어갈 수가 없기 때문입니다. 그러나 개인적인 종말을 맞이하지 못한 자들은 하나님께서 거하시고 통치하시는 나라로 들어갈 수가 없는 것입니다. 세상의 피조물들은 이미 종말을 이루어 하나님의 영광 안으로 들어가 있지만 사람들도 개인적인 종말을 이루어 하나님의 영광 안으로 들어가야 진리 안에서 하나님께 예배를 드릴 수가 있는 것입니다.

하나님의 영광과 능력을 인하여 성전에 연기가 차게 되매 일곱 천사의 일곱 재앙이 마치기까지는 성전에 능히 들어갈 자가 없더라 **요한계시록 15:8**

하나님의 영광과 능력을 인하여 성전에 연기가 차게 되매 일곱 천사의 일곱 재앙이 마치기까지 성전에 능히 들어갈 자가 없더라고 말씀하십니다. 각자 안에 있는 죄의 본성을 죽이는 자들이 하나님의 성전 안에서 살아갈 수가 있는 것입니다.

율법 시대 때의 성전은 눈에 보이는 성전이었습니다. 그러나 은혜와 진리 시대의 성전은 우리 마음 안에 두신 것입니다. 영혼 구원은 하나님께서 거하시고 통치하시는 나라를 각자 안에 완성하는 것입니다. 이미 하나님의 성전이 자신 안에 있는 자들은 성령의 법이 죄와 사망의 법에서 그들을 해방시켜 주었기 때문에 영생이 된 것입니다.

구원의 종결은 우리가 영생이 되는 것입니다. 죄와 연합되어 살아가는 우리에게, 예수님께서 세상을 이기시고 영원한 생명이 있는 진리 안에서 하나님께 예배를 드릴 수 있게 해 주신 것입니다. 하나님과 화목하는 것이 복음이며 영원한 생명인 것을 말씀하시는 것입니다. 진리에 이르러 하나님을 알고 그리스도를 아는 것이 곧 영원한 생명인 것입니다.

진리는 영원히 변하지 않는 하나님의 나라입니다. 하나님과 예수님과 아브라함과 이삭과 야곱이 계시는 곳은 진리이며 영원히 변하지 않는 하나님의 나라입니다. 예수 그리스도와 연합된 자들 역시 진리 안에서 하나가 된 자들입니다. 성령의 기름을 채우지 못한 자들은 오시는 주님을 영접할 수가 없는 것입니다. 오직 성령으로 이마에 인 맞은 자들만 오시는 예수님을 맞이하여 하나님의 보좌로 들어갈 수가 있는 것입니다.

예수님의 재림은 우리를 구름 위에 있는 보좌로 데리고 가기 위한 것입니다. 보좌는 하나님께서 통치하시는 하나님의 나라인 것입니다. 많은 사람들이 하나님의 나라가 오지 않았다고 말합니다. 자신이 기름을 채우지 못하고 하나님의 나라로 들어가지 못하였다는 생각을 하지 않는다는 것입니다. 다만 하나님의 나라가 오지 않았기 때문에 자신이 하나님의 나라를 들어가지 않았다고 생각하고 있는 것입니다.

하나님의 자녀란 하나님의 나라 안에서 통치를 받는 자들로서, 죄로부터 자유하며 영적인 사망과 아픔과 슬픔이 없는 삶을 살아가고 있는 것입니다. 그러나 짐승의 표를 받고 짐승에게 경배하는 자들은 죄에 복종하며 영원한 진리 안으로 들어가지 못하고 살아가게 되는 것입니다.

세상의 가치를 좇아 살아가는 자들은 짐승에게 경배하는 것과 같은 것입니다. 그렇지 않았다면 죄로부터 자유하였을 것입니다. 오직 예수님만을 향해서 달려가는 자들이 재림하시는 예수님을 영접하고 빛 안으로 들어갈 수가 있는 것입니다. 주님은 우리를 죄로 인도하는 경우는 없습니다. 단지 우리가 죄에 복종하였기 때문에 죄를 짓고 살아가고 있는 것입니다.

진리 안에서 영생이 되지 못한 자들은 소경입니다. 이들은 성령의 열매를 맺는 자들이 아니라 사망의 열매를 맺고 살아가게 되는 것입니다. 하나님의 나라란 하나님과 화목을 이룩한 나라를 의미하는 것입니다. 그러나 죄와 연합되어 살아가는 자들은 사망의 열매를 맺게 되는 것입니다. 성령의 열매가 없다면 이마에 인 맞은 자가 아니라 짐승의 표를 받고 세상의 가치를 좇아 살아가게 되며 죄에 복종하며 살아가는 자가 되는 것입니다. 이것은 곧 심판을 의미하는 것입니다.

하나님의 의의 말씀에 복종하는 자들은 생명이 되었으며 죄에 복종하는 자들은 사망 안에 있는 심판을 받고 살아가게 되는 것입니다. 생명 안에 있는 자들과 사망 안에 있는 자들로 구분되고 있다는 것은 곧 예수님께서 보좌에 앉으시고 심판을 하고 계신다는 것입니다. 양은 빛으로 들어가서 생명이 되고 염소는 어둠 안에서 사망이 되어 살아가고 있는 것입니다.

어둠에서 벗어나기 위해서는 발걸음을 돌려야 합니다. 세상을 향한 믿음은 영으로 거듭나지 못하며 하나님의 통치 속으로 들어갈 수가 없지만, 오직 예수님만을 좇는 자들의 믿음은 자라나 영으로 거듭나서 하나님의 통치 속에서 살아갈 수가 있는 것입니다.

구원은 하나님의 통치 속에서 살아가는 삶의 완성인 것입니다. 하나님의 통치를 받고 있다는 것은 무엇으로 알 수가 있습니까? 첫째는 죄로부터의 자유입니다. 하나님의 통치는 우리를 죄로 인도하는 경우는 없기 때문입니다. 예수님의 말씀에만 복종을 하여도 죄를 지을 여유가 없는 것입니다. 둘째는 열매입니다. 죄와 연합된 자들은 사망의 열매를 맺지만 하나님의 의와 연합된 자들은 성령의 열매를 맺게 되는 것입니다. 자신 안에 성령의 열매가 없다면, 죄와 연합된 것을 깨닫고 발걸음을 돌려서 예수님을 향해서 달려가서 영혼 구원을 이루어야 합니다. 그러면 하나님의 나라 안에서 영원한 생명이 되며 영원한 안식 안으로 들어갈 수가 있는 것입니다.

죄와 연합된 자들이 고난과 고통 속에서 살아가는 이유는 하나님의 불 속에서 심판을 받고 살아가기 때문입니다. 그러나 예수 그리스도 안에는 정죄가 없기 때문에 영원한 안식을 누리게 되는 것입니다. 예수 그리스도 안에 있는 자들은 재림하시는 예수님을 영접한 자들입니다. 왜냐하면 예수님께서는 우리의 왕으로 오시기 때문입니다. 성령의 기름을 채운 자들이 재림하시는 예수님을 영접하고 영원한 하나님의 나라 안에서 안식을 누릴 수가 있는 것입니다. 성령의 기름이 없이는 들어갈 수가 없는 하나님의 나라입니다. 오직 좁은 길로 가는 자만이 영혼 구원을 얻어 자유를 누릴 수가 있는 것입니다.

요한계시록 16장

또 내가 들으니 성전에서 큰 음성이 나서 일곱 천사에게 말하되 너희는 가서 하나님의 진노의 일곱 대접을 땅에 쏟으라 하더라 **요한계시록 16:1**

진노의 잔을 땅에 쏟으라고 말씀하십니다. 죄 있는 육의 세상을 심판하여 죄가 없는 영의 시대를 맞이하기 위한 것입니다. 왜! 율법 시대를 멸하고 나서 은혜와 진리 시대를 맞이할 수가 있었습니까? 눈에 보이는 성은 옛 성이며 눈에 보이지 않는 새 성을 우리 안에 두시기 위한 것입니다. 눈에 보이는 것은 잠깐이요, 눈에 보이지 않는 것은 영원하기 때문입니다. 새 예루살렘 성에 들어가야 예수님의 신부로 살아갈 수가 있는 것입니다. 그리스도인이란 예수 그리스도와 연합되어 눈에 보이지 않는 새 예루살렘 성 안에 살아가고 있는 것입니다. 새 성을 우리 안에 두신 것입니다.

너희가 하나님의 성전인 것과 하나님의 성령이 너희 안에 거하시는 것을 알지 못하느뇨 **고린도전서 3:16**

율법 시대 때는 보이는 성전이었지만 은혜와 진리 시대 때는 보이지 않는 성전을 우리 안에 두셔서 하나님께서 동행하시기를 원하신 것입니다. 우리 안에 하나님께서 거하시고 통치하실 나라가 없다면 어떻게 하나님의 자녀가 될 수가 있습니까? 이제 우리는 눈에 보이는 세상에 살아가는 것이 아니라 눈에 보이지 않는 영원한 세상에서 살아가고 있는 것입니다.

이 삶을 주시기 위해서 하나님께서 진노의 잔을 땅에 부으신 것입니다. 하나님의 진노가 끝났기 때문에 하나님의 자녀가 될 수가 있었던 것입니다. 죄의 몸을 죽이기 위한 하나님의 진노입니다. 그러나 우리가 깨닫지 못하고 옛 사람을 버리지 못한다면 하나님의 진노 속에서 살아가게 되는 것입니다. 이 삶은 밤낮이 괴로운 삶입니다.

> 첫째가 가서 그 대접을 땅에 쏟으매 악하고 독한 헌데가 짐승의 표를 받은 사람들과 그 우상에게 경배하는 자들에게 나더라 **요한계시록 16:2**

첫째가 가서 그 대접을 땅에 쏟으매 악하고 독한 헌데가 짐승의 표를 받은 사람들과 그 우상에게 경배하는 자들에게 나더라고 말씀하십니다. 악하고 독한 종기가 난다는 것은 우리의 죄의 몸을 죽이기 위한 것입니다. 하나님의 나라는 죄가 없으며 하나님의 의가 있는 곳입니다. 우리의 죄의 몸을 심판하여야 하기 때문에 육신을 치는 것입니다. 우상에게 경배한다는 것은 죄에 복종한다는 것을 의미합니다. 좁은 길로 가지 않고 세상의 가치를 좇아 살았기 때문에 우상에게 경배하며 살아가고 있는 것입니다.

> 둘째가 그 대접을 바다에 쏟으매 바다가 곧 죽은 자의 피 같이 되니 바다 가운데 모든 생물이 죽더라 **요한계시록 16:3**

둘째가 그 대접을 바다에 쏟으매 자다가 곧 죽은 자의 피같이 되니 바다 가운데 모든 생물이 죽더라고 말씀하십니다. 이것은 죄가 있는 첫째 하늘과 땅을 멸하시고 죄가 없는 새 하늘과 새 땅을 주시기 위한 것입니다. 첫째 하늘과 첫째 땅은 죄가 있는 첫째 언약이지만 새 하늘과 새 땅은 하나님의 의가 있는 둘째 언약이라고 하는 것입니다. 즉, 하늘과 땅이 그리스도 안에서 통일을 이루게 하신 것입니다. 육적인 세상과 영적인 세상이 연합되어 영의 시대, 즉 보이지 않는 영원한 세상을 맞이하였기 때문에 피조물이 하나님의 영광 안에서 썩어짐에서 해방을 받을 수가 있었던 것입니다.

많은 사람들이 바다에서 엎드려 죽었기 때문에 바다가 피같이 되니 바다의 생물이 죽게 된 것입니다. 즉, 육적인 세상에 있는 바다를 심판하여 영원 속으로 들어가게 한 것입니다. 첫째 하늘과 첫째 땅은 죄가 지배하는 육의 세상을 의미하지만, 새 하늘과 새 땅은 하나님의 의가 지배하는 영적인 세상을 의미합니다.

그러나 하나님께서는 세상을 멸하시지 않고 영원 속으로 던져서 구원을 얻게 하신 것처럼 우리에게도 죄가 있는 육의 몸을 멸하시지 않고 하나님의 영광 안으로 들어가게 하셔셔 영원한 생명이 되게 하신 것입니다. 피조물이 누구에게 굴복하느냐에 따라 썩기도 하고 썩지 아니하기도 하는 것입니다. 죄에 굴복하는 율법 시대 때는 썩을 수밖에 없었지만, 은혜와 진리 시대 때는 생명이 왕 노릇 하심으로 말미암아 피조물과 우리가 영원한 생명이 되게 하신 것입니다.

세째가 그 대접을 강과 물 근원에 쏟으매 피가 되더라 **요한계시록 16:4**

셋째가 그 대접을 강과 물 근원에 쏟으매 피가 되더라고 말씀하십니다. 많은 이스라엘 민족이 강과 물 근원에 쓰러져 죽었기 때문에 강과 물 근원이 피가 되었던 것입니다. 이것은 피조물과 사람을 심판하여 구원을 이루게 하신 것입니다.

> 내가 들으니 물을 차지한 천사가 가로되 전에도 계셨고 시방도 계신 거룩하신 이여 이렇게 심판하시니 의로우시도다 **요한계시록 16:5**

물을 차지한 천사가 가로되, 전에도 계셨고 시방도 계신 거룩하신 이여, 이렇게 심판하시니 의로우시다고 말씀하십니다. 하나님의 심판은 의로우신 것입니다. 우리는 하나님을 두려워해야 합니다. 하나님을 두려워하지 않는 자들은 세상의 가치를 좇아 살아가는 자들입니다. 이들은 영적으로 간음한 자들이며 예수 그리스도와 함께할 수가 없는 자들입니다.

성령으로 인 맞은 자들은 세상의 가치를 좇지 아니하며 정금같이 탄생하여 거룩함을 입고 영생이 된 자들입니다. 그러나 성령으로 인 맞지 아니한 자들은 하나님의 진노 속에서 썩어 가는 것입니다. 우리가 죄를 짓고 살아가는 이유는 성령이 함께하시지 않기 때문입니다. 성령의 능력은 죄를 이길 수가 있기 때문입니다.

> 저희가 성도들과 선지자들의 피를 흘렸으므로 저희로 피를 마시게 하신 것이 합당하니이다 하더라 **요한계시록 16:6**

저희가 성도들과 선지자들의 피를 흘렸으므로 저희로 피를 마시게 하신 것이 합당하다고 말씀하십니다. 이스라엘 민족을 의미합니다. 이들이 많은 선지자들을 죽였고 마지막에는 하나님의 아들마저 죽였던 것입니다. 그들의 피가 자신에게로 돌아간 것입니다.

신약 시대에 들어오면서 형제를 미워하는 자마다 살인하는 자라고 말씀하십니다. 즉, 형제를 미워하는 자들은 하나님의 손에서 끊어지는 것입니다. 하나님의 심판 속에서 살아갈 수밖에 없는 것입니다. 영혼 구원을 얻어 빛 안에 있는 자들은 영원한 안식을 누리는 자들입니다. 우리에게 이러한 안식이 없다면 영원한 심판 속에서 살아간다는 것을 인식하고 자신의 발걸음을 돌려야 합니다.

또 내가 들으니 제단이 말하기를 그러하다 주 하나님 곧 전능하신 이시여 심판하시는 것이 참되시고 의로우시도다 하더라 **요한계시록 16:7**

하나님의 심판은 의로우신 것입니다. 우리가 의의 몸을 입고 영생이 되게 하기 위한 심판은 의로우신 것이지만, 깨닫지 못한 자들은 죄의 몸에서 벗어나지 못하고 영원한 사망 안에 있어야 하는 것입니다. 사망의 몸 안에서 사는 자들은 고난과 고통 속에서 살아가게 되는 것입니다.

하나님의 심판은 의로우신 것입니다. 그래서 우리는 하나님을 두려워해야 하는 것입니다. 자신 안에 사망의 열매가 맺히고 있다면 하나님을 두려워해야 합니다. 하나님의 은혜가 없기 때문에 하나님의 심판이 있는 곳에서 살아가고 있는 것입니다.

자신에게 재난이 오고 질병이 온다는 것은 죄의 몸을 입고 있기 때문입니다. 그러나 그리스도인은 죄와 사망의 법에서 해방을 받았기 때문에 정죄를 받지 아니하는 것입니다. 그리스도 안에 있는 자들은 정죄가 없기 때문에 사망과 아픔과 슬픔이 없는 삶을 살아갈 수가 있는 것입니다.

네째가 그 대접을 해에 쏟으매 해가 권세를 받아 불로 사람들을 태우니 **요한계시록 16:8**

넷째가 그 대접을 해에 쏟으매 해가 권세를 받아 불로 사람들을 태운다고 말씀하십니다. 육적인 사람들은 해 아래에서 불로 태움을 받을 수밖에 없는 것입니다. 정금같이 탄생하기 위한 것입니다. 그러나 영적인 사람들은 해 아래 있는 것이 아니라 하늘에 있기 때문에 불로 태움을 받아야 할 이유가 없는 것입니다. 첫째 사람이 살아가는 곳은 죄가 있는 첫째 하늘과 첫째 땅입니다. 그러나 새 사람이 살아가는 곳은 새 하늘과 새 땅입니다. 의인들이 살아가는 곳과 죄인들이 살아가는 곳을 구분하여 주신 것입니다.

세상 끝에도 이러하리라 천사들이 와서 의인 중에서 악인을 갈라 내어 **마태복음 13:49**

세상 끝에도 이러하리라 천사들이 와서 의인 중에서 악인을 갈라낸다고 말씀하십니다. 의인 중에서 죄인들을 갈라낸다는 것은 심판을 의미합니다. 세상 끝이란 보이는 세상의 끝을 의미하는 것입니다. 즉, 율법 시대의 끝을 의미하는 것입니다. 은혜와 진리 시대는 보이지 않는 영의 시대를 의미합니다. 영이 되어야 하나님께서 만유를 통치하실 수가 있기 때문입니다. 죄가 있는 시대를 끝내고 하나님의 의가 있는 시대를 맞이하였다는 것입니다.

풀무 불에 던져 넣으리니 거기서 울며 이를 갊이 있으리라 **마태복음 13:50**

죄인들이 살아가는 삶은 풀무 불에 던져진 것입니다. 이곳에서 이를 갊이 있으리라고 말씀하십니다. 이 삶은 우리의 육적인 삶을 의미합니다. 육은 어둠 안에 있지만 영은 빛 안에 있는 것입니다. 육은 사망 안에서 불로 태움을 받지만 영은 생명 안에서 안식을 누릴 수가 있다는 것입니다.

> 또 너희에게 이르노니 동서로부터 많은 사람이 이르러 아브라함과 이삭과 야곱과 함께 천국에 앉으려니와 **마태복음 8:11**

동서로부터 많은 사람들이 이르러 아브라함과 이삭과 야곱과 함께 천국에 앉는다고 말씀하십니다. 천국이란 하나님께서 계시는 빛의 세계를 의미합니다. 빛 안에 하나님, 예수님, 아브라함, 이삭, 야곱이 계시는 곳입니다. 빛은 곧 진리를 의미합니다. 진리 안으로 들어가야 하나님께 예배를 드릴 수가 있는 것입니다. 이곳은 예수님의 보혈로 속량을 입은 자들이 들어가는 빛의 세계인 것입니다. 예수님을 통하여야만 하나님께서 거하시는 빛으로 들어갈 수가 있는 것입니다.

> 나라의 본 자손들은 바깥 어두운데 쫓겨나 거기서 울며 이를 갊이 있으리라 **마태복음 8:12**

이스라엘 본 자손들은 바깥 어두운 데 쫓겨나 거기서 울며 이를 갊이 있으리라고 말씀하십니다. 빛으로 들어가지 못한 자들은 어둠 안에서 이를 갊이 있다고 말씀하십니다. 풀무 불에 던져진 삶이 어둠 안에서 이를 갈게 한다는 것입니다. 지옥이란 죽음 이후에 가는 곳이 아니라 빛으로 들어가지 못한, 고난과 고통 속에서의 삶을 의미합니다. 빛으로 들어간 자들은 생명 안에서 안식을 누리지만 어둠 안에 있는 자들은 사망 안에서 풀무 불에 던져진 삶을 살아가게 되는 것입니다.

하나님의 영으로 이끌리는 자들은 영원한 안전과 평강을 누리며 살아가지만, 혼미한 영으로 이끌림을 받는 자들은 영적인 환난 속에서 자신이 어둠 안에 있다는 사실조차도 모르고 살아가고 있는 것입니다. 자신 안에 영원한 안전과 평강이 없다면 자신의 죄로 말미암아 어둠 안에서 이를 갈고 있다는 사실을 깨달아야 한다는 것입니다.

사람들이 크게 태움에 태워진지라 이 재앙들을 행하는 권세를 가지신 하나님의 이름을 훼방하며 또 회개하여 영광을 주께 돌리지 아니하더라 **요한계시록 16:9**

사람들이 크게 태움에 태워진다고 말씀하십니다. 육에 속한 자들은 풀무 불에 던져진 삶이라는 것입니다. 죽어서 사망 안에 있는 것이나 살아서 사망 안에 있는 것은 같은 것입니다. 살아 있는 우리가 죄를 짓는 것은 사고로 인해 죽은 자들과 같은 것입니다. 왜냐하면 같은 사망 안에 있기 때문입니다.

천국은 너희 안에 있다고 성경은 말씀하십니다. 천국이란 진리, 빛을 의미합니다. 우리 안에 빛이 없다면 하나님께서는 우리와 사귐을 가질 수가 없는 것입니다. 의인들이 살아가는 곳은 빛이며 안식이지만, 죄인들이 살아가는 곳은 어둠이며 영적인 환난인 것입니다.

이들은 이 재앙들을 행하는 권세를 가진 하나님을 훼방하며 주님께 영광을 돌리지 않더라고 말합니다. 육에 속한 자들은 하나님께 영광을 올릴 수가 없는 것입니다. 입으로는 하나님을 믿는다고 하면서 세상의 가치를 좇아 살아가며 하나님의 영광을 드러내지 못하게 되는 것입니다.

죄를 짓고 살아가는 자들은 자신의 영광을 위해서 살아가는 자들입니다. 이러한 자들은 하나님의 영광 안으로 들어가지 못하고 어둠 안에서 이를 갈게 되는 것입니다. 천국과 지옥은 현재적인 것입니다. 의인들이 살아가는 곳이 천국이지만 죄인들이 살아가는 곳은 지옥인 것입니다. 이미 심판이 이루어지고 있기 때문에 의인과 악인을 구분하고 있는 것입니다.

또 다섯째가 그 대접을 짐승의 보좌에 쏟으니 그 나라가 곧 어두워지며 사람들이 아파서 자기 혀를 깨물고 **요한계시록 16:10**

다섯째가 그 대접을 짐승의 보좌에 쏟으니 그 나라가 어두워지며 사람들이 아파서 자기 혀를 깨문다고 말씀하십니다. 짐승의 보좌는 어둠이며 육입니다. 죄는 육 안에서만 통치를 하지만 하나님의 보좌는 영 안에 있는 것입니다. 영으로 거듭난 자들이 들어가는 하나님의 보좌인 것입니다. 하나님의 통치는 죄가 아니라 의인 것입니다.

우리가 죄의 길에 서 있다는 것은 짐승의 보좌에서 살아가고 있다는 것입니다. 짐승의 표, 즉 돈을 사랑하는 세상의 가치를 좇아 살았기 때문에 어둠 안에서 이를 갈고 있는 것입니다. 영적인 환난은 혀를 깨무는 아픔이 있는 것입니다. 이 삶에서 벗어나기 위해서는 믿음의 방향을 세상에 두지 않고 예수님만 바라보고 달려가야 하는 것입니다.

이 길은 좁은 길입니다. 세상을 향해 달려가는 자들은 땅을 바라보며 멸망을 향해 달려가지만, 예수님을 향한 믿음은 십자가의 길인 것입니다. 이 길을 가야만 영혼 구원을 얻어 주님 품 안에 안겨서 안식을 누릴 수가 있는 것입니다.

아픈 것과 종기로 인하여 하늘의 하나님을 훼방하고 저희 행위를 회개치 아니하더라 **요한계시록 16:11**

아픈 것과 종기로 인하여 하늘의 하나님을 훼방하고 저희 행위를 회개치 않더라고 말씀하십니다. 엄청난 고통 속에서도 하나님을 훼방을 하고 회개치 않는 것은 죄의 본성이 그러하기 때문입니다. 죄의 본성은 바로 왕과 같은 것입니다. 엄청난 재앙을 퍼부어도 옛 자아의 고집을 꺾지 않는다는 것입니다.

회개란 자신의 옛 사람인 죄의 본성을 버리는 것입니다. 옛 사람을 버리지 못한다면 계속해서 반복적으로 죄를 짓기 때문입니다. 즉, 그리스도의 초보에 머물고 있다는 것입니다. 믿음이 자라나야 완전한 진리 안으로 들어갈 수가 있으며 빛 안에서 영원하신 하나님께 예배를 드릴 수가 있는 것입니다.

진리는 영원히 변하지 않으며, 영혼이 살아난 자들이 들어갈 수가 있는 영원한 하나님의 나라인 것입니다. 진리 되신 예수님께서 우리 안에 계신다는 것은 영원히 변하지 않는 하나님의 나라가 있다는 것입니다. 왜냐하면 예수님은 우리 안에 있는 죄를 쫓아내시며 하나님의 나라가 임하게 하시기 때문입니다.

또 여섯째가 그 대접을 큰 강 유브라데에 쏟으매 강물이 말라서 동방에서 오는 왕들의 길이 예비되더라 **요한계시록 16:12**

여섯째가 그 대접을 큰 강 유브라데에 쏟으매 강물이 말라서 동방에서 오는 왕들의 길이 예비되더라고 말씀하십니다. 유브라데강은 이스라엘로 향하는 길목에 있는 것입니다. 이 강이 마른다는 것은 동방에서 오는 왕들에게 길을 열어 주어 침략케 한다는 것입니다. 이스라엘 민족은 로마 제국으로 인해 멸망당하여 예루살렘 성이 무너지게 됩니다. 하나님의 심판의 목적은 눈에 보이는 예루살렘 성을 무너지게 하여서 보이지 않는 새 예루살렘 성을 주시기 위한 것입니다.

죄로부터 속량을 입은 자들은 새 성 안에서 하나님을 아버지라고 부를 수가 있는 것입니다. 새 성을 우리 마음에 부어 하나님께서 우리와 동행하실 수가 있도록 하여 주신 것입니다. 교회는 건물이 아닙니다. 성도들의 모임이 있는 곳에 교회가 있는 것입니다.

> 또 내가 보매 개구리 같은 세 더러운 영이 용의 입과 짐승의 입과 거짓 선지자의 입에서 나오니 **요한계시록 16:13**

또 요한이 보매 개구리 같은 세 더러운 영이 용의 입과 짐승의 입과 거짓 선지자의 입에서 나온다고 말씀하십니다. 세상의 가치를 좇아 살아간다는 것은 짐승에게 예배를 드리는 것과 같으며, 거짓 선지자가 되어 많은 영혼들을 멸망으로 이끌게 되는 것입니다. 오늘날이 성경 말씀에 기준한다면 엄청나게 많은 목자들이 거짓 영에 의해 살아가고 있다는 것을 증명하고 있는 것입니다.

이들은 성령의 열매를 볼 수가 없으며 자신의 배만 채우는 거짓 선지자가 되는 것입니다. 이들은 양들을 이끌 수가 없으며 멸망으로 이끌어 가는 이리와 같은 자들입니다. 이들의 영혼은 어둠 안에서 영적인 환난 속에서 살아갈 수밖에 없는 것입니다. 죄를 지은 자들은 영적인 환난 속에서 살아가게 되는 것이지만, 예수님의 보혈로 속량을 입은 자들은 영원한 안식을 누리며 살아갈 수가 있는 것입니다.

저희는 귀신의 영이라 이적을 행하여 온 천하 임금들에게 가서 하나님 곧 전능하신이의 큰 날에 전쟁을 위하여 그들을 모으더라 **요한계시록 16:14**

저희는 귀신의 영이라 이적을 행하여 온 천하 임금들에게 가서 하나님 곧 전능하신 이의 큰 날에 전쟁을 위하여 그들을 모으더라고 말씀하십니다. 큰 날은 생명이 왕 노릇 하는 은혜와 진리 시대를 의미합니다. 진리는 영원히 변하지 않는 하나님의 나라입니다.

세상 죄는 돌의 나라에게 멸망을 당한다고 말씀하십니다. 예수님께서 십자가에 돌아가심으로 말미암아 율법 시대가 끝나고 생명이 왕 노릇 하시는 은혜와 진리 시대를 맞이하였지만, 우리는 여전히 죄가 있는 육에 머물고 있기 때문에 진리 안으로 들어가지 못하고 있는 것입니다. 진리 안으로 들어갔다면 거룩함을 입었을 것입니다. 무언가 진리의 말씀을 대적하였기 때문에 진리에 이르지 못하고 어둠 안에서 이를 갈고 살아가고 있는 것입니다. 이 삶은 끊임없는 하나님의 심판 속에서 살아가야 한다는 것입니다.

착각을 통해서 가장 피해를 입는 자는 자기 자신입니다. 자신의 죄로 인해 심판의 삶을 살아가야 하기 때문입니다. 그러나 예수 그리스도 안에 있는 자들은 예수님의 능력으로 살아가기 때문에 죄가 없는 것입니다. 그래서 그리스도 안에 있는 자들은 영원한 안식을 누릴 수가 있다는 것입니다. 성령으로 인 맞은 자들이 거의 없다는 것입니다. 성령이 함께하는 자들은 반드시 성령의 열매가 있어야 하는 것입니다. 이 열매가 없다면 그리스도 안에 있는 자들이 아니라는 것입니다. 이 열매가 없는 자들이 소경인 것입니다. 분별력을 가져야 자신의 상태를 인식하며 하나님께 기도할 수가 있는 것입니다.

보라 내가 도적 같이 오리니 누구든지 깨어 자기 옷을 지켜 벌거벗고 다니지 아니하며 자기의 부끄러움을 보이지 아니하는 자가 복이 있도다 **요한계시록 16:15**

보라 내가 도적같이 오리니 누구든지 깨어 자기 옷을 지켜 벌거벗고 다니지 아니하며 자기의 부끄러움을 보이지 아니하는 자가 복이 있다고 말씀하십니다. 자신의 죄를 회개하고 자신의 부끄러움을 보이지 않는 자들이 도적같이 오시는 예수님을 맞이하여 하나님께서 통치하시는 천국 보좌로 나아갈 수가 있는 것입니다.

즉, 성령의 기름을 채워야 구름 위에서 주님을 맞이할 수가 있다는 것입니다. 주님을 영접하기 위해서는 성령의 기름을 채워서 주님께서 왕이시고 통치하시는 빛으로 들어가야 합니다. 우리가 주님을 영접한다는 것은 주님의 나라에 들어가는 것입니다. 주인은 반드시 나라가 있어야 하는 것입니다. 주님의 나라는 빛이며 생명이 있는 곳을 의미하는 것입니다.

세 영이 히브리 음으로 아마겟돈이라 하는 곳으로 왕들을 모으더라 **요한계시록 16:16**

세 영이 히브리 음으로 아마겟돈이라 하는 곳으로 왕들을 모으더라고 말씀하십니다. 이 영들은 예수님께서 멸하신 것입니다. 이미 전쟁이 끝났기 때문에 생명이 왕 노릇 하는 은혜와 진리 시대를 맞이하였지만, 우리가 깨어 있지 못하였기 때문에 생명이 왕 노릇 하는 은혜와 진리 안으로 들어가지 못하고 있는 것입니다. 하나님의 은혜가 있는 보좌로 나아가는 것이 천국입니다.

일곱째가 그 대접을 공기 가운데 쏟으매 큰 음성이 성전에서 보좌로부터 나서 가로되 되었다 하니 **요한계시록 16:17**

일곱째가 그 대접을 공기 가운데 쏟으매 큰 음성이 성전에서 보좌로부터 나서 가로되라고 말씀하십니다. 하나님의 진노는 보좌로부터 나와서 땅에 부어지는 것입니다. 진노도 보좌로부터 나오는 것이지만, 생명수 역시 보좌로부터 나오는 것입니다. 우리가 영이 되지 못하고 육에 머물게 되면 보좌로부터 나오는 심판 안에 머물게 되지만, 영으로 거듭난 자들은 보좌로부터 흘러나오는 생명수를 마실 수가 있는 것입니다. 우리의 믿음의 상태에 따라서 우리는 진노의 그릇이 될 수도 있으며 축복의 그릇이 될 수도 있는 것입니다.

우리는 인식을 하여야 영혼 구원에 이르러 영원히 변하지 않는 진리 안으로 들어갈 수가 있는 것입니다. 그러나 혼미한 영으로 살아가면서 인식까지 못한다면 영원한 멸망으로 가야만 하는 것입니다. 우리가 진리를 이해하지 못하면 소경이 되어 버리는 것입니다. 성령으로 인 맞은 자들이 성령의 가르침을 얻고 진리를 이해할 수가 있는 것입니다. 자신 안에 성령의 열매가 없다면 복음을 가르칠 수가 없는 것입니다. 성령의 가르침만을 통해서 진리를 이해할 수가 있기 때문입니다.

번개와 음성들과 뇌성이 있고 또 큰 지진이 있어 어찌 큰지 사람이 땅에 있어 옴으로 이같이 큰 지진이 없었더라 **요한계시록 16:18**

번개와 음성들과 뇌성이 있고 또 큰 지진에 있어 어찌 큰지 사람이 땅에 있어 옴으로 이같이 큰 지진이 없었더라고 말씀하십니다. 육의 세상은 죄가 있기 때문에 하나님께서 심판을 통해서 흔드는 것입니다. 흔들리지 않는 새로운 세상을 주시기 위한 것이기 때문에 하나님의 심판은 의로우신 것입니다. 세상을 흔든다는 의미는 예루살렘 성을 무너지게 하는 것과 같은 것입니다. 우리에게 영원히 변하지 않는 새 예루살렘 성을 주시기 위한 것입니다.

> 그 때에는 그 소리가 땅을 진동하였거니와 이제는 약속하여 가라사대 내가 또 한 번 땅만 아니라 하늘도 진동하리라 하셨느니라 **히브리서 12:26**

또 한 번 땅만 아니라 하늘도 진동하리라고 말씀하십니다. 여기에서 말씀하시는 땅과 하늘은 첫째 하늘과 땅을 의미합니다. 영원하지 못한 것은 죄입니다. 하나님의 관한 것은 영원한 것입니다. 육은 영원하지 못하며 죄가 있기 때문에 이를 폐지하기 위해서는 흔들어야 합니다. 예수님께서 이 땅에 오신 목적은 첫째 것을 폐하시고 둘째 것을 세우시기 위한 것입니다.

왜! 하나님께서 첫째 것을 폐하셔야 합니까? 첫째 것은 죄가 있어 하나님께서 통치하실 수가 없기 때문에 첫째 하늘과 첫째 땅을 폐하시는 것입니다. 하나님의 의는 새 하늘과 새 땅 안에서 통치가 가능하시기 때문에 첫째 하늘과 땅을 흔들어야 하는 것입니다.

하나님의 은혜 시대에는 누가 왕 노릇 하시고 있습니까? 하나님의 의가 다스리는 나라가 되지 않았습니까? 율법 시대를 첫째 하늘과 첫째 땅이라고 하며 은혜 시대를 새 하늘과 새 땅이라고 하는 것입니다. 율법 시대는 사망이 왕 노릇 하는 시대였지만 은혜 시대는 생명이 왕 노릇 하시기 때문에 새 하늘과 새 땅이라는 것입니다.

예수님께서 이 땅에 오셔서 육신을 드리고 영으로 살리심을 받아 하나님의 뜻을 이미 성취시키신 것입니다. 만약에 예수님께서 성취시키시지 않았다면 우리는 새 사람을 입을 수가 없는 것입니다. 세상과 사람의 구원을 구분하여야 성경을 이해할 수가 있는 것입니다.

예수님께서 우리 죄뿐만 아니라 세상 죄를 가져가셨다고 말씀하십니다. 세상 죄를 가져가셨기 때문에 새 하늘과 새 땅이 왔으며, 우리 죄를 가져가셨기 때문에 새 사람을 입을 수가 있었던 것입니다. 새 하늘과 새 땅은 세상의 구원을 의미하지만, 새 사람은 사람의 구원을 의미합니다. 은혜와 진리 시대는 죄가 없습니다. 하나님의 의가 통치하시는 시대를 맞이하였지만 우리가 하나님의 통치를 받지 못한 이유는 새 사람을 입지 못하고 있기 때문입니다. 하나님의 의는 새 사람 안에서만 통치가 가능한 것입니다.

> 이 또 한번이라 하심은 진동치 아니하는 것을 영존케 하기 위하여 진동할 것들 곧 만든 것들의 변동될 것을 나타내심이니라 **히브리서 12:27**

새 하늘과 새 땅은 영원히 변하지 않는 진리의 시대를 의미합니다. 진리는 영원히 변하지 않는 하나님의 나라입니다. 하나님께서 거하시는 처소는 영원히 변하지 않아야 하는 것입니다. 오늘날 진리 안에 있지 않는 자들이 하나님의 나라를 세 가지로 분류하고 있는 것입니다. 하나님의 통치가 있는 하나님의 나라와, 우리 안에 있어야 할 하나님의 나라와, 예수님께서 가져오셔야 할 하나님의 나라로 분류하고 있는 것입니다.

왜! 우리가 영과 진리로 예배를 드려야 합니까? 영원히 변하지 않는 진리 시대를 맞이하였기 때문에 진리 안에서 예배를 드릴 수가 있는 것입니다. 하나님의 나라를 세 가지로 분리한다는 것은 있을 수가 없다는 것입니다. 이것은 마치 하나님을 나눈다는 의미와 같습니다. 진리는 영원히 변하지 않기 때문에 진리인 것입니다. 우리 안에 있어야 할 하나님의 나라가 영원한 진리인 것입니다.

그러므로 우리가 진동치 못할 나라를 받았은즉 은혜를 받자 이로 말미암아 경건함과 두려움으로 하나님을 기쁘시게 섬길찌니 **히브리서 12:28**

진동치 못할 나라는 영원히 변하지 않는 하나님의 나라를 받았으니 그곳에서 은혜를 받자고 말씀하십니다. 하나님의 은혜는 보좌 안에서만 이루어집니다. 그래서 우리는 하나님의 은혜가 있는 보좌로 나아가 하나님의 나라에 이르는 것입니다.

하나님의 나라가 변하는 나라입니까? 하나님은 어제나 오늘이나 동일하신 분이시기 때문에 거하시는 처소 역시 변하지 않아야 합니다. 변하는 것은 죄가 있다고 말씀드렸습니다. 하나님의 나라 안에는 죄가 있을 수가 없습니다. 즉, 진리는 변하지 않는 하나님의 나라입니다. 성경은 하나님께서 우리에게 영원히 변하지 않는 나라를 주었으니 은혜를 받자고 말씀하시고 있습니다. 우리 안에 있어야 할 하나님의 나라가 영원히 변하지 않는 하나님의 나라입니다.

왜! 우리가 하나님의 자녀가 될 수가 있었습니까? 예수님께서 우리를 죄에서 건져 주셔서 하나님의 나라를 주셨기 때문에 우리가 하나님으로부터 통치를 받는 하나님의 자녀가 된 것입니다. 하나님의 나라가 오지 않았다면 우리는 죄 아래에서 살아가야 합니다. 왜냐하면 하나님은 하나님의 나라 안에서만 통치가 가능하시기 때문입니다.

우리 하나님은 소멸하는 불이심이니라 **히브리서 12:29**

하나님은 소멸하는 불이십니다. 불은 죄를 녹이는 것입니다. 왜냐하면 하나님은 어떠한 경우라도 죄와 함께하시지 않기 때문에 죄를 녹여야 하는 것입니다. 첫째 것은 죄가 있기 때문에 녹여야 하는 것입니다. 그래서 이 땅에 예수님을 보내 주셔서 우리의 죄와 세상 죄를 불로써 심판하여 주셨고, 세상도 하나님께서 다스리는 은혜와 진리 시대를 맞이하였고 우리 역시 하나님의 통치가 있는 보좌로 나아가서 하나님의 자녀가 될 수가 있었던 것입니다.

하나님의 자녀란 영원히 변하지 않는 하나님의 나라 안에 있는 자들입니다. 그래서 우리에게 명령하시고 있는 것입니다. 첫째 사람을 버리고 새 사람을 입으라고 말씀하시고 있는 것입니다. 첫째 사람은 여전히 죄가 있지만 새 사람 안에는 죄가 없기 때문에 하나님과 화목을 이룰 수가 있는 것입니다.

새 사람을 입지 못한 자들은 여전히 하나님의 불 속에서 살아가게 되지만, 새 사람은 영원한 안식 안으로 들어가게 됩니다. 믿음이란 순종입니다. 순종하지 못한 믿음은 육입니다. 순종을 통해서 영으로 거듭날 수가 있는 것입니다. 행위가 아니라 믿음을 통해서 구원이 얻어지는 것입니다. 우리에게 영원히 흔들리지 않는 영적인 세상을 주시기 위해서 우리와 세상을 흔드는 것입니다.

> 큰 성이 세 갈래로 갈라지고 만국의 성들도 무너지니 큰 성 바벨론이 하나님 앞에 기억하신바 되어 그의 맹렬한 진노의 포도주 잔을 받으매 **요한계시록 16:19**

큰 성이 세 갈래로 갈라지고 만국의 성들도 무너지니 큰 성 바벨론이 하나님 앞에 기억하신바 되어 그의 맹렬한 진노의 잔을 받는다고 말씀하십니다. 이 성이 사탄이 지배하는 옛 성을 의미하며, 우리의 죄의 몸을 의미하는 것입니다. 이 죄의 몸이 무너져야 보이지 않는 하나님의 성전이 우리 안에 함께하실 수가 있는 것입니다.

각 섬도 없어지고 산악도 간데 없더라 **요한계시록 16:20**

각 섬도 없어지고 산악도 간데없더라고 말씀하십니다. 죄가 없어졌다는 것입니다. 눈에 보이는 섬과 산악은 영원의 세계로 들어간 것입니다. 이것은 모든 피조물이 하나님의 영광 안으로 들어가서 썩어짐에서 해방을 받을 것을 말씀하시고 있는 것입니다. 쉽게 말씀드려서, 우리에게 하나님의 영이 함께하시면 육에 있지 아니하고 영에 있다고 말씀하신 것입니다.

육은 존재하는 것처럼 보이지만 이미 심판으로 인해 죽어 있기 때문에 영적인 존재가 되게 하신 것처럼, 세상도 하나님의 영광 안에서 하나님의 통치로 말미암아 육에 있지 아니하고 영에 있기 때문에 각 섬과 각 산이 없어졌다고 표현한 것입니다.

왜! 성경은 우리 마음 안에 하나님의 성전이 있다고 말씀하신 것입니까? 눈에 보이는 성전은 잠시 있다가 사라지는 것이기 때문에 영원할 수가 없지만, 보이지 않는 성전은 영원하기 때문에 영생하는 자들이 하나님의 성전 안에서 예배를 드릴 수가 있기 때문입니다.

또 중수가 한 달란트나 되는 큰 우박이 하늘로부터 사람들에게 내리매 사람들이 그 박재로 인하여 하나님을 훼방하니 그 재앙이 심히 큼이러라 **요한계시록 16:21**

또 중수가 한 달란트나 되는 큰 우박이 하늘로부터 사람들에게 내리매 사람들이 그 박재로 인하여 하나님을 훼방하니 그 재앙이 심히 크다고 말씀하십니다. 심판이 오면 자신의 죄를 깨달아 알고 자신의 죄의 몸을 버리는 데 집중하여야 함에도 불구하고, 오히려 하나님을 원망하고 대적을 하게 되는 것은 죄의 본성 때문입니다. 바로 왕에게 하나님의 재앙을 보내어도 계속해서 하나님을 대적한 것은 죄의 본성 때문입니다.

자신에게 다가오는 심판을 피하는 방법은 그리스도 안에 있는 것입니다. 그리스도인은 죄로부터 자유를 얻어 영이 된 자들이며 영원한 안식 안으로 들어간 자들입니다. 죄의 본성을 버리고 하나님의 본성으로 살아가야 하나님께 영광을 올릴 수가 있는 것입니다. 요한계시록의 결론은 우리의 죄의 본성을 죽이기 위해서 하나님께서 우리를 심판하신다는 사실을 인식하고, 믿음의 방향을 세워서 그리스도 안에서 세마포를 입어야 한다는 것입니다.

요한계시록 17장

또 일곱 대접을 가진 일곱 천사 중 하나가 와서 내게 말하여 가로되 이리 오라 많은 물위에 앉은 큰 음녀의 받을 심판을 네게 보이리라 **요한계시록 17:1**

일곱 대접을 가진 일곱 천사 중 하나가 와서 내게 말하여 가로되, 이리 오라 많은 물 위에 앉은 큰 음녀의 받을 심판을 네게 보이리라고 말씀하십니다. 전쟁은 죄의 세상과 예수 그리스도의 싸움입니다. 그리고 이 모든 싸움은 우리에게 하나님의 나라를 주시기 위한 것입니다. 예수님께서 사탄의 머릴 밟아야 하나님께서 만유의 주님이 되시고 만유를 다스릴 수가 있는 것입니다.

땅의 임금들도 그로 더불어 음행하였고 땅에 거하는 자들도 그 음행의 포도주에 취하였다 하고 **요한계시록 17:2**

땅의 임금들도 그로 더불어 음행하였고 땅에 거하는 자들도 그 음행의 포도주에 취하였다고 말씀하십니다. 누가 오늘날 음행에 취하지 않는 자들이 있습니까? 죄에 유혹되어 세상의 것들을 추구하며 살아가고 있지 아니합니까? 세상의 죄에 유혹을 받지 말아야 합니다. 우리가 죄에 복종하는 이유는 세상의 가치를 좇아 음행하였고 음행의 포도주를 마시고 있기 때문입니다. 세상의 것들을 좋아하는 죄의 몸을 죽여야 할 것을 말씀하시고 있는 것입니다.

우리가 그리스도를 주인으로 모시는 이유는 죄를 멸하기 위한 것입니다. 우리 안에 있는 사탄의 머리를 밟아야 우리는 죄로부터 자유하며, 하나님의 통치로 말미암아 영생이 될 수가 있다는 것입니다.

곧 성령으로 나를 데리고 광야로 가니라 내가 보니 여자가 붉은 빛 짐승을 탔는데 그 짐승의 몸에 참람된 이름들이 가득하고 일곱 머리와 열 뿔이 있으며 **요한계시록 17:3**

곧 성령으로 나를 데리고 광야로 가니라 요한이 보니 여자가 붉은 빛 짐승을 탔는데 그 짐승의 몸에 참람된 이름들이 가득하고 일곱 머리와 열 뿔이 있다고 말씀하십니다. 일곱 머리를 가지고 열 왕을 가진 나라는 로마 제국을 의미합니다. 예루살렘 성은 로마 제국에 의해 멸망되는 것입니다. 제사를 가진 율법 시대를 끝내는 것을 종말이라고 하는 것입니다. 은혜와 진리 시대는 죄가 없으며, 생명이 왕 노릇 하심으로 우리는 영원한 생명이 될 수가 있었던 것입니다.

그 여자는 자주 빛과 붉은 빛 옷을 입고 금과 보석과 진주로 꾸미고 손에 금잔을 가졌는데 가증한 물건과 그의 음행의 더러운 것들이 가득하더라 **요한계시록 17:4**

그 여자는 자줏빛과 붉은빛 옷을 입고 금과 보석과 진주로 꾸미고 손에 금잔을 가졌는데, 가증한 물건과 그의 음행의 더러운 것들이 가득하더라고 말씀하십니다. 이 모든 것들은 세상의 죄를 말합니다.

세상의 죄는 보암직스러움과 먹음직스러움으로 우리를 유혹하고 있는 것입니다. 예수님께서 이 땅에 오셔서 세상 죄를 이기시기 위한 것입니다. 우리가 여전히 예수님의 말씀에 복종하지 못하고 세상의 죄에 자신을 준다면 짐승에게 경배를 하게 되는 것입니다.

그 이마에 이름이 기록되었으니 비밀이라, 큰 바벨론이라, 땅의 음녀들과 가증한 것들의 어미라 하였더라 **요한계시록 17:5**

그 이마에 이름이 기록되었으니 비밀이라, 큰 바벨론이라, 땅의 음녀들과 가증한 것들의 어미라 하였더라고 말씀하십니다. 바벨론은 바벨론 제국을 의미하며, 사탄의 머리에 해당됩니다. 바벨론은 네 짐승 중에 한 짐승이며 우리 육체의 머리를 의미하기도 합니다.

또 내가 보매 이 여자가 성도들의 피와 예수의 증인들의 피에 취한지라 내가 그 여자를 보고 기이히 여기고 크게 기이히 여기니 **요한계시록 17:6**

또 보매 이 여자가 성도들의 피와 예수의 증인들의 피에 취한지라 내가 그 여자를 보고 기이히 여기고 크게 기이히 여기니라고 말씀하십니다. 음녀는 예수님의 많은 증인들의 피에 취한 것입니다. 우리 역시 세상의 것들을 추구하고 있다면 음녀에게 복종하게 된다는 것입니다.

천사가 가로되 왜 기이히 여기느냐 내가 여자와 그의 탄바 일곱 머리와 열 뿔 가진 짐승의 비밀을 네게 이르리라 **요한계시록 17:7**

천사가 가로되 왜! 기이히 여기느냐 내가 여자와 그의 탄바 일곱 머리와 열 뿔 가진 짐승의 비밀을 네게 이르리라고 말씀하십니다. 열 뿔 가진 짐승은 우리의 육체를 밟기 위한 것입니다. 음녀에게 속아 넘어간 우리의 죄의 본성을 무너뜨리기 위한 것입니다.

이미 예루살렘 성은 로마 제국으로 인해 멸망당하고, 새 예루살렘 성을 우리 마음에 두신 것입니다. 우리 마음에 새 예루살렘 성이 있어야 예수 그리스도와 연합되어 예수님의 신부가 될 수가 있는 것입니다. 세상의 것이라면 철저하게 배제하며 살아가야 할 것을 우리에게 말씀하시는 것입니다. 사도 바울이 고백하신 것처럼 세상의 것들을 배설물로 여겨야 할 것을 우리에게 말씀하시는 것입니다. 그렇지 아니한다면 우리는 멸망을 당할 수밖에 없다는 것을 말씀하시는 것입니다. 세상의 것들에게는 눈길조차 주지 않아야 영혼 구원이 일어난다는 것입니다.

> 네가 본 짐승은 전에 있었다가 시방 없으나 장차 무저갱으로부터 올라와 멸망으로 들어갈 자니 땅에 거하는 자들로서 창세 이후로 생명책에 녹명되지 못한 자들이 이전에 있었다가 시방 없으나 장차 나올 짐승을 보고 기이히 여기리라 **요한계시록 17:8**

네가 본 짐승은 전에 있었다가 시방 없으나 장차 멸망으로 들어갈 자니, 땅에 거하는 자들로서 창세 이후로 생명책에 녹명되지 못한 자들이 이전에 있었다가 시방 없으나 장차 나올 짐승을 보고 기이히 여기리라고 말씀하십니다. 짐승이 나타나는 목적은 죄가 있는 육적인 세상을 밟기 위한 것입니다. 그리고 죄가 있는 육에 속한 자들 또한 밟기 위한 것입니다.

로마 제국은 요한이 본 시점에서 미래가 됩니다. 동로마와 서로마로 갈라지게 되며 열 왕국을 가지게 된 것은 미래의 일이었던 것입니다. 짐승이란 네 짐승이지만 하나로 보아야 합니다. 한 짐승이 무너지면 또 다른 짐승이 예루살렘 성을 공격하고, 그 짐승이 죽으면 또 다른 짐승이 나타나 이스라엘 민족을 밟게 되는 것입니다.

여기에서 장차 나올 짐승은 로마 제국을 의미하는 것입니다. 이제 로마 제국은 사라졌습니다. 생명이 왕 노릇 하는 하나님의 나라는 은혜와 진리 시대를 의미하지만, 우리는 죄의 몸이 무너질 때 하나님의 은혜가 있는 보좌로 나아갈 수가 있다는 것입니다. 세상의 죄에 경배하는 자들은 소경이며 진리에 이를 수가 없는 것입니다.

지혜 있는 뜻이 여기 있으니 그 일곱 머리는 여자가 앉은 일곱 산이요 **요한계시록 17:9**

지혜 있는 뜻이 여기 있으니 그 일곱 머리는 여자가 앉은 일곱 산이라고 말씀하십니다. 일곱 산으로 둘러싸여 있는 나라는 로마 제국을 의미합니다.

또 일곱 왕이라 다섯은 망하였고 하나는 있고 다른이는 아직 이르지 아니하였으나 이르면 반드시 잠간 동안 계속하리라 **요한계시록 17:10**

로마 제국은 일곱 왕으로 통치하였습니다. 열 왕국이란 의미는 로마 제국 안에 있는 작은 왕국을 의미합니다. 일곱 왕이라 다섯은 망하였고, 하나는 있고, 다른 이는 아직 이르지 아니하였으나 이르면 반드시 잠깐 동안 계속하리라고 말씀하십니다.

이 사건은 요한이 환상을 보는 시점으로 보아야 합니다. 다섯은 망하였다는 의미는 이미 지나갔다는 의미입니다. 다섯 왕인 아우구스투스, 티베리우스, 가이우스, 클라우디우스, 네로 왕은

BC27~AD68 사이에 있었던 로마 제국의 왕입니다. 그리고 현재에 하나는 있다는 나라는 갈바 왕의 나라이며, 미래에 하나가 이른다는 왕은 오토 왕입니다. 요한이 보는 환상은 과거, 현재, 미래입니다. 바벨론 제국, 페르시아 제국, 헬라 제국은 요한이 환상의 시점으로 보면 과거입니다. 그러나 로마 제국은 현재이면서 미래가 됩니다. 짐승이란 나라를 의미하는 것입니다.

> 전에 있었다가 시방 없어진 짐승은 여덟째 왕이니 일곱 중에 속한 자라 저가 멸망으로 들어가리라 **요한계시록 17:11**

전에 있었다가 시방 없어진 짐승은 여덟째 왕이며, 그는 비텔리우스 왕입니다. 오토 왕과 비텔리우스 왕은 같은 해의 왕입니다. 두 황제의 통치 기간이 일 년이 채 되지 못하였던 것입니다.

율법 시대가 끝나고 은혜와 진리 시대가 온 것은 AD70년입니다. 요한이 본 이 환상은 AD68년경인 것 같습니다. 사망이 왕 노릇 하는 율법 시대가 끝난 시대가 종말인 것입니다. 은혜와 진리 시대는 생명이 왕 노릇 하는 하나님의 나라입니다. 더 이상 사망이 없는 하나님의 나라가 되었다는 것입니다.

로마 제국이 이스라엘을 통치하였으며 예루살렘 성을 무너지게 하였던 것입니다. 하나님께서 예루살렘 성을 멸망을 시킨 것은 새 예루살렘 성을 주시기 위한 것입니다. 새 예루살렘 성이란 우리 마음에 부어진 성전을 의미합니다. 우리 안에 하나님께서 거하실 처소가 성전인 것입니다. 새 예루살렘 성이 우리 안에 있지 아니하면 우리는 하나님과 동행할 수가 없는 것입니다. 새 성 안에 있어야 하나님을 아버지라고 부를 수가 있는 것입니다.

네가 보던 열 뿔은 열 왕이니 아직 나라를 얻지 못하였으나 다만 짐승으로 더불어 임금처럼 권세를 일시 동안 받으리라 **요한계시록 17:12**

네가 보던 열 뿔은 열 왕이니 아직 나라를 얻지 못하였으나 다만 짐승으로 더불어 임금처럼 권세를 일시 동안 받으리라고 말씀하십니다. 이 열 왕은 로마 제국 안에 있는 열 왕을 의미합니다. 동로마와 서로마 안에 있는 열 왕국을 의미하며, 요한이 환상으로 보는 시점에서는 열 왕국이 미래인 것입니다. 그래서 나라를 얻지 못하였다고 표현한 것입니다.

열 왕국을 가진 로마 제국은 우리의 육체로는 두 개의 종아리를 의미하며, 열 왕은 우리의 발가락을 의미합니다. 로마 제국은 동로마, 서로마로 갈라진 열 개 왕국을 가진 나라입니다. 앵글로색슨, 프랑크, 알라만, 롬바르드, 수에비, 서고트, 헬루리, 반달, 동고트, 부르군트 이 열 개의 나라를 의미합니다.

저희가 한 뜻을 가지고 자기의 능력과 권세를 짐승에게 주더라 **요한계시록 17:13**

저희가 한 뜻을 가지고 자기의 능력과 권세를 짐승에게 주었다고 말씀하십니다. 이 짐승은 나라를 의미하지만, 배후에는 사탄이 있는 것입니다.

저희가 어린 양으로 더불어 싸우려니와 어린 양은 만주의 주시요 만왕의 왕이시므로 저희를 이기실터이요 또 그와 함께 있는 자들 곧 부르심을 입고 빼내심을 얻고 진실한 자들은 이기리로다 **요한계시록 17:14**

저희가 어린양과 더불어 싸우려니와 어린양은 만주의 주시요 만왕의 왕이시니 저희를 이기실 터이요 또한 그와 함께 부르심을 입고 빼내심을 얻고 진실한 자들은 이기리로다라고 말씀하십니다. 이 싸움은 외형적으로는 여러 나라들이 이스라엘 민족을 침입하여 나라를 밟는 것이지만, 내적으로는 사탄과 예수님의 싸움입니다. 이미 이 싸움은 예수님께서 사탄의 머리를 밟고 이기신 것입니다. 이겼기 때문에 하나님께서 만유의 주님이 되시고 만유를 다스릴 수가 있었던 것입니다.

문제는 우리입니다. 예수 그리스도 안에 있는 자들도 사탄을 이긴다는 것은 진리입니다. 왜냐하면 예수 그리스도의 능력으로 살아가는 자들이 그리스도인이라고 말씀하시기 때문입니다. 오늘날 우리가 사탄을 이기지 못하는 이유는 육에 머물고 있기 때문입니다. 성령으로 거듭난 자들은 사탄을 이길 수가 있어 죄로부터 자유할 수가 있지만, 성령이 함께하시지 않는다면 죄에 복종할 수밖에 없는 것입니다. 이마에 인 맞은 자가 되어야 예수님의 능력으로 죄를 이길 수가 있다는 것입니다.

또 천사가 내게 말하되 네가 본바 음녀의 앉은 물은 백성과 무리와 열국과 방언들이니라 **요한계시록 17:15**

또 천사가 요한에게 말하되 네가 본바 음녀의 앉은 물은 백성과 무리와 열국과 방언들이라고 말씀하십니다. 모든 백성과 무리와 열국을 사탄이 다스리고 있는 것입니다. 율법 시대는 죄가 다스리는 시대였지만, 예수님께서 세상을 이기시고 하나님의 나라를 하나님께 바쳤기 때문에 하나님께서 만유의 주님이 되셨던 것입니다.

은혜와 진리 시대는 생명이 왕 노릇 하는 하나님의 나라입니다. 문제는 우리의 믿음이 부족하여 하나님의 은혜가 있는 곳으로 이르지 못한 것입니다. 믿음이 자라나서 이르는 곳은 하나님의 의가 있는 진리의 세상입니다. 진리에 이를 때 우리는 하나님의 은혜가 있는 보좌에 들어가서 하나님의 통치 속에서 살아갈 수가 있으며, 생명이 될 수가 있는 것입니다.

> 네가 본바 이 열 뿔과 짐승이 음녀를 미워하여 망하게 하고 벌거벗게 하고 그 살을 먹고 불로 아주 사르리라 **요한계시록 17:16**

네가 본바 이 열 뿔과 짐승이 음녀를 미워하여 망하게 하고 벌거벗게 하고 그 살을 먹고 불로 아주 사르리라고 말씀하십니다. 로마 제국이 이스라엘 민족의 예루살렘 성을 무너뜨린 것은 음녀를 무너뜨린 것입니다. 옛 성은 음녀가 주관하는 세상이지만, 새 성은 하나님께서 주권을 가지시고 통치하시는 곳입니다. 옛 성이란 우리의 육체를 의미하지만, 새 성은 영의 몸을 의미합니다. 새 성으로 들어가야 하나님을 아버지라고 부를 수가 있는 것입니다.

> 너희가 아들인고로 하나님이 그 아들의 영을 우리 마음 가운데 보내사 아바 아버지라 부르게 하셨느니라 **갈라디아서 4:6**

예수 그리스도의 영을 우리 마음에 보내사 하나님을 아버지라고 부르게 하셨다고 말씀하십니다. 그리스도의 영은 생명입니다. 이 생명이 우리 안에 있을 때 비로소 우리는 하나님을 아버지라고 부를 수가 있는 것입니다. 예수 그리스도의 영이 함께하시지 않는다면 하나님을 아버지라고 부를 수가 없는 것입니다.

그리스도의 영이 함께하시기 위해서는 복종을 하여야 합니다. 육은 예수님의 말씀에 복종하고 싶어도 할 수가 없지만 영으로 거듭나면 예수님의 말씀에 복종하고 하나님을 아버지라고 부를 수가 있는 것입니다. 우리가 죄를 짓고 살아가는 이유는 예수님의 말씀에 복종하지 않는 육에 머물고 있기 때문입니다. 믿음이 자라나서 속 사람이 강건하여질 때 비로소 예수님의 말씀에 복종하며 죄로부터 자유할 수가 있는 것입니다.

하나님이 자기 뜻대로 할 마음을 저희에게 주사 한 뜻을 이루게 하시고 저희 나라를 그 짐승에게 주게 하시되 하나님 말씀이 응하기까지 하심이니라 **요한계시록 17:17**

하나님이 자기 뜻대로 할 마음을 저희에게 주사 한 뜻을 이루게 하시고 저희 나라를 그 짐승에게 주게 하시되 하나님의 말씀이 응하기까지 하심이라고 말씀하십니다. 짐승들이 이스라엘 민족을 밟는 이유는 옛 성이 무너지게 하고 새 성 안에서 하나님을 아버지라고 부를 수 있도록 하기 위한 것입니다. 심판의 목적은 우리로 죄로부터 건져서 하나님의 자녀가 되기 위한 것입니다. 이것이 복음이며 생명인 것입니다.

예수님께서 사탄을 이기셨기 때문에 영원하신 하나님과 연합되어 생명이 되게 하신 것입니다. 생명이 되기 위해서는 옛 성을 버리시고 새 성으로 갈아입어야 합니다. 그래야 하나님의 은혜가 있는 보좌로 나아갈 수가 있는 것입니다.

또 네가 본바 여자는 땅의 임금들을 다스리는 큰 성이라 하더라 **요한계시록 17:18**

요한이 본바 여자는 땅의 임금들을 다스리는 큰 성이라고 말씀하십니다. 눈에 보이는 성은 옛 성이며 우리의 육체이기도 합니다. 우리가 육체에 머물게 되면 음녀가 우리를 지배하게 되지만, 영에 머물면 하나님을 아버지라고 부를 수가 있는 것입니다.

죄로부터 자유하기 위해서는 육체의 정욕을 좇아 살아가는 옛 사람을 버려야 합니다. 하나님의 주권 아래 살아가기 위해서는 자신을 부인하고 십자가를 지고 따라야 하는 것입니다. 예수님의 말씀에 불복종하고 있다는 것은 아직도 믿음이 자라나지 못하고 육에 머물고 있다는 것입니다, 그 사실을 인식하고 영혼 구원을 위해서 좁은 길로 가야 합니다.

요한계시록 18장

이 일 후에 다른 천사가 하늘에서 내려오는 것을 보니 큰 권세를 가졌는데 그의 영광으로 땅이 환하여지더라 **요한계시록 18:1**

이 일 후에 다른 천사가 하늘에서 내려오는 것을 보니 큰 권세를 가졌는데 그의 영광으로 땅이 환하여지더라고 말씀하십니다. 예수님께서 사탄을 이기시고 하늘과 땅을 하나로 통일하신 것입니다. 즉, 육의 세상이 영과 연합되어 하나님의 영광의 나라로 변하였던 것입니다. 예수님께서 성소의 휘장을 열어 주셨기 때문에 하나님의 성소에서 생명수가 흘러 만국을 적시게 되는 것입니다.

힘센 음성으로 외쳐 가로되 무너졌도다 무너졌도다 큰 성 바벨론이여 귀신의 처소와 각종 더러운 영의 모이는 곳과 각종 더럽고 가증한 새의 모이는 곳이 되었도다 **요한계시록 18:2**

힘센 음성으로 외쳐 가로되 무너졌다고 말씀하십니다. 바벨론은 음녀의 머리입니다. 예수님께서 사탄의 머리를 밟았기 때문에 하나님의 나라가 된 것입니다. 바벨론은 각종 귀신의 처소와 각종 더러운 영이 모이는 곳과 각종 더럽고 가증한 새가 모이는 곳이 되었다고 말씀하십니다. 바벨론이란 죄가 있는 육의 세상을 의미합니다. 예수님께서 사탄의 머리를 밟았다는 것은 영의 세상이 되었다는 것입니다. 죄가 없는 세상이 하나님의 나라입니다.

예수님의 보혈로 죄 사함을 받은 자들이 하나님의 나라가 있는 것입니다. 죄에 복종한다는 것은 자신 안에 하나님께서 거하실 처소가 완성되지 않았다는 것입니다. 즉 더러운 영이 모이는 곳이 되었다는 것입니다.

그 음행의 진노의 포도주를 인하여 만국이 무너졌으며 또 땅의 왕들이 그로 더불어 음행하였으며 땅의 상고들도 그 사치의 세력을 인하여 치부하였도다 하더라
요한계시록 18:3

그 음행의 진노의 포도주로 인하여 만국이 무너졌으며 또 땅의 왕들이 그로 더불어 음행하였으며 땅의 상고들도 그 사치의 세력을 인하여 치부하였다고 말씀하십니다. 죄는 우리를 보암직스러움과 먹음직스러움으로 유혹합니다. 세상의 것들로 치부한다는 것은 음행인 것입니다.

만국이 무너졌다는 의미는 세상의 것들로 우리를 유혹하는 세상이 무너졌다는 것입니다. 그러나 우리가 여전히 세상의 것들로 치부한다면 죄 아래에서 살아갈 수밖에 없다는 것입니다. 예수 그리스도의 피로 말미암아 만국이 무너졌다는 것입니다. 육의 세상은 무너졌으며 영의 세상이 되었다는 것입니다. 예수님께서 우리와 세상 죄를 가져가셨던 것입니다.

여기에서 우리는 그리스도 안에 있는 자들입니다. 죄를 짓고 있다

는 것은 그리스도 안에 있지 아니하고 있다는 것입니다. 예수님의 자녀란 예수님의 능력으로 살아가기 때문에 죄로부터 자유할 수가 있다는 것입니다. 영으로 거듭나지 않으면 그리스도인이 될 수가 없는 것입니다. 육은 죄의 몸이며 영은 의의 몸이고 생명인 것입니다.

> 그 음행의 진노의 포도주를 인하여 만국이 무너졌으며 또 땅의 또 내가 들으니 하늘로서 다른 음성이 나서 가로되 내 백성아, 거기서 나와 그의 죄에 참예하지 말고 그의 받을 재앙들을 받지 말라 **요한계시록 18:4**

그 음행의 진노의 포도주를 인하여 만국이 무너졌으며 하늘로서 음성이 나서 가로되 내 백성아 거기서 나와 그의 죄에 참예하지 말고 그의 받을 재앙들을 받지 말라고 말씀하십니다. 예수님의 보혈로 육의 세상은 멸망을 받았습니다. 그리고 백성더러 나오라는 의미는 멸망당할 죄의 몸에서 나오라는 것입니다. 그곳에 머물면 죄에 참예하게 되고 재앙을 받게 되니 그곳에서 나오라는 것입니다. 옛 사람을 버리고 새 사람을 입으라는 것입니다. 육체의 정욕을 좇아 살아가는 자들은 멸망 안에서 하나님의 심판 속에서 살아가게 되는 것입니다.

> 그 죄는 하늘에 사무쳤으며 하나님은 그의 불의한 일을 기억하신지라 **요한계시록 18:5**

그 죄는 하늘에 사무쳤으며 하나님은 그의 불의한 일을 기억하셨다고 말씀하십니다. 하나님은 죄를 심판하는 분이십니다. 심판을 통하여서 우리를 회복시켜 주시기 위한 것입니다. 하나님께서 심판하실 때 우리는 죄를 깨닫고 육체의 정욕을 좇아가는 죄의 몸을 버리는 것입니다. 죄를 짓는 가운데 영으로 거듭나는 일들은 없습니다.

그가 준 그대로 그에게 주고 그의 행위대로 갑절을 갚아주고 그의 섞은 잔에도 갑절이나 섞어 그에게 주라 **요한계시록 18:6**

그가 지은 죄대로 갚아 주고 그의 행위대로 갑절을 갚아 주고 그의 섞은 잔에도 갑절이나 섞어 그에게 주라고 말씀하십니다. 하나님은 죄에 대한 것은 분명하게 갚아 주십니다. 그것도 갑절이나 주라고 말씀하십니다. 하나님께서는 죄에 대하여 보응하시는 분이시기 때문에 두려워해야 합니다.

왜! 우리는 죄에 복종하며 살아가고 있습니까? 분명한 것은 자신이 죄에 대하여 갑절이나 보응을 받고 살아가기 때문에 은혜가 없다는 것입니다. 하나님의 은혜가 있었다면 죄로부터 자유를 얻었을 뿐 아니라 영원한 안식을 누렸을 것입니다. 우리에게 영원한 안식이 없다면 하나님의 자녀가 되지 못하였다는 사실을 인식하고, 기도로 통하여 구하여야 하는 것입니다.

그가 어떻게 자기를 영화롭게 하였으며 사치하였든지 그만큼 고난과 애통으로 갚아 주라 그가 마음에 말하기를 나는 여황으로 앉은 자요 과부가 아니라 결단코 애통을 당하지 아니하리라 하니 **요한계시록 18:7**

그가 어떻게 자기를 영화롭게 하였으며 사치하였든지 그만큼 고난과 애통으로 갚아 주라고 말씀하십니다. 겉 사람 안에 머물게 되면 자신을 영화롭게 하며 사치를 하게 됩니다. 자신에게 그만큼 고난과 애통이 따른다는 것입니다.

그러나 그들은 결단코 애통당하지 않을 것이라고 말합니다. 이것은 자신의 결정 사항이 아닙니다. 주님께서 심판자이시기 때문에 주님께서 심판하시고자 하면 하시는 것입니다. 죄를 짓고도 감각이 없다면 고난과 고통의 연속 속에서 살아갈 수밖에 없는 것입니다. 애통을 당하지 않는다는 것은 착각일 뿐입니다. 우리가 죄의 몸 아래에서 살아가면 고난과 고통이 올 수밖에 없는 것입니다. 그러나 의의 몸을 입고 살아가는 자들은 고통이 아니라 하나님의 안식 아래에서 살아갈 수가 있는 것입니다.

그러므로 하루 동안에 그 재앙들이 이르리니 곧 사망과 애통과 흉년이라 그가 또한 불에 살라지리니 그를 심판하신 주 하나님은 강하신 자이심이니라 **요한계시록 18:8**

그러므로 하루 동안에 그 재앙들이 이르리니 곧 사망과 애통과 흉년이라고 말씀하십니다. 자신의 죄로 인해 받는 하나님의 심판인 것입니다. 하나님을 두려워하시기를 바랍니다. 죄에 머무는 육에서 벗어나야 하는 것입니다. 육에서 벗어나지 못하면 하나님의 심판을 피할 수가 없는 것입니다. 죄를 짓고 살아가는 것이 얼마나 두려운 것인지를 이해하지 못하고 살아가고 있는 것입니다.

그와 함께 음행하고 사치하던 땅의 왕들이 그 불붙는 연기를 보고 위하여 울고 가슴을 치며 **요한계시록 18:9**

세상과 함께 음행하고 사치하던 땅의 왕들이 그 불붙는 연기를 보고 위하여 가슴을 친다고 말씀하십니다. 음행하고 사치하는 땅은 육을 의미합니다. 육의 종말을 맞이하기 위해서는 심판을 하여야 합니다. 그래서 예루살렘 성을 불에 태우는 것입니다.

이 사실을 보고 있는 땅의 왕들은 가슴을 치고 애통해하는 것입니다. 땅에 가치를 두고 살아가는 자는 세상이 무너지는 것을 보고 울고 가슴을 치게 되는 것입니다. 그러나 하늘에 가치를 두고 살아가는 자들은 세상의 것들에 관심을 가지지 않게 됩니다. 예수 그리스도 안에 있다는 그 삶이 영혼 구원이며 평안이기 때문입니다.

> 그 고난을 무서워하여 멀리 서서 가로되 화 있도다 화 있도다 큰 성, 견고한 성 바벨론이여 일시간에 네 심판이 이르렀다 하리로다 **요한계시록 18:10**

그 고난을 무서워하여 멀리 서서 가로되 화 있도다 화 있도다 큰 성, 견고한 성 바벨론이여 일 시간에 네 심판이 이르렀다 하리로다 라고 말씀하십니다. 바벨론 성은 사탄의 머리입니다. 즉 육의 세상이 무너진다는 의미이며, 동시에 우리의 육체를 심판하신다는 것입니다. 우리가 깨어 있지 못하고 육에 머물고 있다면 하나님의 심판은 피할 수가 없다는 것입니다.

> 땅의 상고들이 그를 위하여 울고 애통하는 것은 다시 그 상품을 사는 자가 없음이라 **요한계시록 18:11**

땅의 상인들이 그를 위하여 울고 애통하는 것은 다시 그 상품을 사는 자가 없음이라고 말씀하십니다. 이미 육의 세상이 무너졌기 때문에 상품을 사는 자가 없다는 것입니다. 이제 우리는 자신의 육체를 빠져나오기 위해서 옛 사람이 버려지도록 기도로써 간구해야 합니다. 그곳은 이미 무너진 성입니다. 예수 그리스도께서 보혈의 피를 흘려 주셔서 육의 종말을 이루게 하신 것입니다. 보이는 것과 먹음직스러움에 더 이상 유혹되지 않아야 할 것을 말씀하시고 있는 것입니다.

그 상품은 금과 은과 보석과 진주와 세마포와 자주 옷감과 비단과 붉은 옷감이요 각종 향목과 각종 상아 기명이요 값진 나무와 진유와 철과 옥석으로 만든 각종 기명이요 **요한계시록 18:12**

그 상품은 금과 은과 보석과 진주와 세마포와 자주 옷감과 비단과 붉은 옷감이요, 각종 향목과 각종 상아 기명이요, 값진 나무와 진유와 철과 옥석으로 만든 각종 기명이라고 말씀하십니다. 육의 세상은 이미 무너져 있기 때문에 이 상품의 가치는 떨어진 것입니다. 이제는 영의 세상을 맞이하였기 때문에 손으로 만든 시대는 사라졌다는 것입니다. 가치가 상실되었기 때문에 손으로 지은 상품에 관심을 가지지 말아야 하는 것입니다.

우리가 세상의 것에 관심을 가지면 음행이 되는 것입니다. 예수님의 신부들은 예수님과 연합되는 것이지 세상 죄와 연합되는 것은 아닙니다. 세상의 것에 관심을 가지고 살아간다는 것은 예수님을 버려야 하기 때문에 영적 간음이 되는 것입니다.

계피와 향료와 향과 향유와 유향과 포도주와 감람유와 고운 밀가루와 밀과 소와 양과 말과 수레와 종들과 사람의 영혼들이라 **요한계시록 18:13**

계피와 향료와 향과 향유와 유향과 포도주와 감람유와 고운 밀가루와 밀과 소와 양과 말과 수레와 종들과 사람의 영혼이라고 말씀하십니다. 이 모든 것들은 사라진 것들입니다. 왜냐하면 땅과 하늘이 통일을 이루어서 영원한 진리 세상이 되었기 때문입니다.

> 바벨론아 네 영혼의 탐하던 과실이 네게서 떠났으며 맛 있는 것들과 빛난 것들이 다 없어졌으니 사람들이 결코 이것들을 다시 보지 못하리로다 **요한계시록 18:14**

바벨론아 네 영혼의 탐하던 과실이 네게서 떠났으며 맛있는 것들과 빛난 것들이 다 없어졌으니 사람들이 결코 이것들을 다시 보지 못할 것이라고 말씀하십니다. 사탄의 지배는 육입니다. 이미 예수님께서 사탄의 머리를 밟았다는 것은 육의 세상이 멸망을 당하고 모든 세상은 영적인 세상이 되었다는 것입니다. 은혜와 진리 시대는 죄가 없는 영의 시대인 것입니다. 즉, 모든 피조물이 하나님의 영광 안으로 들어갔다는 것입니다.

우리가 탐하던 과실이 하나님의 영광 안으로 들어갔기 때문에 육에 속한 자들은 가질 수가 없다는 의미인 것입니다. 우리가 마음의 평안을 잃어버리고 과실을 먹어도 맛이 나지 않습니다.

> 바벨론을 인하여 치부한 이 상품의 상고들이 그 고난을 무서워하여 멀리 서서 울고 애통하여 **요한계시록 18:15**

바벨론을 인하여 치부한 이 상품의 상고들이 그 고난을 무서워하여 멀리 서서 울고 애통한다고 말씀하십니다. 바벨론은 죄이며 겉사람을 의미합니다. 겉 사람의 속성은 자신을 치부하고 드러내려고 하는 것입니다. 이들은 세상에 대한 염려로 고난 속에서 애통하게 되는 것입니다. 그러나 영으로 거듭난 자들은 세상의 것들을 염려하지 않으며, 자신에게 주어진 것들에 만족하며 살아가게 되는 것입니다.

육에 속한 자들의 삶은 온통 두려운 것뿐이기 때문에 평강을 가질 수가 없는 것입니다. 영으로 거듭난 자들이 어떠한 상황이 와도 두려워하지 않는 것은 하나님께서 함께하시기 때문입니다.

> 가로되 화 있도다 화 있도다 큰 성이여 세마포와 자주와 붉은 옷을 입고 금과 보석과 진주로 꾸민 것인데 **요한계시록 18:16**

화 있도다 큰 성이여 세마포와 자주와 붉은 옷을 입고 금과 보석과 진주로 꾸민 것인데라고 말씀하십니다. 이 말씀은 우리의 옛 사람을 의미합니다. 옛 성 안에 살아가는 자들은 화가 있는 것입니다. 자신의 치장을 위해 세마포와 자주와 붉은 옷을 입고 금과 보석과 진주로 꾸민 자들입니다. 이들은 옛 성이 무너지기까지 고통 속에서 살아간다는 것입니다. 그러나 옛 성을 버리고 새 성 안에 있는 자들은 심판을 받지 아니하며 영원한 안식을 누릴 수가 있는 것입니다.

> 그러한 부가 일시간에 망하였도다 각 선장과 각처를 다니는 선객들과 선인들과 바다에서 일하는 자들이 멀리 서서 **요한계시록 18:17**

그러한 부가 일시 간에 망하였다고 말씀하십니다. 예수님께서 큰 성을 이기고 무너지게 한 것입니다. 세상의 예루살렘 성과 우리의 육체를 무너지게 한 것입니다. 자신의 부를 위해 살아왔던 모든 것들이 무너지니 망하였다는 것입니다. 세상의 가치를 좇아 살아가는 자들은 멸망을 좇아가지만 예수님만을 바라보고 달리는 자들은 영생이 될 수가 있는 것입니다.

선장과 각처를 다니는 선객들과 바다에서 일하는 자들이 멀리 서서 무너지고 있는 예루살렘 성, 곧 음녀가 다스리는 옛 성이 무너지는 것을 바라보고 애통해하는 것입니다.

그 불붙는 연기를 보고 외쳐 가로되 이 큰 성과 같은 성이 어디 있느뇨 하며 **요한계시록 18:18**

불붙는 연기를 보고 외쳐 가로되 이 큰 성과 같은 성이 어디 있느뇨 하며 애통해하는 것입니다. 이 성은 예루살렘 성을 의미합니다. 로마군에게 핍박을 받으며 이 성은 돌 위에 돌 하나 남김없이 멸망을 하게 되는 것입니다. 우리에게 새 성을 주시기 위한 하나님의 은혜입니다. 옛 성은 썩어 영원할 수가 없지만 새 성은 썩지 아니하며 영원한 것입니다. 새 예루살렘 성을 우리 마음에 두고 하나님께서 우리와 동행하시기를 원하시는 것입니다.

보이는 것은 잠깐이며 보이지 않는 것이 영원한 것입니다. 우리는 옛 성이 무너지기를 두려워하지 않고 반갑게 맞이하여야 하는 것입니다. 우리에게 새 성을 주어 하나님을 아버지라고 부를 수 있게 된 것입니다. 새 성은 영원히 변하지 않는 하나님의 나라입니다. 영으로 거듭난 자들은 이미 영생이 되었으며, 하나님의 나라 안에서 하나님으로부터 통치를 받을 수가 있는 것입니다. 하나님의 통치는 죄가 아니라 의입니다.

티끌을 자기 머리에 뿌리고 울고 애통하여 외쳐 가로되 화 있도다 화 있도다 이 큰 성이여 바다에서 배 부리는 모든 자들이 너의 보배로운 상품을 인하여 치부하였더니 일시간에 망하였도다 **요한계시록 18:19**

티끌을 자기 머리에 뿌리고 울고 애통하여 외쳐 가로되 화 있도다 화 있도다 이 큰 성이여 바다에서 배 부리는 모든 자들이 너의 보배로운 상품을 인하여 치부하였더니 일시 간에 망하였다고 말씀하십니다. 모든 것들은 같은 맥락으로 이해하여야 합니다. 결국은 우리 안에 있는 옛 성을 무너뜨리기 위해서 하나님께서 주시는 은혜인데, 깨달음이 없는 자들은 겉 사람이 가지고 있는 육체의 정욕을 좇아 살아가기 때문에 육체가 무너지는 것을 반가워하지 않고 오히려 애통해하는 것입니다. 자신을 위해 치장을 하며 꾸몄던 모든 것들이 한순간에 무너지게 되니 울며 통곡하게 되는 것입니다.

세상의 큰 성과 우리 안에 있는 옛 성은 같은 의미를 두고 있는 것입니다. 옛 성이 무너져야 새 성 안에서 하나님을 아버지라고 부를 수가 있는 것입니다. 은혜와 진리 시대는 눈에 보이는 세상이 아니라 눈에 보이지 않는 영원한 세상이 된 것입니다. 왜냐하면 예수님께서 세상 죄를 지고 가셨기 때문입니다. 죄로부터의 자유는 영생을 의미합니다. 피조물도 하나님의 영광 안으로 들어가서 영생이 되었듯이, 우리도 새 사람을 입어 하나님의 영광 안으로 들어가서 영원한 생명이 되어야 할 것을 말씀하시고 있는 것입니다.

> 하늘과 성도들과 사도들과 선지자들아 그를 인하여 즐거워하라 하나님이 너희를 신원하시는 심판을 그에게 하셨음이라 하더라 **요한계시록 18:20**

하늘과 성도들과 사도들과 선지자들아 그를 인하여 즐거워하라 하나님이 너희를 신원하시는 심판을 그에게 하셨음이라고 말씀하십니다. 영으로 거듭난 자들은 죄와 사망의 법에서 해방을 받아 영원한 생명이 되었지만, 불복종하여 육체의 정욕을 좇아 살아가는 자들은 이미 심판을 받아 멸망 안에 있는 것입니다. 즉, 영생이 되지 못하고 영원한 사망 안에 있는 심판을 받았던 것입니다.

이것은 하나님의 결정하시는 부분이기 때문에 끊임없는 기도로써 영혼 구원이 이루어지기를 바라는 자가 되어야 합니다. 육에 머문다는 것은 사망의 몸 안에 머무는 것이며 이 삶은 고난과 고통 속에서 살아가는 것입니다. 그러나 영에 머물게 되면 생명이 되어 영원한 안식을 누릴 수가 있다는 것을 요한계시록이 보여 주고 있는 것입니다.

> 이에 한 힘센 천사가 큰 맷돌 같은 돌을 들어 바다에 던져 가로되 큰 성 바벨론이 이같이 몹시 떨어져 결코 다시 보이지 아니하리로다 **요한계시록 18:21**

이에 한 힘센 천사가 큰 맷돌 같은 돌을 들어 바다에 던져 가로되 큰 성 바벨론이 이같이 몹시 떨어져 결코 다시 보이지 아니하더라고 말씀하십니다. 하나님께서는 죄가 있는 큰 성을 하나님의 영광 안으로 던지셨기 때문에 다시는 보이지 않더라고 말씀하신 것입니다.

우리가 바라보는 세상은 허상입니다. 실제의 성이 아닌 것입니다. 실제의 성은 우리 마음 안에 있는 것입니다. 하나님께서 우리와 동행하시기 위해서 하나님의 성전을 우리 마음에 부어 주신 것입니다. 성령으로부터 죄와 사망의 법에서 해방을 받은 자들이 영생이 되어 영원한 안식 안으로 들어가게 되는 것입니다. 심판은 죄 때문입니다. 그러나 죄의 몸 안에서 해방 받은 삶은 심판 없는 삶을 살아가기 때문에 영원한 안식을 누릴 수가 있는 것입니다.

세상의 피조물은 하나님의 영광 안으로 들어갔기 때문에 결코 다시 보이지 않더라고 말씀하십니다. 우리가 바라보고 있는 세상은 허상입니다. 실제 세상은 믿음으로 보아야 하는 것입니다. 허상인 육의 삶에 우리는 투자하지 말아야 합니다. 어떤 의미도 없으며 오히려 심판을 받게 되는 어려움에 처하게 되는 것입니다.

또 거문고 타는 자와 풍류하는 자와 퉁소 부는 자와 나팔 부는 자들의 소리가 결코 다시 네 가운데서 들리지 아니하고 물론 어떠한 세공업자든지 결코 다시 네 가운데서 보이지 아니하고 또 맷돌 소리가 결코 다시 네 가운데서 들리지 아니하고
요한계시록 18:22

또 거문고 타는 자와 풍류하는 자와 퉁소 부는 자와 나팔 부는 자들의 소리가 결코 다시 네 가운데서 들리지 아니하고 또 맷돌 소리가 결코 다시 네 가운데서 들리지 아니하였다고 말씀하십니다. 육에 속한 자들은 영의 글을 바라보고도 보지 못하고, 들어도 듣지 못하는 영적 소경이 되어 버린 것입니다. 진리의 소리를 듣기 위해서는 생명이 되어야 하는 것입니다.

하나님과의 화목은 영원한 생명을 의미합니다. 왜냐하면 죄가 없는 하나님의 나라가 있기 때문입니다. 하나님의 나라는 진리이기 때문에 영원히 변하지 않는 것입니다. 영원히 변하지 않는 하나님의 나라를 우리는 이미 받았지만, 세상의 가치를 좇아 살아가기 때문에 들어가지 못하는 것입니다. 하나님의 나라로 들어가지 못한 목자들은 자신이 들어가지 못한 하나님의 나라 문 앞에서 많은 영혼들을 들어가지 못하도록 막고 있는 것입니다. 진리 안에서 거룩함을 입어 많은 영혼들을 빛으로 인도하여야 하는데 오히려 많은 성도들이 빛으로 들어가지 못하도록 막고 있는 것입니다.

하나님으로부터 통치를 받기 위해서는 하나님의 나라로 들어가야 하는 것입니다. 그러나 우리가 옛 성을 버리지 못한다면 결코 하나님의 나라로 들어가지 못하게 되는 것입니다. 새 성은 영원한 생명으로 연합된다는 의미입니다. 영원한 생명이 되어야 하나님을 아버지라고 부를 수가 있는 것입니다. 새 성 안에 있지 아니하면 어둠 안에서 이를 갈게 되는 것입니다. 이미 예수님께서 모든 것을 성취하

시고 우리를 초대하셨지만, 자신의 육체를 위해 살아가기 위해서 초대에 응하지 않는 것입니다. 즉, 빛으로 들어가지 못하고 어둠 안에서 고통을 받고 살아가고 있는 것입니다.

> 등불 빛이 결코 다시 네 가운데서 비취지 아니하고 신랑과 신부의 음성이 결코 다시 네 가운데서 들리지 아니하리로다 너의 상고들은 땅의 왕족들이라 네 복술을 인하여 만국이 미혹되었도다 **요한계시록 18:23**

등불 빛이 결코 다시 네 가운데서 비취지 아니하고 신랑과 신부의 음성이 결코 다시 네 가운데서 들리지 아니하리라고 말씀하십니다. 이들은 영적인 존재가 아니기 때문에 빛이 비추지 못하고 신랑 되신 예수님의 음성을 듣지 못하게 되는 것입니다. 하나님의 어린양들은 예수님께서 문밖에서 두드리시면 그 음성을 듣고 예수님께서 들어오실 수 있도록 문을 열지만, 염소들은 그 문을 열어 드릴 수가 없는 것입니다. 자신들이 주인이 되기를 원하기 때문에 결코 예수님께 문을 열어 줄 수가 없는 것입니다.

너희 상고들은 땅의 왕족들이라 너희 복술로 인해 땅이 미혹되었다고 말씀하십니다. 육에 속한 자들은 땅에 속한 자들입니다. 이들은 미혹의 영으로 인해 혼돈된 삶을 살아가게 되며 자신이 어둠 안에 있다는 사실조차 깨닫지 못하는 것입니다.

> 선지자들과 성도들과 및 땅 위에서 죽임을 당한 모든 자의 피가 이 성중에서 보였느니라 하더라 **요한계시록 18:24**

선지자들과 성도들과 및 땅 위에서 죽임을 당한 모든 자의 피가 이 성중에서 보였다고 말씀하십니다. 이 성중이란 미혹된 옛 성을 의미합니다. 이곳에 선지자들과 성도들과 땅 위에서 죽임을 당한 피가 보였다고 말씀하신 것입니다.

자신이 저지른 죄는 옛 성 안에서 머물며 심판을 받게 되는 것입니다. 깨달은 자들은 자신의 옛 성을 버리지만, 깨닫지 못한 자들은 옛 성 안에서 영원한 사망이 되어 살아가게 되는 것입니다. 우리가 육체의 정욕을 좇는 죄의 몸을 버리지 않는다면 영원한 사망 안에 살아가게 되지만, 죄의 몸을 버리고 의의 몸을 입으면 하나님의 통치로 말미암아 죄로부터 자유케 되며 영원한 생명이 되어 안식을 누릴 수가 있는 것입니다.

요한계시록 19장

이 일 후에 내가 들으니 하늘에 허다한 무리의 큰 음성 같은 것이 있어 가로되 할렐루야 구원과 영광과 능력이 우리 하나님께 있도다 **요한계시록 19:1**

이 일 후에 내가 들으니 하늘에 허다한 무리의 큰 음성 같은 것이 있어 가로되 할렐루야 구원과 영광과 능력이 우리 하나님께 있다고 말씀하십니다. 요한계시록의 의미는 종말을 통해서 하나님의 능력을 입는다는 의미입니다. 종말이 오지 않았는데 하나님의 능력을 입을 수가 있습니까?

종말이란 첫째 언약 시대를 의미합니다. 첫째 언약은 죄가 우리를 통치하였기 때문에 사망 안에 있었지만, 둘째 언약은 하나님의 능력으로 살아갈 수가 있기 때문에 생명이 될 수가 있었던 것입니다. 첫째 사람 안에서 진리를 논쟁한다는 것은 탁상공론에 불과하다는 것입니다. 즉, 소경 된 자들이 진리를 논한다는 것은 있을 수가 없는 것입니다. 하나님의 나라가 오지 않았는데 어떻게 하나님의 능력을 입고 살아갈 수가 있겠습니까?

하나님의 심판은 죄가 있는 육의 세상과 우리의 육체를 심판하시기 위한 것입니다. 세상의 피조물이 하나님의 영광 안으로 들어가기 위해서는 성소의 휘장을 열어 주셔야 가능한 것입니다. 하나님의 아들들이 들어가는 하나님의 영광 안으로 피조물도 들어가서 썩어짐에서 해방을 받은 것입니다.

하나님의 아들들은 하나님의 영광 안에 있기 때문에 영원히 썩어짐에서 해방을 받을 수가 있게 된 것입니다. 하나님의 아들들이란 영으로 거듭나서 하나님의 영광 안에 있는 자들이라는 사실을 인식하고, 영혼 구원을 얻기 위해서 예수님께로 달려가야 하는 것입니다. 죄의 자녀에서 벗어나 하나님의 자녀가 되는 것이 구원의 완성이며 복음인 것입니다.

> 그의 심판은 참되고 의로운지라 음행으로 땅을 더럽게 한 큰 음녀를 심판하사 자기 종들의 피를 그의 손에 갚으셨도다 하고 **요한계시록 19:2**

하나님의 심판은 참되고 의로운지라 음행으로 땅을 더럽게 한 큰 음녀를 심판하사 자기 종들의 피를 그의 손에서 갚으셨다고 말씀하십니다. 하나님의 속성은 죄를 심판하실 수밖에 없는 것입니다. 죄가 있으면 하나님과 연합을 이룰 수가 없기 때문입니다. 아담의 죄로 인해 우리뿐만 아니라 세상도 죄의 지배 아래 살아갈 수밖에 없었던 것입니다. 그러나 영원히 죽을 수밖에 없었던 우리를 이 땅에 예수님을 보내 주셔서 하나님과 화목을 이루시게 한 것입니다.

복음은 하나님과의 화목이며 영생이라는 것입니다. 진리 안으로 들어가야 하나님과 연합되고 영원히 변하지 않는 나라 안에서 살아갈 수가 있는 것입니다. 예수님께서 세상의 죄를 이기시고 사탄을 멸하셔서 많은 피를 흘렸던 자들의 원수를 갚았던 것입니다. 우리가 이 엄청난 하나님의 은혜를 알지 못하는 이유는 죄에 매여 살아가고 있기 때문입니다. 세상은 종말을 이루어 하나님께서 통치하시는 은혜와 진리 시대를 맞이하였지만, 각자 안에 있는 죄의 본성을 무너뜨리기 위해서는 예수님께서 각자 안으로 재림하셔야 합니다. 성령의 기름을 채워야 예수님께서 오셔서 사탄의 머릴 밟고 하나님의 나라를 줄 수가 있는 것입니다.

> 두번째 가로되 할렐루야 하더니 그 연기가 세세토록 올라가더라 **요한계시록 19:3**

두 번째 가로되 할렐루야 하더니 그 연기가 세세토록 올라가더라고 말씀하십니다. 연기는 죄를 가린다는 의미입니다. 하나님께서 구름으로 자신을 가리셨다는 의미는 죄인들의 기도가 상달이 되지 않게 하기 위한 것입니다. 연기가 세세토록 올라간다는 것은 구름으로 세상을 덮었다는 의미입니다. 세상은 그리스도 안에서 하늘과 땅이 통일되어 하늘이 되었다는 의미입니다. 즉, 하나님의 보좌가 되었다는 것입니다. 피조물이 하나님의 영광 안에서 썩어짐에서 해방을 받았다는 것입니다.

> 또 이십 사 장로와 네 생물이 엎드려 보좌에 앉으신 하나님께 경배하여 가로되 아멘 할렐루야 하니 **요한계시록 19:4**

또 이십사 장로와 네 생물이 엎드려 보좌에 앉으신 하나님께 경배하여 가로되 아멘 할렐루야 한다고 말씀하십니다. 예수님께서 세상을 이기셨기 때문에 죄의 나라에서 하나님의 나라로 변하였던 것입니다. 이십사 장로와 네 생물이 하나님께 경배할 수가 있었던 것은 예수님께서 사탄의 머리를 밟고 모든 것을 성취하셨기 때문이며, 그래서 우리가 하나님의 자녀가 될 수가 있었던 것입니다. 우리는 믿음을 통해서 속 사람이 강건하여져야 하나님과 화목을 이룰 수 있고, 하나님과 동행을 할 때 하나님으로부터의 통치를 얻어 죄로부터 자유하며 영생이 될 수가 있는 것입니다.

구원은 각자 안에 하나님의 나라를 건설하는 것입니다. 왜냐하면 하나님께서 거하실 처소가 있어야 하나님께서 우리와 동행을 하실 수가 있는 것입니다. 아직도 죄에 복종하고 있다는 것은 재림하시는 예수님을 영접할 수가 없는 상태라는 것입니다. 깨어 있어서 성령의 기름을 채워야 예수님을 영접하고 예수님께서 왕이시고 통치하시는 빛의 나라로 들어갈 수가 있는 것입니다. 하나님의 통치는 죄가 아니라 의라는 사실을 인식하고 성령의 기름을 채우기 위해서 예수님을 향해서 기도하고 달려가야 하는 것입니다.

> 보좌에서 음성이 나서 가로되 하나님의 종들 곧 그를 경외하는 너희들아 무론대소하고 다 우리 하나님께 찬송하라 하더라 **요한계시록 19:5**

보좌에서 음성이 나서 가로되 하나님의 종들 곧 그를 경외하는 너희들아 무론대소하고 다 우리 하나님께 찬송하더라고 말씀하십니다. 하나님의 자녀들은 하나님을 경외하며 복종하는 자들입니다. 그러나 우리가 옛 사람의 본성을 버리지 아니하면 하나님을 경외할 수가 없으며 하나님의 말씀에 복종할 수가 없는 것입니다. 하나님을 경외하기 위해서는 옛 사람을 버려야 합니다. 그래야 새 사람으로 오시는 예수님을 영접할 수가 있는 것입니다.

재림하시는 예수님은 각자 안에 하나님의 나라를 건설할 수가 있는 것입니다. 예수님만이 죄를 이길 수가 있기 때문입니다. 왜! 자신을 부인하고 십자가를 지고 예수님을 따라야 합니까? 그것은 자신 안에 하나님의 나라를 건설하기 위한 것입니다. 그러나 자신을 부인하지 못하고 십자가를 지고 따르지 못한다면 이것만큼 애통한 일은 없는 것입니다. 하나님의 통치로 말미암아 영생이 되어야 할 영혼들이 예수님께서 자신에게 오시기를 원하지 않고 있다는 것입니다. 혼미한 영으로 인해 자각하지 못하고 살아가고 있는 것입니다.

> 또 내가 들으니 허다한 무리의 음성도 같고 많은 물 소리도 같고 큰 뇌성도 같아서 가로되 할렐루야 주 우리 하나님 곧 전능하신 이가 통치하시도다 **요한계시록 19:6**

또 내가 들으니 허다한 무리의 음성도 같고 많은 물소리도 같고 큰 뇌성도 같아서 가로되 할렐루야 주 우리 하나님 곧 전능하신 이가 통치하신다고 말씀하십니다. 우리가 왜! 하나님의 자녀가 될 수가 있었습니까? 예수님께서 우리의 죄를 사하여 주셨기 때문에 하나님과 화목을 이루어 하나님의 나라 안에서 하나님의 통치 속에서 살아갈 수가 있었던 것입니다. 하나님의 나라가 오지 않았다면 우리는 죄 아래 살아가야 하는 것입니다.

예수님의 재림은 우리를 하나님께서 거하시고 통치하시는 빛으로 데려가기 위한 것입니다. 이것이 복음이며 구원의 완성인 것입니다. 모퉁이 돌이신 예수님을 영접하기 위해서는 옛 사람을 버려야 합니다. 새 사람을 입어야 하나님께서 통치하시는 보좌로 나아갈 수가 있는 것입니다.

우리가 즐거워하고 크게 기뻐하여 그에게 영광을 돌리세 어린 양의 혼인 기약이 이르렀고 그 아내가 예비하였으니 **요한계시록 19:7**

우리가 즐거워하고 크게 기뻐하여 그에게 영광을 돌리세 어린양의 혼인 기약이 이르렀고 그 아내가 예비하였다고 말씀하십니다. 예수님을 영접하는 자들은 예수 그리스도와 연합되어 하나가 된 것입니다. 연합되는 것이 결혼입니다. 즉, 하늘에서 내려오시는 예수님을 영접하는 것이 새 예루살렘 성이며 예수님의 신부가 된다는 것입니다.

신부가 되기 위해서는 등불의 기름을 채워서 기다려야 하는 것입니다. 이 말씀의 의미는 믿음의 방향을 바로 세워야 한다는 것입니다. 세상을 향한 믿음은 기름을 채울 수가 없기 때문입니다. 세상의 가치를 등지고 예수님만을 향해서 달려가는 자들이 기름을 채우고 예수님을 영접하여 하나님께서 통치하시는 빛으로 들어갈 수가 있는 것입니다.

예수님께서는 세상에도 오셔야 하지만 우리 각자 안에도 오셔야 하는 것입니다. 모퉁이 돌이 계셔야 하나님의 나라를 완성할 수가 있기 때문입니다. 재림하시는 예수님을 영접하기 위해서는 기름을 채워야 하는 것입니다.

그에게 허락하사 빛나고 깨끗한 세마포를 입게 하셨은즉 이 세마포는 성도들의 옳은 행실이로다 하더라 **요한계시록 19:8**

그에게 허락하사 빛나고 깨끗한 세마포를 입게 하셨은즉 이 세마포는 성도들의 옳은 행실이라고 말씀하십니다. 예수님께서 보혈을 흘려주심으로 인해 우리가 죄로부터 자유하며 하나님의 의가 되고 세마포를 입어 하나님의 통치 속에서 살아갈 수 있게 된 것입니다.

이것이 복음입니다. 하나님의 통치는 의이시기 때문에 영생이라는 것입니다.

천사가 내게 말하기를 기록하라 어린 양의 혼인 잔치에 청함을 입은 자들이 복이 있도다 하고 또 내게 말하되 이것은 하나님의 참되신 말씀이라 하기로 **요한계시록 19:9**

천사가 요한에게 말하기를 기록하라 어린양의 혼인 잔치에 청함을 입은 자들이 복이 있다고 말씀하십니다. 즉, 성령의 기름을 채운 자들이 복이 있다는 것입니다. 예수 그리스도와 연합되어야 생명이 될 수가 있기 때문입니다. 우리가 영원한 생명이 되지 못하면 하나님의 자녀가 될 수가 없는 것입니다.

왜! 하나님께서 예수님을 이 땅에 보내 주셨습니까? 죄의 사슬에 이끌리는 우리를 풀어 주시고 하나님의 의에 매어 두기 위한 것입니다. 하나님의 의에 매여 있는 자들은 하나님의 손에서 그 누구도 빼앗을 수가 없는 것입니다. 예수님께서는 중보자로 오십니다. 각자 안에 하나님의 나라를 완성하여야 하나님께로 나아갈 수가 있기 때문입니다.

내가 그 발 앞에 엎드려 경배하려 하니 그가 나더러 말하기를 나는 너와 및 예수의 증거를 받은 네 형제들과 같이 된 종이니 삼가 그리하지 말고 오직 하나님께 경배하라 예수의 증거는 대언의 영이라 하더라 **요한계시록 19:10**

요한이 그 발 앞에 엎드려 경배하려 하니 그가 나더러 말하기를 나는 너와 및 예수의 증거를 받은 네 형제들과 같이 된 종이니 삼가 그리하지 말고 오직 하나님께 경배하라고 말씀하십니다. 우리의 경배 대상은 천사가 아니라 하나님이십니다. 오직 하나님께 경배할 수가 있어야 합니다. 예수님은 우리를 하나님께로 인도하시는 중보자 되십니다. 예수님께서 오시지 않았다면 어떻게 하나님께 예배를 드릴 수가 있습니까? 오직 우리는 중보자 되신 예수님만을 통해서 하나님께로 나아갈 수가 있습니다.

예수님께서는 중보자로서 사탄의 머리를 밟고 우리 안에 하나님께서 거하실 처소를 짓기 위해서 오는 분이십니다. 예수님께서 오지 않으셨다면 우리는 하나님의 영광 안으로 들어갈 수가 없는 것입니다. 하나님의 자녀란 하나님의 영광 안에서 하나님으로부터 통치를 받는 자들입니다.

> 또 내가 하늘이 열린 것을 보니 보라 백마와 탄 자가 있으니 그 이름은 충신과 진실이라 그가 공의로 심판하며 싸우더라 **요한계시록 19:11**

또 내가 하늘이 열린 것을 보니 보라 백마와 탄 자가 있으니 그 이름은 충신과 진실이라 그가 공의로 심판하며 싸우더라고 말씀하십니다. 하나님의 공의가 세상을 통치하기 위해서는 죄와 싸워서 죄를 멸하여야 하는 것입니다.

예수님께서 육체로 성소의 휘장을 열어 하늘 문을 여셨기 때문에 우리가 진리 안에서 하나님께 경배를 드릴 수가 있었던 것입니다. 예수님께서 육체로 하늘의 문을 여셨다는 것에 우리는 감사를 하고 하나님을 찬양하며 경배를 드려야 합니다. 하나님께 경배를 드리기 위해서는 영원히 변하지 않는 하나님의 처소 안으로 들어가야 합니다.

> 그 눈이 불꽃 같고 그 머리에 많은 면류관이 있고 또 이름 쓴 것이 하나가 있으니

자기 밖에 아는 자가 없고 **요한계시록 19:12**

그 눈이 불꽃같고 그 머리에 많은 면류관이 있고 또 이름 쓴 것이 하나가 있으니 자기밖에 아는 자가 없다고 말씀하십니다.

또 그가 피 뿌린 옷을 입었는데 그 이름은 하나님의 말씀이라 칭하더라 **요한계시록 19:13**

또 그가 피 뿌린 옷을 입었는데 그 이름은 하나님의 말씀이라 칭하더라고 말씀하십니다. 예수님께서는 하나님의 말씀이 육체로 나타나신 것입니다. 하나님은 영이시니 어떻게 표현할 수가 없기 때문에 예수님의 육체로 하나님을 드러내셨던 것입니다. 우리 역시 우리의 육체로 하나님을 드러내어야 합니다. 영원하신 하나님께서 실재하신다는 것을 드러내는 것이 하나님께 영광을 올리는 것입니다.

하늘에 있는 군대들이 희고 깨끗한 세마포를 입고 백마를 타고 그를 따르더라 **요한계시록 19:14**

하늘이란 영적인 세계를 의미합니다. 하나님의 보좌가 있는 곳이 하늘입니다. 하늘의 군대들이 희고 깨끗한 세마포를 입고 백마를 타고 그를 따르더라고 말씀하십니다. 예수님을 따르는 자들은 세마포를 입어야 합니다. 그렇지 아니한다면 예수 그리스도와 연합을 이룰 수가 없는 것입니다.

그의 입에서 이한 검이 나오니 그것으로 만국을 치겠고 친히 저희를 철장으로 다스리며 또 친히 하나님 곧 전능하신 이의 맹렬한 진노의 포도주 틀을 밟겠고 **요한계시록 19:15**

그의 입에서 이한 검이 나온다고 말씀하십니다. 성령의 검은 능력입니다. 성령의 검으로 만국을 치고 친히 저희를 철장으로 다스리며 또 친히 하나님 곧 전능하신 이의 맹렬한 진노의 포도주 틀을 밟겠다고 말씀하십니다. 하나님의 말씀에 불복종하는 자들은 진노의 잔을 마시는 것입니다. 영적인 죽음을 맞이하게 되는 것입니다. 이미 죄에게 복종하고 있다면 영적인 죽음 안에 있게 되는 것입니다. 하나님께서 살리시는 것은 우리의 영입니다. 영은 죽지도 아니하고 썩지도 아니하기 때문에 영생이 되는 것입니다.

그 옷과 그 다리에 이름 쓴 것이 있으니 만왕의 왕이요 만주의 주라 하였더라 **요한계시록 19:16**

그 옷과 그 다리에 이름 쓴 것이 있으니 만왕의 왕이요 만주의 주라 하였더라고 말씀하십니다. 하나님께서 만유의 주가 되신 것은 예수님께서 세상 죄를 가져가셨기 때문입니다. 은혜와 진리 시대는 생명이 왕 노릇 하시기 때문에 우리가 생명이 될 수가 있었던 것입니다.

또 내가 보니 한 천사가 해에 서서 공중에 나는 모든 새를 향하여 큰 음성으로 외쳐 가로되 와서 하나님의 큰 잔치에 모여 **요한계시록 19:17**

요한이 보니 한 천사가 해에 서서 공중에 나는 모든 새를 향하여 큰 음성으로 외쳐 가로되 와서 하나님의 큰 잔치에 모이라고 말씀하십니다. 하나님의 잔치는 심판을 통하여서 모든 피조물과 사람들을 회복시키기 위한 것입니다. 그러나 불복종하는 자들은 진노의 잔을 마시며 새들의 먹이가 되는 것입니다. 우리는 예수 그리스도의 보혈로 속량을 입어 하나님의 진노의 잔을 피하여야 합니다.

> 왕들의 고기와 장군들의 고기와 장사들의 고기와 말들과 그 탄 자들의 고기와 자유한 자들이나 종들이나 무론대소하고 모든 자의 고기를 먹으라 하더라 **요한계시록 19:18**

왕들의 고기와 장군들의 고기와 장사들의 고기와 말들과 그 탄 자들의 고기와 자유한 자들이나 종들이나 무론대소하고 모든 자의 고기를 먹으라고 말씀하십니다. 하나님을 두려워하여야 합니다. 하나님의 말씀에 불복종하는 자들은 하나님의 진노로 인해 새의 먹이가 되어 버리는 것입니다. 우리 역시 육에 머물게 되면 하나님의 심판으로부터 자유할 수가 없는 것입니다.

> 또 내가 보매 그 짐승과 땅의 임금들과 그 군대들이 모여 그 말 탄 자와 그의 군대로 더불어 전쟁을 일으키다가 **요한계시록 19:19**

요한이 보매 그 짐승과 땅의 임금들과 그 군대들이 모여 그 말 탄 자와 그의 군대로 더불어 전쟁을 일으킨다고 말씀하십니다. 오늘날에도 영적인 전쟁이 일어나는 것은 죄의 몸을 입고 있는 자들이 있기 때문입니다. 우리가 예수 그리스도와 연합을 이루어 죄의 몸을 죽이지 아니한다면 하나님의 심판은 계속될 수밖에 없는 것입니다. 요한계시록의 끝은 우리의 죄의 몸을 죽이고 의의 몸을 입혀서 영원한 안식 안으로 들어가게 하는 것입니다.

짐승이 잡히고 그 앞에서 이적을 행하던 거짓 선지자도 함께 잡혔으니 이는 짐승의 표를 받고 그의 우상에게 경배하던 자들을 이적으로 미혹하던 자라 이 둘이 산채로 유황불 붙는 못에 던지우고 **요한계시록 19:20**

짐승이 잡히고 그 앞에서 이적을 행하던 거짓 선지자도 함께 잡혔으니 이는 짐승의 표를 받고 그의 우상에게 경배하던 자라고 말씀하십니다. 오늘날 누가 짐승의 표를 받고 살아가고 있습니까? 보암직스러움과 먹음직스러움에 유혹된 자들이 짐승의 표를 받고 살아가게 되는 것입니다. 즉, 세상의 가치를 좇아 살아가는 자들이 짐승의 표를 받은 자들이 되는 것입니다.

이들은 산 채로 유황불에 던져진다고 말씀하십니다. 육에 머무는 자들의 삶은 유황불에 던져져서 사망 안에 있게 되지만 영으로 거듭난 자들은 생명 안에 있게 되는 것입니다. 하나님은 소멸하는 불이십니다. 우리의 죄의 몸을 태우기 위해서 유황불에 던지시는 것입니다. 그러나 의의 몸을 입은 자들은 영원한 안식 안에 있는 것입니다.

그 나머지는 말 탄 자의 입으로 나오는 검에 죽으매 모든 새가 그 고기로 배불리우더라 **요한계시록 19:21**

그 나머지는 말 탄 자의 입으로 나오는 검에 죽으매 모든 새가 그 고기로 배불리우더라고 말씀하십니다. 우리가 영으로 거듭나지 못하여 생명이 되지 못하면 전쟁은 지속적으로 자신 안에 있게 되는 것입니다. 그 삶은 안식을 누릴 수가 없다는 것입니다. 예루살렘 성이 무너짐은 우리에게 새 예루살렘 성을 주시기 위한 것입니다. 새 예루살렘 성 안으로 들어가야 예수님의 신부가 될 수가 있는 것입니다. 예수님의 신부가 된 자들은 이미 빛 안에서 생명이 된 자들입니다.

요한계시록 20장

또 내가 보매 천사가 무저갱 열쇠와 큰 쇠사슬을 그 손에 가지고 하늘로서 내려와서 **요한계시록 20:1**

요한이 보매 천사가 무저갱의 열쇠와 큰 쇠사슬을 그 손에 가지고 하늘로서 내려왔다고 말씀하십니다. 사탄을 결박하기 위한 쇠사슬입니다. 오직 예수님만이 사탄을 결박할 수가 있는 것입니다. 예수 그리스도 안에 있는 자들은 죄의 사슬에 매여 있을 수가 없는 것입니다. 예수님은 죄를 이길 수가 있기 때문입니다. 그리스도인이란 예수님의 능력으로 살아가는 자들입니다. 우리 자신 안에 예수님의 능력이 나타나지 않는다면 예수님의 자녀가 될 수가 없는 것입니다.

용을 잡으니 곧 옛 뱀이요 마귀요 사단이라 잡아 일천년 동안 결박하여 **요한계시록 20:2**

천사들이 용을 잡으니 곧 옛 뱀이요 마귀요 사탄이라 잡아 일천년 동안 결박하였다고 말씀하십니다. 예수님께서 사탄의 머리를 밟으시고 발아래 두신 것입니다. 은혜와 진리 시대는 죄가 없는 시대입니다. 죄가 있다면 불복종하는 사람에게 있는 것입니다. 그래서 세상과 사람을 구분하여 설명하여야 한다는 것입니다. 세상에는 하나님의 나라가 왔고, 사람에게는 복종하는 자들에게만 하나님의 나라가 왔습니다. 하지만 불복종하는 자들에게는 하나님의 나라가 오지 않은 것입니다.

> 무저갱에 던져 잠그고 그 위에 인봉하여 천년이 차도록 다시는 만국을 미혹하지 못하게 하였다가 그 후에는 반드시 잠간 놓이리라 **요한계시록 20:3**

사탄을 무저갱에 던져 잠그고 그 위에 인봉하여 천 년이 차도록 다시는 만국을 미혹하지 못하게 하였다가 그 후에 반드시 잠깐 놓이더라고 말씀하십니다. 무저갱이란 육을 말합니다. 육 안에는 죄가 있지만 영 안에는 없는 것입니다. 우리가 죄 아래 살아가고 있다는 것은 흑암의 권세 아래에서 살아가고 있다는 것입니다. 그러나 빛 안에서는 죄가 있을 수가 없는 것입니다.

예수님께서 통치하시는 나라는 빛을 의미합니다. 빛 안으로 들어가야 예수님의 능력이 임하시고 죄로부터 자유하며 영원한 생명이 될 수가 있는 것입니다. 만국이란 피조물을 의미합니다. 이들은 이미 하나님의 영으로 이끌림을 받았기 때문에 미혹되지 않는 것입니다. 무저갱은 불복종하는 자에게 있지만 만국은 이미 하나님의 영광 안에 있기 때문에 미혹되지 않는 것입니다.

> 또 내가 보좌들을 보니 거기 앉은 자들이 있어 심판하는 권세를 받았더라 또 내가 보니 예수의 증거와 하나님의 말씀을 인하여 목 베임을 받은 자의 영혼들과 또 짐승과 그의 우상에게 경배하지도 아니하고 이마와 손에 그의 표를 받지도 아니한 자들이 살아서 그리스도로 더불어 천년 동안 왕노릇 하니 **요한계시록 20:4**

또 내가 보좌들을 보니 거기 앉은 자들이 있어 심판하는 권세를 받았더라고 말씀하십니다. 보좌에 앉은 자들이 누구인지를 말씀을 통해서 알아보아야 합니다.

> 예수께서 제자들에게 이르시되 내가 진실로 너희에게 이르노니 부자는 천국에 들어가기가 어려우니라 **마태복음 19:23**

예수님께서 제자들에게 이르시기를 내가 진실로 너희에게 이르노니 부자가 천국에 들어가기가 어렵다고 합니다. 여기에서 부자란 세상의 가치를 좇아 살아가는 자들입니다. 돈을 좇아 살아가는 자들은 하나님의 능력을 입을 수가 없기 때문에 천국으로 들어가기가 어렵다는 것입니다. 천국이란 하나님께서 통치하시는 보좌를 의미합니다.

> 다시 너희에게 말하노니 약대가 바늘귀로 들어가는 것이 부자가 하나님의 나라에 들어가는 것보다 쉬우니라 하신대 **마태복음 19:24**

약대가 바늘귀로 들어가는 것이 부자가 하나님의 나라에 들어가는 것보다 쉽다고 말씀하십니다. 낙타가 바늘귀로 들어가는 것은 불가능합니다. 그러니 부자들은 천국에 들어가기가 더욱더 힘들다는 것입니다.

하나님께서는 많이 주지 않으십니다. 왜냐하면 돈이 많으면 하나님을 잃어버리게 되며 돈이 너무 적으면 도둑질할까 싶어 적당하게 주시는 분이십니다. 그러나 부자들은 자신의 욕심을 채우기 위해서 살아가기 때문에 욕심이 죄를 낳고 죄가 사망을 낳게 되는 것입니다.

천국 안에 있는 자들은 생명 안에 있는 자들입니다. 그러나 죄는 우리를 사망 안에 있게 하는 것입니다. 예수님의 보혈로 속량을 입은 자들은 이미 죄가 없어졌기 때문에 생명 안에 있게 되는 것입니다.

제자들이 듣고 심히 놀라 가로되 그런즉 누가 구원을 얻을 수 있으리이까 **마태복음 19:25**

제자들이 듣고 심히 놀라 가로되 그런즉 누가 구원을 얻을 수 있을 수가 있습니까? 라고 질문을 합니다. 천국이란 하나님께서 통치하시는 빛을 의미합니다. 빛으로 들어가는 자가 아주 적다는 것입니다. 빛으로 들어가야 하나님의 통치로 말미암아 죄로부터 자유하며 영생이 되는 것입니다.

오늘날 누가 죄로부터 자유하여 영생이 되었습니까? 예수님께서 보혈의 피를 흘리신 이유가 무엇입니까? 하나님의 영광 안으로 들어가서 하나님의 통치를 받을 수 있도록 죄로부터 자유케 하신 것입니다. 죄로부터의 자유가 천국이며 영생이라는 것입니다.

예수께서 저희를 보시며 가라사대 사람으로는 할 수 없으되 하나님으로서는 다 할 수 있느니라 **마태복음 19:26**

예수님께서 저희들을 보시며 말씀하시기를 사람으로는 할 수가 없으되 하나님으로서는 다 할 수가 있다고 하십니다. 천국에 들어간 자들은 하나님의 능력을 입은 자라는 것입니다. 옛 사람을 버리고 새 사람을 입어 하나님의 영광 안으로 들어가는 자들이 천국 안으로 들어갈 수가 있는 것입니다. 부자들은 거의 옛 사람 안에서 육체의 정욕을 좇아 살아가기 때문에 빛으로 들어가지 못한다는 것입니다.

하나님의 능력을 입기 위해서는 옛 사람을 버리라는 것입니다.

이에 베드로가 대답하여 가로되 보소서 우리가 모든 것을 버리고 주를 좇았사오니 그런즉 우리가 무엇을 얻으리이까 **마태복음 19:27**

이에 베드로가 대답하여 가로되 보소서 우리가 모든 것을 버리고 주를 좇았사오니 그런즉 우리가 무엇을 얻을 수가 있겠습니까? 라고 말씀하십니다. 먼저 예수님을 좇기 위해서는 세상의 것들을 뒤로 하여야 합니다. 베드로는 자신의 모든 것을 내려놓고 예수님을 따랐던 것입니다. 예수님을 좇기 위해서는 자신을 부인하고 십자가를 지고 따라야 합니다. 세상에 미련을 둔다면 예수님을 좇을 수가 없는 것입니다.

분명한 것은 예수님을 좇기 위해서는 세상의 가치관들을 내려놓아야 한다는 것입니다. 이 자체가 좁은 길이라는 것입니다. 우리 스스로는 천국으로 들어갈 방법이 없는 것입니다. 우리가 내려놓을 수 있다는 것은 하나님의 능력이 임할 때 가능한 것입니다. 계속적으로 세상의 것들을 내릴 수 있게 은혜를 구하는 것이 마땅하지만 우리의 옛 사람의 본성은 그러한 기도를 하지 못하는 것입니다. 끊임없는 욕심으로 채워져 있기 때문입니다.

예수께서 가라사대 내가 진실로 너희에게 이르노니 세상이 새롭게 되어 인자가 자기 영광의 보좌에 앉을 때에 나를 좇는 너희도 열 두 보좌에 앉아 이스라엘 열 두 지파를 심판하리라 **마태복음 19:28**

모든 것을 버리고 예수님을 좇았을 때는 어떻게 되느냐는 베드로의 질문에 예수님께서 말씀하시기를, 세상이 새롭게 되어 인자가 자기 영광의 보좌에 앉을 때에 나를 좇는 너희도 열두 보좌에 앉아 이스라엘 열두 지파를 심판하리라고 말씀하십니다. 여기서 세상이 새롭게 될 때 예수님께서 보좌에 앉으시고 심판하신다고 말씀하십니다.

새롭게 된다는 의미는 첫째 언약에서 둘째 언약 안으로 들어가는 것입니다. 이전 것은 죄가 있는 율법 시대였지만 새로운 것은 하나님의 은혜가 있는 은혜와 진리 시대를 의미합니다. 이미 예수님께서 세상을 새롭게 하셨던 것입니다. 그리고 우리도 하나님께서 통치하시는 보좌로 나아갈 수가 있었던 것입니다.

하나님의 통치 속으로 들어가기 위해서는 천국 보좌로 들어가야 합니다. 죄가 있으면 들어갈 수가 없는 하나님의 보좌입니다. 그러나 하나님의 능력으로는 들어갈 수가 있는 보좌입니다. 예수님을 좇는 자들이 열두 보좌에 앉아 심판을 하며 짐승과 그의 우상에게 경배하지도 아니하고 이마와 손에 그의 표를 받지도 아니한 자들이 살아서 그리스도와 더불어 천 년 동안 왕 노릇 한다고 말씀하십니다. 성령으로 인 맞은 자들이 보좌에 앉아 그리스도와 함께 천 년 동안 왕 노릇 하는 것입니다.

> 그 나머지 죽은 자들은 그 천년이 차기까지 살지 못하더라 이는 첫째 부활이라
> **요한계시록 20:5**

그 나머지 죽은 자들은 그 천 년이 차기까지 살지 못하더라고 말씀하시며 이는 첫째 부활이라고 하십니다. 예수님께서 강림하실 때 첫째 부활이 일어납니다. 우리 스스로는 천국에 들어갈 수가 없습니다. 오직 예수님의 능력으로만 빛으로 들어가서 생명이 될 수가 있

는 것입니다. 부활이란 사망 안에 있는 우리를 생명으로 옮기는 것을 의미합니다. 우리가 생명이 되지 못하면 하나님의 자녀가 될 수가 없는 것입니다. 천국이란 하나님께서 거하시고 통치하시는 영광을 말씀하신 것입니다.

> 이 첫째 부활에 참예하는 자들은 복이 있고 거룩하도다 둘째 사망이 그들을 다스리는 권세가 없고 도리어 그들이 하나님과 그리스도의 제사장이 되어 천년 동안 그리스도로 더불어 왕노릇 하리라 **요한계시록 20:6**

이 첫째 부활에 참예하는 자들은 복이 있고 거룩하다고 말씀하십니다. 이들은 진리 안에서 거룩함을 입고 첫째 부활에 참여한 자들입니다. 이들은 둘째 사망이 그들을 다스리는 권세가 없다고 말씀하십니다. 첫째 사망은 육체의 사망이며, 둘째 사망은 영혼의 사망입니다.

하나님의 자녀들은 영혼 구원을 받아 둘째 사망으로부터 자유를 얻은 자들입니다. 이미 성령의 법이 사망의 법에서 해방시켜 주셨기 때문입니다. 이들은 하나님과 그리스도의 제사장이 되어 천 년 동안 그리스도와 더불어 왕 노릇 하신다고 말씀하십니다. 성령으로 인 맞은 자들은 이미 왕 같은 제사장이 된 자들입니다.

> 천년이 차매 사단이 그 옥에서 놓여 **요한계시록 20:7**

천년이 차매 사탄이 그 옥에서 놓였다고 말씀하십니다. 은혜와 진리 시대는 천 년이 지난 시대이기 때문에 죄가 없는 곳입니다. 죄는 이미 이천 년 전에 예수님께서 발아래 두신 것입니다. 세상에는 죄가 없어졌지만 예수 그리스도 안에 있지 못한 자들에게는 죄가 있는 것입니다.

나와서 땅의 사방 백성 곧 곡과 마곡을 미혹하고 모아 싸움을 붙이리니 그 수가 바다 모래 같으리라 **요한계시록 20:8**

사탄이 옥에 풀려나서 땅의 사방 백성 곧 곡과 마곡을 미혹하고 모아 싸움을 붙이리니 그 수가 바다 모래 같으리라고 말씀하십니다. 사탄은 하나님의 은혜가 있는 곳에는 들어갈 수가 없지만 땅에 거하는 자들과는 함께할 수가 있는 것입니다. 오늘날 사탄에게 복종하는 자들이 거의 대부분입니다. 바다 모래 수보다 많습니다.

저희가 지면에 널리 퍼져 성도들의 진과 사랑하시는 성을 두르매 하늘에서 불이 내려와 저희를 소멸하고 **요한계시록 20:9**

사탄이 지면에 널리 퍼져 있는 성도들의 진과 사랑하시는 성을 두르매 하늘에서 불이 내려와 저희를 소멸하신다고 말씀하십니다. 하나님은 소멸하는 불이십니다. 죄를 소멸시켜야 하나님께서 통치가 가능한 것입니다. 은혜와 진리 시대는 하나님께서 통치하시는 하나님의 나라가 된 것입니다. 그러나 사람에게는 믿음에 따라서 하나님의 나라가 있는 자가 있는가 하면 하나님의 나라가 완성되지 않은 자도 있는 것입니다. 구원은 믿음을 통해서 각자 안에 하나님의 나라를 건설하는 것입니다.

또 저희를 미혹하는 마귀가 불과 유황 못에 던지우니 거기는 그 짐승과 거짓 선지자도 있어 세세토록 밤낮 괴로움을 받으리라 **요한계시록 20:10**

또 저희를 미혹하는 마귀가 불과 유황 못에 던지우니 거기는 그 짐승과 거짓 선지자도 있어 세세토록 밤낮 괴로움을 받으리라고 말씀하십니다. 불과 유황 못을 잘 이해하여야 합니다. 이곳은 죄가 지배하는 육의 몸, 즉 어둠을 의미합니다. 이 몸 안에 있으면 세세토록 밤낮이 괴로운 것입니다. 왜냐하면 죄의 몸을 하나님께서 불로써 태워야 하시기 때문입니다. 그러나 영으로 거듭난 자들은 영의 세상에서 안식을 누리게 되는 것입니다.

그리고 이곳에 거짓 선지자도 있다는 것입니다. 거짓 선지자는 육에 머무는 자들입니다. 하나님의 지혜가 없이 가르치는 자들입니다. 이들은 많은 영혼들을 멸망으로 이끌고 있기 때문에 하나님의 심판 속에서 살아가게 되는 것입니다. 하나님의 나라가 현재적이라면 지옥도 현재적입니다. 즉 하나님의 통치 속으로 들어가지 못한 삶이 지옥인 것입니다.

> 또 내가 크고 흰 보좌와 그 위에 앉으신 자를 보니 땅과 하늘이 그 앞에서 피하여 간데 없더라 **요한계시록 20:11**

또 내가 크고 흰 보좌와 그 위에 앉으신 자를 보니 땅과 하늘이 그 앞에서 피하여 간데없더라고 말씀하십니다. 이 말씀의 의미를 잘 알아야 합니다. 오늘날 우리가 바라보는 세상이 존재하고 있는 것은 분명합니다. 많은 사람들이 새 하늘과 새 땅이 오는 것을 현재의 세상이 사라지고 새롭게 오는 것으로 이해하고 있는 것입니다. 예수님께서 하늘과 땅을 통일을 이루시고 영의 세상이 되게 하신 것입니다. 즉 피조물이 하나님의 영광 안으로 들어갔기 때문에 없어졌다고 표현한 것입니다.

즉, 이 말씀을 좀 더 쉽게 설명한다면, 하나님의 영이 우리와 함께 하시면 육에 있지 아니하고 영에 있다는 것입니다. 우리는 육이 존재하고 있는데도 불구하고 육에 있지 아니하고 영에 있다고 말씀하듯이, 세상도 육에 있지 아니하고 영에 있기 때문에 하늘과 땅이 없어졌다고 표현한 것입니다.

세상의 피조물이 이미 하나님의 영광이 있는 보좌로 들어갔기 때문에 하나님께서 만유의 주님이 되시고 만유를 통치하고 계실 수가 있었던 것입니다. 만유는 세상을 의미합니다. 사람들은 만유 안에 있지 아니하며 세상보다 귀한 존재입니다. 만약에 사람들이 만유 안에 있었다면 하나님의 통치 속에서 살아갔을 것입니다.

이 말씀을 이해하기 위해서는 세상과 사람을 구분하여 구원을 생각하여야 합니다. 즉, 세상에 하나님의 나라가 온다고 해도 우리의 구원과 별개입니다. 왜냐하면 우리에게도 하나님의 나라가 완성이 되어야 구원이 일어나기 때문입니다. 인간은 각자의 안에 하나님의 나라가 오기 때문에 개인 구원이라는 것입니다. 세상의 구원을 한 영혼이 구원을 얻는 것으로 이해하시면 될 것입니다. 이미 세상은 땅과 하늘이 그 앞에서 피하여 간데없이 사라진 시대가 은혜와 진리 시대인 것입니다. 하나님의 은혜가 있는 곳은 사망이 없는 영적 시대이기 때문입니다.

또 내가 보니 죽은 자들이 무론 대소하고 그 보좌 앞에 섰는데 책들이 펴 있고 또 다른 책이 펴졌으니 곧 생명책이라 죽은 자들이 자기 행위를 따라 책들에 기록된 대로 심판을 받으니 **요한계시록 20:12**

요한이 보니 죽은 자들이 무론대소하고 그 보좌 앞에 섰는데 책들이 펴 있고 또 다른 책이 펴졌으니 곧 생명책이라고 말씀하십니다. 이 책은 죽은 자들이 자기의 행위를 따라 책에 기록된 대로 심판을 받는다는 것입니다. 이 말씀은 너무나 중요한 부분입니다.

우리가 현재적으로 자신의 행위대로 심판을 받고 있다는 것입니다. 그러나 예수 그리스도 안에서 연합된 자들은 심판을 받지 아니한다고 말씀합니다. 그리스도인은 영이 되어 하나님의 나라 안에 있기 때문에 심판을 받지 아니하지만 육에 속한 자들은 자신의 행위에 따라 심판을 받고 살아가기 때문에 인생이 힘들고 어렵다는 것입니다.

구원은 현재적입니다. 하나님의 나라도 현재적이며 지옥도 현재적이라는 것입니다. 하나님은 죄에 대하여 보응하시는 분이십니다. 죄에 따라 하나님의 불 속에서 살아가게 되는 것입니다. 하나님을 경외하는 자들은 죄를 지을 수가 없습니다. 왜냐하면 하나님의 은혜가 없다면 죄에 복종할 수밖에 없기 때문입니다. 쉽게 말씀드려서 천국은 하나님과 동행하는 삶이며 지옥은 죄와 동행하는 삶인 것입니다. 영혼 구원은 지옥의 불 속에서 건짐을 받는 것을 의미합니다.

> 바다가 그 가운데서 죽은 자들을 내어주고 또 사망과 음부도 그 가운데서 죽은 자들을 내어주매 각 사람이 자기의 행위대로 심판을 받고 **요한계시록 20:13**

바다가 그 가운데서 죽은 자들을 내어 주고 또 사망과 음부도 그 가운데서 죽은 자들을 내어 주매 각 사람이 자기의 행위대로 심판을 받는다고 말씀하십니다. 죽은 자들이란 영혼이 죽은 자들을 의미합니다. 이들은 이미 하나님의 심판으로 말미암아 자기의 행위대로 보응을 받고 살아가고 있는 것입니다. 그러나 빛으로 들어간 자들은 죄와 사망의 법에서 해방을 받았기 때문에 심판을 받지 아니하는 것입니다.

> 사망과 음부도 불못에 던지우니 이것은 둘째 사망 곧 불못이라 **요한계시록 20:14**

사망과 음부도 불 못에 던지우니 이것은 둘째 사망 곧 불 못이라고 말씀하십니다. 첫째 사망은 육신입니다. 그러나 둘째 사망은 영혼입니다. 영혼이 죽어 있는 자들이 불 못에 있다는 것입니다. 자신의 죄 때문에 불 못에 던져진 상태라는 것을 인식해야 합니다.

왜! 어떤 자들은 빛 안에서 안식을 누리는 자가 있는가 하면 어떤 자들은 어둠 안에서 하나님의 심판으로 말미암아 고난과 고통 속에서 살아가고 있습니까? 예수님께서 보좌에 앉으시고 심판하시기 때문에 자신의 행위에 따라 심판을 받고 살아가고 있는 것입니다. 재난, 질병, 우울함 등 이러한 모든 것들은 자신의 행위에 따라 나타나는 심판의 결과라는 것입니다. 예수 그리스도 안에 있는 자들은 이러한 심판이 없기 때문에 안식을 누릴 수가 있는 것입니다.

> 누구든지 생명책에 기록되지 못한 자는 불못에 던지우더라 **요한계시록 20:15**

누구든지 생명책에 기록되지 못한 자들은 영혼이 죽어지는 불 못에 던져진다고 말씀하십니다. 그리스도인은 이미 생명 안에 있는 자들입니다. 그러나 생명 안에 있지 못한 자들은 불 못에 던져져서 하나님의 심판 속에서 살아가고 있는 것입니다.

죄는 사망을 낳습니다. 즉 불 못에 던져진 삶이라는 것입니다. 그러나 의는 생명입니다. 생명이 된 자들은 빛 안에서 심판 없는 삶을 살아가기 때문에 안식을 누릴 수가 있다는 것입니다. 빛 안에 들어간 자들도 과거에는 자신의 죄로 말미암아 심판을 받았던 것입니다. 그러나 회개를 통하여서 빛 안으로 들어간 자들은 더 이상 심판을 받아야 할 이유가 없는 것입니다.

요한계시록 21장

또 내가 새 하늘과 새 땅을 보니 처음 하늘과 처음 땅이 없어졌고 바다도 다시 있지 않더라 **요한계시록 21:1**

우리는 진리 안에 있지 못한다면 소경이며 귀머거리가 됩니다. 위의 말씀을 미래적인 것으로 이해하기 때문입니다. 새 하늘과 새 땅을 보니 처음 땅이 없어졌다고 말씀하십니다. 예수님께서 이 땅에 오신 목적이 무엇입니까? 첫째 것을 폐하시고 둘째 것을 세우시기 위한 것입니다. 처음 땅이란 육을 의미하지만 새 하늘과 새 땅은 영을 의미하는 것입니다.

만약에 새 하늘과 새 땅이 오지 않았다면 우리는 하나님의 자녀가 될 수가 없습니다. 왜냐하면 하나님은 영이시기 때문에 영 안에 계셔야 하기 때문입니다. 만약에 우리가 바라보고 있는 세상이 첫째 하늘과 첫째 땅이라면 우리는 죄 아래에서 살아가야 한다는 것입니다.

우리가 이 말씀을 올바로 이해하기 위해서는 우리 자신을 바라볼 수가 있어야 한다는 것입니다. 우리는 성령이 오시면 첫째 사람 안에 있습니까? 아니면 새 사람 안에 있습니까? 새 사람 안에 있지 첫째 사람 안에 있지 아니한다는 것입니다. 우리만 구원을 이루는 것이 아니라 세상도 구원을 받아야 하기 때문에 새 하늘과 새 땅에 있어야 한다는 것입니다. 이것이 예수님께서 오셔서 첫째 것을 폐하시고 둘째 것을 세우신 이유입니다.

또 내가 보매 거룩한 성 새 예루살렘이 하나님께로부터 하늘에서 내려오니 그 예비한 것이 신부가 남편을 위하여 단장한 것 같더라 **요한계시록 21:2**

새 예루살렘 성이 무엇입니까? 하나님의 성전을 의미하는 것입니다. 하나님의 성전이 우리 안에 있어야 하나님을 아버지라고 부를 수가 있는 것입니다. 예수님의 육체는 예루살렘 성을 의미하지만 예수님의 본체는 새 예루살렘 성이라고 하며 새 사람을 의미하기도 합니다. 우리가 새 예루살렘 성 안으로 들어가지 못한다면 예수님의 신부가 될 수가 없습니다.

왜! 신부는 신랑을 기다려야 합니까? 예수님과 하나가 되기 위한 것입니다. 예수님께서 생명의 떡이시기 때문에 반드시 예수님의 신부가 되어야 하는 것입니다. 그래서 성경은 예수님과 합한 자들을 한 영이라고 말씀하시는 것입니다.

우리가 예수님을 주인으로 모셨다면 이미 새 예루살렘 성 안에 있다는 것입니다. 예수님의 나라는 흑암의 권세에서 벗어난 빛의 세계를 의미하는 것입니다. 주님의 자녀란 죄로부터 자유하며 하나님의 의 아래에서 살아가는 자들을 의미하는 것입니다. 우리가 빛이 있는 새 예루살렘 성 안에 들어가지 못한다면 예수님의 신부가 되지 못하며 하나님의 자녀가 될 수가 없는 것입니다.

오늘날 빛 안에 있는 자가 없다는 것은 그 누구도 예수님의 신부가 되지 못하였다는 것입니다. 예수님께서 오지 않으셔서 우리가 예수님의 신부가 되지 못한 것이 아니라 예수님을 맞이할 등불을 준비하지 못하였기 때문에 예수님께서 왕이시고 통치하시는 빛으로 들어가지 못한 것입니다.

> 내가 들으니 보좌에서 큰 음성이 나서 가로되 보라 하나님의 장막이 사람들과 함께 있으매 하나님이 저희와 함께 거하시리니 저희는 하나님의 백성이 되고 하나님은 친히 저희와 함께 계셔서 **요한계시록 21:3**

하나님의 장막이 사람과 함께 있으매 하나님이 저희와 함께하신다고 말씀하십니다. 하나님의 장막은 하나님의 성전을 의미하며 하나님의 나라라고도 합니다. 하나님의 나라가 우리 안에 있기 때문에 우리가 하나님의 자녀가 되며, 영원하신 하나님과 한 몸을 이루게 된 것입니다. 우리 안에 죄가 있다면 하나님의 나라가 있을 수가 없습니다. 예수님께서 이 땅에 오신 목적은 사망을 폐하시고 영원한 생명을 주시기 위한 것입니다. 하나님의 자녀란 영생이 된 자들을 의미하는 것입니다.

> 모든 눈물을 그 눈에서 씻기시매 다시 사망이 없고 애통하는 것이나 곡하는 것이나 아픈 것이 다시 있지 아니하리니 처음 것들이 다 지나갔음이러라 **요한계시록 21:4**

하나님의 자녀가 되었기 때문에 하나님께서 보호하시고, 하나님께서 눈물을 씻어 주시기 때문에 사망과 아픔과 슬픔이 없다고 말씀하십니다. 그리스도 안에 있는 자들은 정죄가 없다고 말씀하십니다. 이 말씀의 의미는 죄에 대한 심판이 없다는 것입니다.

만약에 우리가 영으로 거듭나지 않으면 율법으로부터 심판을 받게 됩니다. 율법의 심판의 목적은 우리로 하여금 하나님의 의가 되게 하는 것입니다. 그러나 하나님의 의가 되어 그리스도 안에 있는 자들은 율법으로부터 속량을 받았기 때문에 심판을 받지 아니한다는 것입니다. 심판이 없기 때문에 사망과 아픔과 슬픔이 없는 삶을 살아갈 수가 있다는 것입니다.

이 삶은 백 세가 아이처럼 건강하게 살다가 육은 죽고 영은 영원히 하나님과 동행하면서 살아갈 수가 있는 복음입니다. 우리에게 재난과 질병이 있다는 것은 우리가 영이 되지 못하고 아직도 육에 머물러 있다는 것을 율법이 깨닫게 하는 것입니다.

하나님의 의가 된 자들은 이미 죄의 몸이 죽었기 때문에 하나님께서 죄를 매로 다스려야 할 이유가 없다는 것입니다. 하나님은 보응하시는 하나님이시기 때문에 우리의 죄를 매로 다스려야 하는 것입니다. 하나님의 의가 된 자들은 하나님의 매가 없기 때문에 사망과 아픔과 슬픔이 없는 삶을 살아갈 수가 있는 것입니다. 첫째 것이 지나가지 않았다면 우리는 하나님의 자녀가 아니라 죄 아래에서 살아가야 하는 것입니다.

더 이상 우리는 죄 아래에서 거짓된 복음을 전하지 말아야 합니다. 성경은 분명하게 하나님의 자녀들은 사망과 아픔과 슬픔이 없다고 말씀하시는데 왜! 우리는 이 삶을 죽어서 누리는 것이라고 거짓된 복음을 전하는 것입니까? 예수님께서 이 땅에 오신 목적은 첫째 것을 폐하시고 둘째 것을 세우셔서 우리로 하여금 영원하신 하나님과 화목을 이루어 영생하게 하고자 하신 것입니다.

보좌에 앉으신 이가 가라사대 보라 내가 만물을 새롭게 하노라 하시고 또 가라사대 이 말은 신실하고 참되니 기록하라 하시고 **요한계시록 21:5**

하나님은 보좌에 앉으시고 만물을 새롭게 하신 것입니다. 왜! 피조물이 새롭게 창조되고 우리가 새 사람을 입을 수가 있었습니까? 예수님께서 첫째 것을 폐하셨기 때문에 우리가 새 사람을 입어 하나님의 보좌 안으로 들어가서 하나님의 자녀가 될 수 있는 것입니다. 영혼 구원을 이루어 하나님의 자녀가 되는 것이 구원의 결말인 것입니다.

예수님께서 우리의 죄와 세상의 죄를 가져가셨다고 말씀하십니다. 우리의 죄 사함은 새 사람이지만 세상의 죄 사함은 새 하늘과 새 땅이라는 것입니다. 우리의 구원과 세상 구원이 별개이기 때문입니다. 하나님의 은혜 시대란 하나님의 의가 통치하는 새 하늘과 새 땅이지만, 우리가 새 사람을 입지 못한다면 하나님의 은혜 아래에서 살아갈 수가 없다는 것입니다. 구원이란 옛 사람을 버리고 새 사람을 입는 것입니다. 첫째 하늘과 첫째 땅은 죄가 다스렸지만 새 하늘과 새 땅은 하나님의 의가 다스리는 곳입니다. 마찬가지로 첫째 사람은 죄가 다스리지만, 새 사람은 하나님의 의가 다스리시기 때문에 죄가 없는 것입니다. 성경을 이해하기 위해서는 우리와 세상을 구분하여야 한다는 것입니다. 새 사람을 입으면 사망과 아픔과 슬픔이 없는 영원한 안식 안으로 들어갈 수가 있습니다.

보라 내가 새 하늘과 새 땅을 창조하나니 이전 것은 기억되거나 마음에 생각나지 아니할 것이라 **이사야 65:17**

하나님께서 새 하늘과 새 땅을 창조하실 것을 말씀하셨습니다. 예수님께서 성소의 휘장을 열어서 하늘 문을 여시고 그리스도 안에서 하늘과 땅의 통일을 이룬 것이 새 하늘과 새 땅이라는 것입니다. 첫째 하늘과 첫째 땅은 죄가 다스리는 율법 시대를 의미하지만, 새 하늘과 새 땅은 하나님의 의가 다스리는 은혜와 진리 시대를 의미합니다.

우리가 죄 아래에서 살아간다면 소경입니다. 아무리 성경을 보아도 알지 못하는 것입니다. 그러면 새 하늘과 새 땅이 하나님의 의가 다스리는 곳이라는 것을 성경에서 찾아보겠습니다.

> 하나님의 날이 임하기를 바라보고 간절히 사모하라 그 날에 하늘이 불에 타서 풀어지고 체질이 뜨거운 불에 녹아지려니와 **베드로후서 3:12**

하나님의 날이란 은혜와 진리 시대를 의미합니다. 주님께서 만유의 주님이 되셔서 만유를 다스리는 시대가 은혜와 진리 시대입니다. 왜! 하나님께서 만유를 다스릴 수가 있게 된 것입니까? 예수님께서 세상 죄를 가져가셨기 때문에 하늘과 땅이 하나로 연합된 것입니다.

예루살렘 성을 불태워서 하늘 문을 연다는 것을 하늘이 풀린다는 의미입니다. 만약에 예수님께서 하늘 문을 열지 않으셨다면 우리는 하나님의 자녀가 될 수가 없습니다. 왜냐하면 우리가 하나님께서 계시는 처소로 나아가지 못하면 하나님의 자녀가 될 수가 없기 때문입니다.

하나님의 자녀란 하나님의 보좌 안에서 하나님으로부터 통치를 받는 자들입니다. 하나님의 자녀란 사망과 아픔과 슬픔이 없는 자들입니다. 왜냐하면 우리의 영이 살았기 때문입니다. 육은 사망이지만 영은 생명입니다. 영으로 거듭났다는 의미는 생명이 되었다는 것입니다.

우리는 그의 약속대로 의의 거하는바 새 하늘과 새 땅을 바라보도다 **베드로후서 3:13**

예수님께서 새 하늘 문을 여셨기 때문에 하나님의 의가 드러난 것입니다. 은혜와 진리는 생명이 통치하는 하나님의 나라이며 새 하늘과 새 땅이라는 것입니다. 첫째 하늘과 첫째 땅은 죄가 있는 첫째 언약이지만, 새 하늘과 새 땅은 하나님의 의가 있는 둘째 언약을 의미합니다. 예수님께서 사망을 폐지시키시고 영원한 생명을 드러내심으로 인해 우리가 생명이 될 수 있도록 하여 주신 것입니다.

우리가 사망이 없는 새 언약 아래로 들어가기 위해서는 옛 사람을 버리고 새 사람을 입어야 하는 것입니다. 믿음이 자라나서 겉 사람이 후패하고 속 사람이 강건하여질 때 하나님의 의에 이르러 새 언약 아래에서 살아갈 수가 있다는 것입니다.

너희는 나의 창조하는 것을 인하여 영원히 기뻐하며 즐거워할지니라 보라 내가 예루살렘으로 즐거움을 창조하며 그 백성으로 기쁨을 삼고 **이사야 65:18**

너희는 하나님께서 창조하시는 것을 영원히 기뻐하라고 말씀하십니다. 예수님께서 성소의 휘장을 열어 주심으로 우리가 영생이 될 수가 있었기 때문에 기뻐하라는 것입니다. 죄가 우리를 다스리면 사망 안에 있지만 하나님의 의가 우리를 다스리면 생명 안에 있기 때문에 기뻐할 수가 있는 것입니다.

우리 자신을 죄에 주면 우리는 죄에 복종하지만, 우리 자신을 하나님의 의에 드리면 하나님의 의에 복종할 수밖에 없습니다. 왜냐하면 하나님의 권능은 절대적이기 때문입니다. 세상의 것을 좋아하고 좇아가는 자들은 하나님께서 함께하실 수가 없습니다. 하나님의 자녀란 세상의 것을 추구하지 않고 오직 예수님만 바라보고 달려가는 자들입니다.

십자가는 방향입니다. 세상을 향하는 자들은 원수로 행하지만 예수님을 바라보고 달려가는 자들은 영적 부활을 할 수가 있는 것입니다. 영이 되는 것이 생명이기 때문입니다.

> 내가 예루살렘을 즐거워하며 나의 백성을 기뻐하리니 우는 소리와 부르짖는 소리가 그 가운데서 다시는 들리지 아니할 것이며 **이사야 65:19**

죄에서 벗어나 하나님의 자녀 된 삶은 영원한 안전과 평강을 누릴 수가 있기 때문에 우는 소리와 부르짖는 소리가 들리지 않는 것입니다. 하나님의 자녀는 하나님으로부터 보호받고 하나님께서 눈물을 닦아 주시기 때문에 평강을 누릴 수가 있는 것입니다.

> 필경은 위에서부터 성신을 우리에게 부어주시리니 광야가 아름다운 밭이 되며 아름다운 밭을 삼림으로 여기게 되리라 **이사야 32:15**

예수님께서 하늘 문을 열어 주셨기 때문에 위로부터 성령을 주시고 광야에도 생명수가 흐르게 된 것입니다. 예수님께서 열어 주신 보좌로 피조물이 들어갔기 때문에 피조물이 꽃을 피우고 열매를 맺어 하나님께 창화하는 것입니다.

그 때에 공평이 광야에 거하며 의가 아름다운 밭에 있으리니 **이사야 32:16**

하나님께서 만유를 다스리는 새 하늘과 새 땅을 맞이하였기 때문에 광야에 하나님의 의가 있으며 우리 역시 죄에서 자유하므로 하나님의 의가 될 수가 있었던 것입니다.

의의 공효는 화평이요 의의 결과는 영원한 평안과 안전이라 **이사야 32:17**

하나님의 의가 된 자들은 영원한 안전과 평안을 누릴 수가 있게 된 것입니다. 하나님의 자녀란 영원한 안식 아래에서 살아가는 자들입니다.

거기는 날 수가 많지 못하여 죽는 유아와 수한이 차지 못한 노인이 다시는 없을 것이라 곧 백세에 죽는 자가 아이겠고 백세 못되어 죽는 자는 저주 받은 것이리라 **이사야 65:20**

새 하늘과 새 땅으로 들어가기 위해서는 새 사람을 입어야 하는 것입니다. 세상 구원을 새 하늘과 새 땅이라고 하며 사람 구원을 새 사람이라고 하는 것입니다. 즉 하나님의 은혜 아래에서 살아가기 위해서는 영이 되어야 한다는 것입니다.

새 하늘과 새 땅이란 하나님의 보좌이며 빛의 세계를 의미합니다. 우리가 새 사람을 입을 때 비로소 빛의 자녀가 되며 하나님과 사귐을 이루어 영생이 되는 것입니다. 이것이 예수님께서 이루어 놓으신 것입니다. 왜! 예수님께서 재림하셔야 합니까? 세상은 구원을 받아 새 하늘과 새 땅이 되었지만 우리는 옛 사람으로 태어나기 때문에 예수님의 재림을 통해 하나님께서 거하실 하나님의 나라를 각자 안에 지어야 하기 때문입니다.

예수님의 재림은 연속적입니다. 오늘날 우리에게도 하나님의 나라가 필요하지만 미래에 태어날 자도 하나님께서 거하실 하나님의 나라가 필요하기 때문입니다. 예수님께서 모퉁이 돌이 되신 이유는 각자 안에 하나님의 나라를 지어야 하기 때문입니다. 모퉁이 돌이 없으면 하나님의 나라를 완성할 수가 없기 때문입니다. 구원은 개인 구원입니다. 각자 안에 하나님의 나라를 완성하여 영생이 되는 것입니다.

옛 사람을 버리시기를 바랍니다. 옛 사람 안에 있다면 그리스도인이 아닌 것입니다. 새 사람을 입은 자들은 백 세가 아이처럼 건강하게 살다가 백삼십 세쯤에 육신은 썩고 영은 영원히 하나님과 동행하면서 살아갈 수가 있는 것입니다. 우리의 육체가 예수 그리스도와 함께 죽었기 때문에 영이 되어 아버지께로 나아가서 하나님의 자녀가 될 수가 있는 것입니다.

> 또 내게 말씀하시되 이루었도다 나는 알파와 오메가요 처음과 나중이라 내가 생명수 샘물로 목 마른 자에게 값 없이 주리니 **요한계시록 21:6**

요한에게 말씀하시기를 이루었도다 나는 알파와 오메가요 처음과 나중이라 내가 생명수 샘물로 목마른 자에게 값없이 주리라고 말씀하십니다. 예수님께서 무엇을 이루셨는지를 이해하여야 합니다. 그래야만 요한계시록의 의미를 더 이해하기 쉬울 것입니다.

이 두루마리의 비밀을 이해하려면 먼저 죄에서 자유를 얻어야 합니다. 진리를 반드시 알아야 구원이 일어납니다. 진리를 알 때 비로소 하나님과 예수님을 알게 되며 영생이 될 수가 있는 것입니다. 왜냐하면 성경 말씀이 하나님과 예수 그리스도를 아는 것이 영생이라고 말씀하시기 때문입니다. 진리 안에서 자유를 얻을 때 하나님과 예수님을 알 수가 있기 때문입니다.

율법과 은혜가 우리는 무엇인지를 알아야 합니다. 성경은 죄에서 자유를 얻을 때 알 수 있는 영의 글입니다. 구원은 율법에서 속량을 얻어서 하나님의 은혜 아래에 살아가는 삶을 의미하는 것입니다.

그 후에 말씀하시기를 보시옵소서 내가 하나님의 뜻을 행하러 왔나이다 하셨으니 그 첫째 것을 폐하심은 둘째 것을 세우려 하심이라 **히브리서 10:9**

예수님께서 이 땅에 오신 목적은 첫째 것을 폐하시고 둘째 것을 세우시기 위한 것입니다. 이것이 두루마리의 비밀의 말씀입니다. 이 말씀을 이해하기 위해서는 성경 말씀을 통해서 배워야 하는 것입니다.

내가 보매 보좌에 앉으신 이의 오른손에 두루마리가 있으니 안팎으로 썼고 일곱 인으로 봉하였더라 또 보매 힘있는 천사가 큰 음성으로 외치기를 누가 그 두루마리를 펴며 그 인을 떼기에 합당하냐 하나 하늘 위에나 땅 위에나 땅 아래에 능히 그 두루마리를 펴거나 보거나 할 자가 없더라 그 두루마리를 펴거나 보거나 하기에 합당한 자가 보이지 아니하기로 내가 크게 울었더니 장로 중의 한 사람이 내게 말하되 울지 말라 유대 지파의 사자 다윗의 뿌리가 이겼으니 그 두루마리와 그 일곱 인을 떼시리라 하더라 **요한계시록 5:1-5**

이 두루마리의 비밀을 알 수 있는 자는 예수님 한 분뿐이십니다. 그러나 예수님과 연합하여 한 영이 된 자들은 이 비밀의 말씀을 알 수가 있는 것입니다. 이 두루마리의 비밀을 알기 위해서는 우리는 죄에서 자유를 얻어 영원하신 하나님과 하나로 연합되어야 합니다.

구원은 진리에 이르는 것입니다. 우리가 진리 안에 있을 때 비로소 알 수 있는 두루마리의 비밀입니다. 진리 안에 있다는 것은 예수님과 한 영이 되었다는 것을 의미합니다. 우리는 진리가 될 수가 없지만 예수님과 합하여 한 영이 된 자들은 진리 안에 있을 수가 있는 것입니다.

> 누가 묻기를 죽은 자들이 어떻게 다시 살며 어떠한 몸으로 오느냐 하리니 어리석은 자여 너의 뿌리는 씨가 죽지 않으면 살아나지 못하겠고 또 너의 뿌리는 것은 장래 형체를 뿌리는 것이 아니요 다만 밀이나 다른 것의 알갱이 뿐이로되 하나님이 그 뜻대로 저에게 형체를 주시되 각 종자에게 그 형체를 주시느니라 육체는 다 같은 육체가 아니니 하나는 사람의 육체요 하나는 짐승의 육체요 하나는 새의 육체요 하나는 물고기의 육체라 하늘에 속한 형체도 있고 땅에 속한 형체도 있으나 하늘에 속한 자의 영광이 따로 있고 땅에 속한 자의 영광이 따로 있으니 해의 영광도 다르며 달의 영광도 다르며 별의 영광도 다른데 별과 별의 영광이 다르도다 죽은 자의 부활도 이와 같으니 썩을 것으로 심고 썩지 아니할 것으로 다시 살며 욕된 것으로 심고 영광스러운 것으로 다시 살며 약한 것으로 심고 강한 것으로 다시 살며 육의 몸으로 심고 신령한 몸으로 다시 사나니 육의 몸이 있은즉 또 신령한 몸이 있느니라 기록된바 첫 사람 아담은 산 영이 되었다 함과 같이 마지막 아담은 살려 주는 영이 되었나니 그러나 먼저는 신령한 자가 아니요 육 있는 자요 그 다음에 신령한 자니라 첫 사람은 땅에서 났으니 흙에 속한 자이거니와 둘째 사람은 하늘에서 나셨느니라 무릇 흙에 속한 자는 저 흙에 속한 자들과 같고 무릇 하늘에 속한 자는 저 하늘에 속한 자들과 같으니 우리가 흙에 속한 자의 형상을 입은것 같이 또한 하늘에 속한 자의 형상을 입으리라 형제들아 내가 이것을 말하노니 혈과 육은 하나님 나라를 유업으로 받을 수 없고 또한 썩은 것은 썩지 아니한 것을 유업으로 받지 못하느니라 보라 내가 너희에게 비밀을 말하노니 우리가 다 잠잘 것이 아니요 마지막 나팔에 순식간에 홀연히 다 변화하리니 나팔 소리가 나매 죽은 자들이 썩지 아니할 것으로 다시 살고 우리도 변화하리라 이 썩을 것이 불가불 썩지 아니할 것을 입겠고 이 죽을 것이 죽지 아니함을 입으리로다 이 썩을 것이 썩지 아니함을 입고 이 죽을 것이 죽지 아니함을 입을 때에는 사망이 이김의 삼킨바 되리라고 기록된 말씀이 응하리라 사망아 너의 이기는 것이 어디 있느냐 사망아 너의 쏘는 것이 어디 있느냐 사망의 쏘는 것은 죄요 죄의 권능은 율법이라 **고린도전서 15:35-56**

위의 말씀을 근거로 첫째 것과 둘째 것을 나누어 보았습니다. 이 말씀은 죽은 자들이 어떻게 살아나는지에 대하여서 부활의 몸을 설명하신 것입니다. 부활의 의미를 알기 위해서는 우리가 죄에서 자유할 때 알 수 있는 하나님의 말씀입니다. 왜냐하면 구원은 눈먼 자와 귀 먼 자들을 이끌어 내는 것입니다. 누가 눈먼 자이며 귀 먼 자인지를 성경은 분명하게 말씀하고 계십니다.

> 이로써 그 보배롭고 지극히 큰 약속을 우리에게 주사 이 약속으로 말미암아 너희로 정욕을 인하여 세상에서 썩어질 것을 피하여 신의 성품에 참예하는 자가 되게 하려 하셨으니 이러므로 너희가 더욱 힘써 너희 믿음에 덕을, 덕에 지식을, 지식에 절제를, 절제에 인내를, 인내에 경건을, 경건에 형제 우애를, 형제 우애에 사랑을 공급하라 이런 것이 너희에게 있어 흡족한즉 너희로 우리 주 예수 그리스도를 알기에 게으르지 않고 열매 없는 자가 되지 않게 하려니와 이런 것이 없는 자는 소경이라 원시치 못하고 그의 옛 죄를 깨끗케 하심을 잊었느니라 **베드로후서 1:4-9**

열매는 신의 성품으로 맺히는 것을 의미합니다. 죄와 연합되었을 때와 하나님의 의와 연합되었을 때 서로 다른 열매를 맺게 됩니다. 하나님으로부터 맺히는 열매가 무엇입니까? 성령의 열매입니다. 사랑, 인내, 절제, 충성 등의 열매입니다. 이 열매가 없다면 소경인 것입니다. 우리가 하나님과 연합되기 위해서는 죄로부터의 자유를 입어야 하는 것입니다.

예수님께서 왜! 우리를 죄에서 건져 주셨습니까? 그것은 영원하신 하나님과 한 몸이 되어 영생이 되게 하시기 위함입니다. 하나님의 성품으로 열매를 맺지 않는다면 성경 말씀처럼 귀머거리이며 소경이라는 것입니다. 이러한 열매가 없이 성경을 가르친다고 한다면 성경 말씀대로 소경이 소경을 이끌어 가게 되는 것입니다.

열매는 사망의 열매가 있고 생명의 열매가 있는 것입니다. 죄와 연합되어 살아간다면 사망의 열매를 맺게 되고, 하나님의 의와 연합되어 살아간다면 생명의 열매를 맺게 되는 것입니다. 죄와 연합되어 사망의 열매를 맺고 있는 우리를 구원하여 주셔서 생명의 열매를 맺게 하신 것입니다. 그래서 '그 사람의 열매를 보아 알지니'라고 말씀하신 것입니다. 열매는 숨길 수가 없습니다. 그 사람이 죄와 연합되었는지 하나님의 의와 연합되었는지를 알 수 있는 방법은 열매이기 때문입니다.

나쁜 나무는 좋은 열매를 맺을 수가 없지만 좋은 나무는 좋은 열매를 맺을 수밖에 없는 것입니다. 좋은 열매가 없는 자들은 자신의 배를 채우는 삯꾼이 되어 버리는 것입니다. 많은 영혼들을 구원하여 하나님의 자녀 된 삶을 누리게 하여야 하는데 진리의 말씀을 알지 못해서 영혼들을 멸망으로 이끌어 가기 때문에 삯꾼이 되어 버리는 것입니다.

> 너희가 그 때에 무슨 열매를 얻었느뇨 이제는 너희가 그 일을 부끄러워하나니 이는 그 마지막이 사망임이니라 그러나 이제는 너희가 죄에게서 해방되고 하나님께 종이 되어 거룩함에 이르는 열매를 얻었으니 이 마지막은 영생이라 **로마서 6:21-22**

죄의 열매를 맺는 자들은 사망에 이르고 의의 열매를 맺는 자들은 영생을 얻게 되는 것입니다. 사망과 영생은 현재입니다. 왜냐하면 육에 있는 자들은 사망 안에 있으며 영에 속한 자들은 생명 안에 있기 때문입니다.

이기는 자는 이것들을 유업으로 얻으리라 나는 저의 하나님이 되고 그는 내 아들이 되리라 **요한계시록 21:7**

이기는 자는 이것들을 유업으로 얻으리라고 말씀하십니다. 이긴다는 것은 예수님께서 세상 죄를 이긴 것과 같이 그리스도인도 세상 죄를 이기는 것을 의미합니다. 이겨야 하나님의 자녀가 될 수가 있습니다. 요한계시록의 결론은 예수 그리스도와 연합하여 죄의 몸은 죽고 의의 몸으로 살아나는 것을 의미합니다.

이것은 현재를 살고 있는 우리에게도 적용될 뿐만 아니라 미래에 태어날 자들에게도 적용되어야 공평하신 하나님이 되시는 것입니다. 누구에게나 하나님의 나라를 완성할 기회를 주시기 위해서 예수님의 재림이 필요하다는 것입니다. 의의 몸을 입고 하나님의 자녀가 되는 것이 구원의 완성인 것입니다.

그러나 두려워하는 자들과 믿지 아니하는 자들과 흉악한 자들과 살인자들과 행음자들과 술객들과 우상 숭배자들과 모든 거짓말 하는 자들은 불과 유황으로 타는 못에 참예하리니 이것이 둘째 사망이라 **요한계시록 21:8**

그러나 두려워하는 자들과 믿지 아니하는 자들과 흉악한 자들과 살인하는 자들과 행음자들과 술객들과 우상 숭배자들과 모든 거짓말을 하는 자들은 불과 유황으로 타는 못에 참예하리니 이것이 둘째 사망이라고 말씀하십니다. 두려워하는 자들과 믿지 못하는 자들이 누구입니까? 하나님을 신뢰하지 못하는 자들입니다. 하나님께서는 우리를 완벽하게 이끄시는 분이십니다. 두려워하고 믿음이 없다는 것은 즉 하나님을 신뢰할 수가 없다는 것입니다.

살인하는 자들이 누구입니까? 이웃을 미워하는 자들입니다. 하나님께서 우리에게 원수까지도 사랑하라고 말씀하셨습니다. 우리의 이웃을 미워한다면 살인하는 자가 되며 하나님의 손에서 끊어지게 되는 것입니다.

그리고 우상 숭배하는 자들이 누구입니까? 돈을 사랑하는 자들입니다. 하나님과 돈을 동시에 사랑할 수가 없습니다. 이 모든 사람들은 이미 불 못에 떨어져서 둘째 사망 안에 있는 것입니다. 첫째 사망은 육신의 사망이지만 둘째 사망은 영혼의 사망을 의미합니다. 죄에 복종하며 살아가는 자들은 이미 불 못에 떨어져서 둘째 사망 안에 있다는 사실을 인식하여야 합니다.

일곱 대접을 가지고 마지막 일곱 재앙을 담은 일곱 천사중 하나가 나아와서 내게 말하여 가로되 이리 오라 내가 신부 곧 어린 양의 아내를 네게 보이리라 하고 **요한계시록 21:9**

일곱 대접을 가지고 마지막 일곱 재앙을 담은 일곱 천사 중 하나가 나아와서 내게 말하여 가로되 이리 오라 내가 신부 곧 어린양의 아내를 네게 보이리라고 말씀하십니다. 심판은 우리가 예수님의 신부가 되기 위한 것입니다. 예수님의 신부란 예수 그리스도와 연합되어 한 영이 된 자를 의미합니다. 예수님의 생명으로 연합되었기 때문에 영생이 된 것입니다.

성령으로 나를 데리고 크고 높은 산으로 올라가 하나님께로부터 하늘에서 내려오는 거룩한 성 예루살렘을 보이니 **요한계시록 21:10**

성령으로 나를 데리고 크고 높은 산으로 올라가 하나님께로부터 하늘에서 내려오는 거룩한 성 예루살렘을 보인다고 말씀하십니다.

이는 새 사람으로 오시는 예수님을 말씀하시는 것입니다. 예수님의 신부란 새 사람 안에 있는 자들을 의미합니다. 손으로 짓지 아니한 새 예루살렘 성을 의미합니다. 우리가 새 예루살렘 성 안으로 들어가야 그리스도와 연합되어 예수님의 신부로 살아갈 수가 있는 것입니다.

> 하나님의 영광이 있으매 그 성의 빛이 지극히 귀한 보석 같고 벽옥과 수정 같이 맑더라 **요한계시록 21:11**

하나님의 영광이 있으매 그 성의 빛이 지극히 귀한 보석과 같고 벽옥과 수정같이 맑더라고 말씀하십니다. 둘째 언약 시대는 보이는 시대가 아니라 보이지 않는 영의 시대입니다. 새 예루살렘 성은 보이지 않지만 우리 마음에 있습니다. 우리 마음 안에 있어야 예수 그리스도와 함께 연합될 수가 있는 것입니다.

이 삶은 죄로부터 자유하며 기쁨과 평안이 있습니다. 우리가 바라보는 것이 아무리 아름답다고 해도 우리 마음 안에 평안이 없다면 아무 의미가 없는 것입니다. 둘째 언약 시대는 새 예루살렘 성 안에서 하나님과 동행을 누리는 삶입니다. 이것이 복음이며 영생이기 때문입니다.

> 크고 높은 성곽이 있고 열 두 문이 있는데 문에 열 두 천사가 있고 그 문들 위에 이름을 썼으니 이스라엘 자손 열 두 지파의 이름들이라 **요한계시록 21:12**

크고 높은 성곽이 있고 열두 문이 있는데 문에 열두 천사가 있고 문들 위에 이름을 썼으니 이스라엘 자손 열두 지파의 이름들이라고 말씀하십니다. 이들은 예루살렘 성이 무너질 때 남은 자들입니다.

즉 성령의 기름을 부은 자들입니다. 예수님의 보혈로 속량을 입은 자들이 새 예루살렘 성 안으로 들어갈 수가 있는 것입니다.

동편에 세 문, 북편에 세 문, 남편에 세 문, 서편에 세 문이니 **요한계시록 21:13**

동편에 세 문, 북편에 세 문, 남편에 세 문, 서편에 세 문이라고 말씀하십니다. 이스라엘 열두 지파별로 동서남북으로 있는 문입니다.

그 성에 성곽은 열 두 기초석이 있고 그 위에 어린 양의 십 이 사도의 열 두 이름이 있더라 **요한계시록 21:14**

새 예루살렘 성은 성곽은 열두 기초석이 있고 그 위에 어린양의 십이 사도의 열두 이름이 있더라고 말씀하십니다. 분명한 것은 새 예루살렘 성은 보이지 않지만 우리 마음에 있는, 하나님께 예배를 드리기 위한 장소라는 것입니다. 첫째 언약은 눈에 보이는 것이지만 둘째 언약은 눈에 보이지 않는 영적인 세상인 것입니다. 그래서 영으로 거듭나는 자들이 그리스도인이며 하나님의 자녀가 될 수가 있는 것입니다.

내게 말하는 자가 그 성과 그 문들과 성곽을 척량하려고 금 갈대를 가졌더라 **요한계시록 21:15**

요한에게 말하는 자가 그 성과 그 문들과 성곽을 척량하려고 금 갈대를 가졌더라고 말씀하십니다. 새 예루살렘 성은 영적이지만 요한에게는 눈에 보이는 것으로 보여 주신 것입니다.

그 성은 네모가 반듯하여 장광이 같은지라 그 갈대로 그 성을 척량하니 일만 이천 스다디온이요 장과 광과 고가 같더라 **요한계시록 21:16**

그 성은 네모가 반듯하여 장광이 같은지라 그 갈대로 그 성을 척량하니 일만 이천 스다디온이요 장과 광과 고가 같더라고 말씀하십니다.

그 성곽을 척량하매 일백 사십 사 규빗이니 사람의 척량 곧 천사의 척량이라 **요한계시록 21:17**

그 성곽을 척량하매 일백사십사 규빗이니 사람의 척량 곧 천사의 척량이라고 말씀하십니다. 천사의 척량은 영적인 것입니다.

그 성곽은 벽옥으로 쌓였고 그 성은 정금인데 맑은 유리 같더라 **요한계시록 21:18**

그 성곽은 벽옥으로 쌓였고 그 성은 정금인데 맑은 유리 같더라고 말씀하십니다.

그 성의 성곽의 기초석은 각색 보석으로 꾸몄는데 첫째 기초석은 벽옥이요 둘째는 남보석이요 세째는 옥수요 네째는 녹보석이요 **요한계시록 21:19**

새 예루살렘 성의 성곽의 기초석은 각색 보석으로 꾸몄는데 첫째 기초석은 벽옥이요 둘째는 남보석이요 셋째는 옥수요 넷째는 녹보석으로 만들어진 빛의 세계입니다. 빛 되신 하나님과 연합되기 위해서는 새 예루살렘 성 안으로 들어가야 하는 것입니다.

다섯째는 홍마노요 여섯째는 홍보석이요 일곱째는 황옥이요 여덟째는 녹옥이요 아홉째는 담황옥이요 열째는 비취옥이요 열 한째는 청옥이요 열 둘째는 자정이라 **요한계시록 21:20**

다섯째는 홍마노요 여섯째는 홍보석이요 일곱째는 황옥이요 여덟째는 녹옥이요 아홉째는 담황옥이요 열째는 비취옥이요 열한째는 청옥이요 열둘째는 자정이라고 말씀하십니다. 이 모든 것들은 하나님께서 빛으로 비추시는 곳입니다. 그리고 각종 보석은 이스라엘 민족의 열두 지파를 의미하기도 합니다.

너는 판결 흉패를 에봇 짜는 법으로 금실과 청색 자색 홍색실과 가늘게 꼰 베실로 공교히 짜서 만들되 장광이 한뼘씩 두 겹으로 네모 반듯하게 하고 그것에 네 줄로 보석을 물리되 첫 줄은 홍보석 황옥 녹주옥이요 둘째 줄은 석류석 남보석 홍마노요 세째 줄은 호박 백마노 자수정이요 네째 줄은 녹보석 호마노 벽옥으로 다 금테에 물릴찌니 **출애굽기 28:15-20**

아론이 에봇을 입고 하나님의 지성소 안으로 들어갈 수가 있었던 것입니다. 이 옷을 입어야 하나님의 지성소 안으로 들어갈 수가 있었던 것입니다. 새 예루살렘 성은 죄가 없는 곳이며 하나님께서 거하시고 통치하시는 보좌를 의미합니다. 죄가 있어서는 들어올 수가 없는 새 예루살렘 성입니다. 이 성전 안에 하나님과 예수님께서 거하시는 것입니다.

너 곤고하며 광풍에 요동하여 안위를 받지 못한 자여 보라 내가 화려한 채색으로 네 돌 사이에 더하며 청옥으로 네 기초를 쌓으며 홍보석으로 네 성첩을 지으며 석류석으로 네 성문을 만들고 네 지경을 다 보석으로 꾸밀 것이며 네 모든 자녀는 여호와의 교훈을 받을 것이니 네 자녀는 크게 평강할 것이며 너는 의로 설 것이며 학대가 네게서 멀어질 것인즉 네가 두려워 아니할 것이며 공포 그것도 너를 가까이 못할 것이라 **이사야 54:11-14**

각종 보석으로 성첩을 지으며 성문을 만들고 꾸밀 것이며 모든 자녀들은 여호와의 교훈을 받을 것이며 네 자녀들은 평강할 것이라고 말씀하십니다. 하나님께서 우리 마음 안에 성전을 두시고 함께하신다는 것입니다. 우리가 새 성 안으로 들어가야 주님과 연합되어 신부가 될 수가 있는 것입니다.

은혜와 진리 시대는 영의 시대입니다. 우리는 보이는 것으로 이해하여서는 안 됩니다. 새 예루살렘 성은 보이는 것으로 해석하지 말아야 합니다. 하나님과의 동행은 곧 하나님의 나라입니다. 이 삶은 어떤 보석보다도 나은 것입니다. 보석으로 화려하게 치장을 한 것보다도 하나님과의 동행이 더욱더 나은 삶인 것입니다.

하나님의 자녀들이 누리는 삶은 평강입니다. 이 삶은 그 어떤 보석보다도 나은 삶인 것입니다. 수천 조를 가졌다고 해도 평강을 누리지 못한다면 어떤 의미가 있습니까? 그리고 영생을 얻지 못한다면 그 돈은 어떤 의미가 있겠습니까? 하나님의 자녀란 하나님의 나라 안에서 안식을 누리는 자들입니다.

그 열 두 문은 열 두 진주니 문마다 한 진주요 성의 길은 맑은 유리 같은 정금이더라 **요한계시록 21:21**

그 열두 문은 열두 진주니 문마다 한 진주요 성의 길은 맑은 유리 같은 정금이더라고 말씀하십니다. 하나님의 보좌는 유리 바다 같다고 말씀하십니다. 이곳은 영으로 들어가는 곳입니다. 영으로 새 예루살렘 성으로 들어가서 예수 그리스도와 연합되어 예수님의 신부로 살아갈 수가 있는 것입니다. 영은 죄가 없기 때문에 새 예루살렘 성전으로 들어갈 수가 있는 것입니다.

하나님은 손으로 지은 성전 안에 계실 수가 없지만 손으로 짓지 아니한 성전 안에는 함께하실 수가 있는 것입니다. 하나님께서는 왜! 손으로 지은 예루살렘 성전을 무너지게 하였습니까? 그것은 우리에게 새 성을 주셔서 하나님을 아버지라고 부를 수 있도록 하여 주신 것입니다. 하나님의 자녀들은 죄의 몸을 벗어 버리고 의의 몸을 입었기 때문에 영생인 것입니다.

> 성안에 성전을 내가 보지 못하였으니 이는 주 하나님 곧 전능하신 이와 및 어린양이 그 성전이심이라 **요한계시록 21:22**

성 안에 성전을 내가 보지 못하였으니 이는 주 하나님 곧 전능하신 이와 및 어린양이 그 성전이심이라고 말씀하십니다. 하나님의 통치는 빛 안에서 이루어집니다. 각종 보석으로 만들어진 빛의 세계를 의미합니다. 우리가 이 성전으로 들어가야 하나님을 아버지라고 부를 수가 있는 것입니다.

> 저희가 이제는 더 나은 본향을 사모하니 곧 하늘에 있는 것이라 그러므로 하나님이 저희 하나님이라 일컬음 받으심을 부끄러워 아니하시고 저희를 위하여 한 성을 예비하셨느니라 **히브리서 11:16**

더 나은 본향을 사모하니 곧 하늘에 있는 것이라고 말씀하십니다. 우리가 영으로 거듭나서 살아가는 곳은 하늘입니다. 왜냐하면 영은 하늘에 속한 형체이기 때문입니다. 하나님께서 저희 하나님이라 일컬음을 받으심을 부끄러워 아니하시고 한 성을 예비하셨다고 말씀하십니다. 새 성 안에 들어가야 하나님을 아버지라고 부를 수가 있는 것입니다. 진리, 빛, 새 예루살렘 성, 하나님의 나라는 같은 말씀입니다. 이곳으로 들어가야 하나님의 백성이 될 수가 있는 것입니다.

> 너희가 하나님의 성전인 것과 하나님의 성령이 너희 안에 거하시는 것을 알지 못하느뇨 **고린도전서 3:16**

하나님께서 우리 안에 성전을 두시고 동행하기를 원하시고 있는 것입니다. 옛 성전은 죄가 있는 육체를 의미하지만, 새 성전은 죄가 없는 영의 몸을 의미합니다. 영의 몸은 생명이지 않습니까? 생명이 되어야 영원하신 하나님과 연합을 이룰 수가 있는 것입니다. 하나님께서는 새 성전 안에 계십니다.

> 그 성은 해나 달의 비췸이 쓸데 없으니 이는 하나님의 영광이 비취고 어린 양이 그 등이 되심이라 **요한계시록 21:23**

그 성은 해나 달의 비췸이 쓸데없으니 이는 하나님의 영광이 비취고 어린양이 그 등이 되심이라고 말씀하십니다. 그 성은 하나님과 예수님께서 거하시는 빛의 세계를 의미합니다. 이곳은 더 이상 해나 달의 비췸이 쓸데없는 영적인 세계를 의미하는 것입니다.

영으로 거듭나야 영적인 세계, 즉 빛의 세계로 들어가서 하나님을 아버지라고 부를 수가 있는 것입니다. 이곳은 죄가 있으면 들어갈 수가 없는 곳입니다. 예수님의 보혈로 속량을 입은 자들이 들어갈 수가 있는 빛의 세계입니다. 정금같이 탄생이 되어야 그 빛으로 들어가서 하나님을 아버지라고 부를 수가 있는 것입니다. 우리가 죄의 자녀에서 하나님의 자녀가 되는 것이 구원의 완성인 것입니다. 하나님의 자녀들은 죄가 없기 때문에 사망과 아픔과 슬픔이 없는 것입니다.

만국이 그 빛 가운데로 다니고 땅의 왕들이 자기 영광을 가지고 그리로 들어오리라 **요한계시록 21:24**

만국이 그 빛 가운데로 다니고 땅의 왕들이 자기 영광을 가지고 그리로 들어오리라고 말씀하십니다. 만국은 이미 하나님의 영광 안으로 들어갔기 때문에 하나님께서 만유의 주님이 되실 수가 있었던 것입니다. 그리고 우리도 예수님의 영광의 몸을 입고 하나님께서 거하시고 통치하시는 빛으로 들어가게 된 것입니다.

예수님의 재림은 우리가 빛으로 들어가서 하나님의 자녀가 되기 위한 것입니다. 예수님의 재림을 맞이하기 위해서는 성령의 기름을 채워야 합니다. 왜! 우리가 성령의 기름을 채우지 못하고 살아가는 이유가 무엇입니까? 무언가 진리를 거부하며 살았기 때문에 진리 안에서 거룩함을 입지 못하고 살아가고 있는 것입니다.

예수님께서 보혈을 흘려 주셨던 것은 영원하신 하나님과 화목을 이루어 영생하게 하심입니다. 예수님의 재림은 새 성을 의미합니다. 우리로 하여금 새 성 안에서 영원한 생명이 되게 하시기 위해서 우리 안에 하나님의 성전을 두신 것입니다. 하나님의 처소를 사람 안에 두셨기 때문에 하나님의 자녀가 되어 사망과 아픔과 슬픔이 없는 삶을 누릴 수가 있게 된 것입니다.

성문들을 낮에 도무지 닫지 아니하리니 거기는 밤이 없음이라 **요한계시록 21:25**

성문들을 낮에 도무지 닫지 아니하리니 거기는 밤이 없다고 말씀하십니다. 빛으로 들어간다는 것은 빛 되신 하나님께서 거하시는 곳으로 들어간다는 것입니다. 하나님의 자녀란 하나님의 영광 안에 있기 때문입니다.

하나님의 통치는 빛 안에서만 이루어집니다. 우리가 죄를 짓고 살아가고 있는 이유는 하나님의 통치가 있는 빛으로 들어가지 못하였기 때문입니다. 하나님의 주권 아래 있기 위해서는 옛 성을 멸하여야 하고 새 성 안으로 들어가야 한다는 것입니다. 옛 성 안에서는 하나님의 주권 아래에서 살아갈 수가 없는 것입니다.

사람들이 만국의 영광과 존귀를 가지고 그리로 들어오겠고 **요한계시록 21:26**

사람들이 만국의 영광과 존귀를 가지고 그리로 들어오겠다고 말씀하십니다. 성령의 기름을 채워서 영광으로 오시는 예수님을 맞이하여야 하는 것입니다. 깨어 있지 못한 자들에게는 예수님께서 오실 수가 없습니다. 왜냐하면 구름 위에서만 예수님의 재림을 맞이할 수가 있기 때문입니다. 구름 위란 하나님의 보좌를 의미합니다.

예수님께서 재림하시는 목적은 우리로 하여금 하나님과 예수님께서 거하시고 통치하시는 빛으로 들어가게 하기 위한 것입니다. 빛은 성령의 법으로, 죄와 사망의 법에서 해방을 받은 자들이 들어가는 하나님의 나라입니다.

무엇이든지 속된 것이나 가증한 일 또는 거짓말 하는 자는 결코 그리로 들어오지 못하되 오직 어린 양의 생명책에 기록된 자들뿐이라 **요한계시록 21:27**

무엇이든지 속된 것이나 가증한 일 또는 거짓말하는 자는 결코 그리로 들어오지 못한다고 말씀하십니다. 즉 옛 사람으로는 들어가지 못하지만 새 사람으로는 들어갈 수가 있는 것입니다. 주님 안에 있는 자들이 범죄할 수가 없는 이유는 주님의 능력이 우리와 함께하기 때문입니다. 죄는 옛 사람 안에 있는 것입니다. 새 사람 안에 죄가 있다면 예수 그리스도 안에 죄가 있다는 것입니다. 예수님은 죄가 없으신 분이십니다.

믿음은 예수 그리스도와 연합을 이루게 하는 것입니다. 예수님의 나라는 빛입니다. 하나님께 예배를 드리기 위해서는 각종 보석으로 꾸며진 빛의 세계, 새 예루살렘 성으로 들어가서 예수님의 신부가 되어야 합니다. 예수님께서 재림하시지 않은 것이 아니라 자신이 깨어 있지 못하여 자신 안에 재림을 하시지 않았다는 것입니다. 예수님의 재림을 영접하여야 영생이 되어 하나님의 영광 안에서 살아갈 수가 있는 것입니다. 기름을 채우지 못하였기 때문에 예수님의 재림을 맞이하지 못하고 빛으로 들어가지 못한 것입니다.

죄는 우리를 혼미하게 만들어 버립니다. 진리에 대한 것을 알지 못하게 하는 것입니다. 그래서 육체의 정욕을 좇아 살아가는 옛 사람을 버려야 새 사람을 입고 예수 그리스도와 연합되어 새 생명 안에서 살아갈 수가 있는 것입니다.

요한계시록 22장

또 저가 수정 같이 맑은 생명수의 강을 내게 보이니 하나님과 및 어린 양의 보좌로부터 나서 **요한계시록 22:1**

수정같이 맑은 생명수의 강을 내게 보이니 하나님과 및 어린양의 보좌로부터 나온다고 말씀하십니다. 생명수를 마셔야 우리가 생명이 될 수가 있는 것입니다. 하나님의 자녀란 보좌 안에서 생명수를 마시고 있는 것입니다. 예수님께서 휘장을 열어 주셨기 때문에 우리가 보좌로 나아가 하나님의 자녀가 될 수가 있었던 것입니다.

길 가운데로 흐르더라 강 좌우에 생명 나무가 있어 열 두가지 실과를 맺히되 달마다 그 실과를 맺히고 그 나무 잎사귀들은 만국을 소성하기 위하여 있더라 **요한계시록 22:2**

길 가운데로 흐르더라 강 좌우에 생명나무가 있어 열두 가지 실과를 맺히되 달마다 그 실과를 맺히고 그 나무 잎사귀들은 만국을 소성하기 위하여 있다고 말씀하십니다. 이 말씀의 의미는 예수님께서 보좌의 문을 열어 주셔서 피조물이 하나님의 영광 안으로 들어가서,

만국이 보좌 안에서 흘러나오는 생명수를 마심으로써 썩어짐에서 해방된다는 것입니다. 우리 역시 하나님으로부터 생명수를 마심으로써 썩어짐에서 해방을 받을 수가 있었던 것입니다.

> 다시 저주가 없으며 하나님과 그 어린 양의 보좌가 그 가운데 있으리니 그의 종들이 그를 섬기며 **요한계시록 22:3**

다시 저주가 없으며 하나님과 그 어린양의 보좌가 그 가운데 있으리니 그의 종들이 그를 섬긴다고 말씀하십니다. 예수님께서 죄를 이기셨기 때문에 우리가 죄가 없는 은혜와 진리 시대를 맞이하여 하나님을 섬길 수가 있었던 것입니다. 진정으로 주님을 섬기기 위해서는 죄가 없는 하나님의 영광 안으로 들어가야 하는 것입니다. 그분께서 통치하시는 빛으로 들어가야 생명이 될 수가 있는 것입니다.

> 그의 얼굴을 볼터이요 그의 이름도 저희 이마에 있으리라 **요한계시록 22:4**

그의 얼굴을 볼 터이요 그의 이름도 저희 이마에 있으리라고 말씀하십니다. 하나님은 죄인들을 대면하지 않기 위해서 수건으로 얼굴을 가리신 것입니다. 그러나 예수님께서 보혈의 피로 우리를 의롭게 하셨기 때문에 하나님과 대면하며 하나로 연합될 수가 있었던 것입니다. 그래서 성령으로 인 맞아 주님의 이름이 이마에 있게 된 것입니다. 예수님께서 모든 것을 성취하셨기 때문에 우리가 하나님을 대면하며 하나님께 예배를 드릴 수가 있었던 것입니다.

> 다시 밤이 없겠고 등불과 햇빛이 쓸데 없으니 이는 주 하나님이 저희에게 비취심이라 저희가 세세토록 왕노릇하리로다 **요한계시록 22:5**

다시 밤이 없겠고 등불과 햇빛이 쓸데없으니 이는 주 하나님이 저희에게 비취심이라 저희가 세세토록 왕 노릇 하리라고 말씀하십니다. 하나님과 예수님께서 거하시는 빛으로 들어갔기 때문에 다시는 밤을 맞이할 수가 없으며, 하나님께서 우리에게 비취시기 때문에 우리가 왕 같은 제사장이 되어 왕 노릇 하게 된 것입니다.

또 그가 내게 말하기를 이 말은 신실하고 참된지라 주 곧 선지자들의 영의 하나님이 그의 종들에게 결코 속히 될 일을 보이시려고 그의 천사를 보내셨도다 **요한계시록 22:6**

또 그가 내게 말하기를 이 말은 신실하고 참된지라 주 곧 선지자들의 영의 하나님이 그의 종들에게 결코 속히 될 일을 보이시려고 그의 천사를 보내셨다고 말씀하십니다. 이미 우리는 주님을 맞이하였으며 신부가 된 것입니다. 그러나 믿음이 없어 하나님의 의에 이르지 못한 자들은 주님과 연합을 이루지 못하며 살아가게 되는 것입니다. 왜냐하면 이들은 십자가의 원수로 행하고 있기 때문입니다.

각자 안에 하나님의 나라가 완성이 되어야 하기 때문에 인생은 십자가의 방향을 향해서 달려가야 하는 것입니다. 우리 안에 하나님의 처소가 완성이 되는 것이 곧 하나님의 나라인 것입니다. 믿음의 방향을 올바로 세울 때 우리 안에 하나님의 처소가 지어지고, 하나님의 처소가 완성이 될 때 비로소 우리는 하나님의 나라 안에서 하나님의 자녀가 될 수가 있는 것입니다.

보라 내가 속히 오리니 이 책의 예언의 말씀을 지키는 자가 복이 있으리라 하더라 **요한계시록 22:7**

보라 내가 속히 오리니 이 책의 예언의 말씀을 지키는 자가 복이 있으리라고 말씀하십니다. 예수님께서 속히 오신다고 말씀하십니다. 예수님께서 거짓말을 하셨습니까? 이천 년이란 세월이 흘러도 오시지 않았는데 속히 오신다고 거짓말을 하셨습니까? 주님은 거짓이 없으신 분이십니다. 말씀하시면 그대로 이루시는 분이십니다. 진리의 말씀은 한 치의 오차도 없는 것입니다.

그러나 우리는 거짓입니다. 거짓된 우리가 주님과 연합되어야 진리 안에서 살아갈 수가 있는 것입니다. 주님이 오셔야 우리가 빛 안에서 하나님께 예배를 드릴 수가 있는 것입니다. 죄 가운데 살아가는 자들은 결코 들어갈 수가 없는 하나님의 나라입니다.

성령의 기름을 채워야 예수님과 함께 빛으로 들어갈 수가 있는 것입니다. 하나님께서는 지금 이 시간에도 기다리고 계시는 것입니다. 탕자의 길에서 돌아서기를 바랍니다. 그리고 하나님과 예수님께서 거하시는 빛으로 들어가시기를 바랍니다. 자신의 죄의 몸을 버리고 새 사람을 입어야 하나님께서 통치하시는 빛으로 들어갈 수가 있는 것입니다.

> 이것들을 보고 들은 자는 나 요한이니 내가 듣고 볼 때에 이 일을 내게 보이던 천사의 발 앞에 경배하려고 엎드렸더니 **요한계시록 22:8**

이것들을 보고 들은 자는 나 요한이니 내가 듣고 볼 때에 이 일을 내게 보이던 천사의 발 앞에 경배하려고 엎드렸다고 말씀하십니다. 요한께 하나님께서 거하시고 통치하시는 빛의 나라를 보여 주셨던 것입니다. 예수님께서 육체로 성소의 휘장을 열어 주셨기 때문에 우리에게 살길을 열어 주신 것입니다. 죄에 매여 살아가는 우리를 건져서 하나님과 화목하게 하신 것입니다. 이것이 예수님께서 이루시고 완성하신 것입니다.

그러나 예수님께서 이루시고 완성하신 것이 우리의 것이 되기 위해서는 믿음이 자라나서 예수님과 연합을 이뤄야 합니다. 율법과 은혜가 무엇이 다릅니까? 율법은 하나님께서 동행하시지 않기 때문에 변화를 받지 아니하고 겉 사람 안에 머물게 되지만, 은혜는 하나님께서 동행하심으로 말미암아 변화를 받아 속 사람으로 강건하여지며 영생이 될 수가 있다는 것입니다.

우리가 속 사람으로 강건하여지지 않고 있다면 그것은 바리새인의 누룩이 함께하기 때문입니다. 여전히 변화를 받지 못하고 겉 사람 안에 머무는 삶이 바리새인의 누룩인 것입니다. 하나님께서 동행하시면 우리는 성령의 열매를 맺으며 변화를 가질 수밖에 없는 것입니다.

주님의 주권 아래에서 살아간다면 변화를 받을 수밖에 없지만, 자신이 주권을 가지고 살아가면 율법이며 변화를 가질 수가 없는 것입니다. 이 상태에서는 재림하시는 예수님을 영접할 수가 없으며 예수님께서 왕이시고 통치하시는 빛으로 들어갈 수가 없는 것입니다.

속히 오신다는 예수님께서 왜! 우리 자신에게 더디게 오시는가를 생각해 보아야 합니다. 성령의 기름을 채우기 위해서 주님께서 문밖에서 두드리시고 있는 것입니다. 옛 사람을 버려야 예수님께서 들어오실 수가 있습니다.

저가 내게 말하기를 나는 너와 네 형제 선지자들과 또 이 책의 말을 지키는 자들과 함께 된 종이니 그리하지 말고 오직 하나님께 경배하라 하더라 **요한계시록 22:9**

천사가 말하기를 나는 너와 내 형제 선지자들과 또 이 책의 말을 지키는 자들과 함께 된 종이니 그리하지 말고 오직 하나님께 경배하라고 합니다. 우리는 그 누구에게도 경배하지 않아야 하며 오직 하나님께만 경배를 올려야 하는 것입니다.

또 내게 말하되 이 책의 예언의 말씀을 인봉하지 말라 때가 가까우니라 **요한계시록 22:10**

이 책의 예언의 말씀을 인봉하지 말라 때가 가까우니라고 말씀하십니다. 이날이 언제입니까? 예수님께서 이천 년 전에 두루마리의 비밀을 이루신 것입니다. 첫째 언약을 폐하시고 둘째 언약을 세우신 것입니다.

첫째 언약 시대는 죄가 있었기 때문에 사망이 왕 노릇 하였지만 둘째 언약은 예수님께서 보혈의 피로 세상 죄를 가져가심으로 생명이 왕 노릇 하는 시대를 맞이한 것입니다. 그래서 우리는 믿음이 자라나서 속 사람이 강건하여져야 생명이 왕 노릇 하시는 하나님의 보좌로 나아갈 수가 있는 것입니다.

죄가 우리를 지배하는 율법 시대는 사망이 왕 노릇 하였기 때문에 우리가 사망 안에 있었지만, 은혜와 진리 시대는 생명이 왕 노릇 하기 때문에 우리가 하나님의 은혜 아래에서 생명이 되어야 하는 것입니다.

우리가 믿음을 통해서 옛 사람을 버리고 새 사람을 입을 때, 생명이 통치하는 보좌로 나아가서 영원한 생명이 될 수가 있는 것입니다. 이 길이 좁은 길이며 현재적이라는 것입니다. 하나님의 보좌로 나아가는 것이 곧 예수님의 안식 안으로 들어가는 것입니다.

불의를 하는 자는 그대로 불의를 하고 더러운 자는 그대로 더럽고 의로운 자는 그대로 의를 행하고 거룩한 자는 그대로 거룩되게 하라 **요한계시록 22:11**

불의를 하는 자는 그대로 불의를 하고 더러운 자는 그대로 더럽고 의로운 자는 그대로 의를 행하고 거룩한 자는 그대로 거룩되게 하라고 말씀하십니다. 누가 불의한 자입니까? 하나님의 말씀에 복종하지 않는, 육에 머무는 자들입니다. 이들은 하나님의 의를 행할 수가 없으며 율법 아래에서 살아갈 수밖에 없는 것입니다. 그러나 영으로 거듭난 자들은 예수님의 보혈로 속량을 입어 하나님의 의를 행할 수가 있는 것입니다.

보라 내가 속히 오리니 내가 줄 상이 내게 있어 각 사람에게 그의 일한대로 갚아 주리라 **요한계시록 22:12**

보라 내가 속히 오신다고 말씀하십니다. 그리고 제자들에게도 너희 중에 죽기 전에 내가 하나님의 나라를 가지고 오는 것을 볼 자도 있으리라고 말씀하셨습니다. 하나님께서 거하시고 통치하실 하나님의 처소를 가지고 오신다는 것입니다. 예수님께서 오시지 않았다면 우리 안에 하나님의 처소가 없으며 하나님의 자녀가 될 수가 없는 것입니다.

하나님의 처소는 믿음을 통해서 각자 안에 지어지는 것입니다. 그러나 세상의 가치관을 좇아 살아가는 자들은 하나님의 처소를 완성할 수가 없는 것입니다. 믿음이 자라나서 속 사람이 강건하여질 때 하나님의 나라가 자신 안에 완성이 되는 것입니다.

각자 안에 하나님의 나라가 오기 위해서는 믿음의 방향을 세상은 뒤로하고 예수님만을 향하여야 합니다. 하나님의 나라는 영원히 변하지 않는 진리를 의미합니다. 우리가 진리 안에 있을 때 비로소 하나님께 예배를 드릴 수가 있는 것입니다.

> 나는 알파와 오메가요 처음과 나중이요 시작과 끝이라 **요한계시록 22:13**

하나님은 알파와 오메가요 처음과 나중이요 시작과 끝이라고 말씀하십니다. 우리의 태어남은 하나님의 시작이며, 예수 그리스도 안에서 죄의 몸을 죽이는 것이 하나님의 끝이며, 그때 하나님의 안식 안으로 들어갈 수가 있는 것입니다.

> 그런즉 안식할 때가 하나님의 백성에게 남아 있도다 이미 그의 안식에 들어간 자는 하나님이 자기 일을 쉬심과 같이 자기 일을 쉬느니라 **히브리서 4:9-10**

하나님의 자녀가 되어 그의 안식 안으로 들어간 자는 하나님이 자기 일을 쉬심과 같이 자기 일을 쉰다고 말씀하십니다. 하나님께서 우리를 하나님의 안식 안으로 들이기 위해서 시작을 하셨다가, 우리가 하나님의 안식 안으로 들어가면 하나님의 일은 끝내고 쉬시는 것입니다. 우리 인생은 하나님의 시작이 되고 끝이 되어야 하는 것입니다. 우리도 안식 안에서 쉬어야 하지만 하나님께서도 우리의 일을 마치시고 안식하셔야 하는 것입니다. 이것이 하나님의 은혜입니다. 하나님의 은혜가 있는 보좌로 나아가는 것이 곧 구원의 완성인 것입니다.

> 그 두루마기를 빠는 자들은 복이 있으니 이는 저희가 생명 나무에 나아가며 문들을 통하여 성에 들어갈 권세를 얻으려 함이로다 **요한계시록 22:14**

그 두루마기를 빠는 자들은 복이 있다고 말씀하십니다. 이는 저희가 생명나무에 나아가며 문들을 통하여 성에 들어갈 권세를 얻으려 함이라고 말씀하십니다. 간절한 회개를 통하여서 깨끗함을 받는 자들이 두루마기를 빠는 자들이며, 영원한 생명 안으로 들어가서 하나님의 자녀가 되는 권세를 얻을 수가 있는 것입니다.

하나님의 자녀란 하나님의 성전에 있는 자들입니다. 이 성이 새 예루살렘 성이며 하나님과 예수님께서 거하시는 하나님의 나라입니다. 둘째 언약 시대는 눈에 보이는 시대가 아니라 눈에 보이지 않는 영원한 시대입니다. 예수님께서 눈에 보이지 않는 성전을 우리 안에 두시려고 죄를 사하여 주신 것입니다.

하나님의 성전이 우리 안에 있어야 하나님과 예수 그리스도께서 우리 안에 함께하실 수가 있는 것입니다. 하나님께서 거하시는 곳은 영생하는 자들이 들어가는 곳입니다. 믿음이 자라나서 생명이 될 때 빛 안에서 하나님의 통치 속에서 살아갈 수가 있는 것입니다.

> 개들과 술객들과 행음자들과 살인자들과 우상 숭배자들과 및 거짓말을 좋아하며 지어내는 자마다 성밖에 있으리라 **요한계시록 22:15**

개들과 술객들과 행음자들과 살인자들과 우상 숭배자들과 및 거짓말을 좋아하며 지어내는 자마다 성 밖에 있으리라고 말씀하십니다. 새 성은 진리이며 빛을 의미합니다. 둘째 언약 시대 때는 보이지 않는 하나님의 나라를 우리 안에 두신 것입니다. 그래서 우리는 하나님께 예배를 드릴 수가 있었던 것입니다. 예수님께서 이루시고 완성하셨기 때문에 하나님의 통치가 있는 천국 보좌로 나아갈 수가 있었던 것입니다.

죄가 있는 옛 사람을 버리고 죄가 없는 새 사람을 입어 하나님의 영광 안으로 들어가는 것이 곧 썩어짐에서 해방을 받을 수가 있다는 것입니다. 죄에 굴복하는 것은 썩어질 육체 속에 거하는 것이지만, 하나님의 말씀에 복종하는 것은 썩지 않는 영에 거하는 것이기 때문에 생명이 될 수가 있는 것입니다. 하나님께서 살리시는 것은 영이십니다.

> 나 예수는 교회들을 위하여 내 사자를 보내어 이것들을 너희에게 증거하게 하였노라 나는 다윗의 뿌리요 자손이니 곧 광명한 새벽별이라 하시더라 **요한계시록 22:16**

나 예수는 교회들을 위하여 내 사자를 보내어 이것들을 너희에게 증거하게 하였노라고 말씀하십니다. 하나님께서 교회에 하나님의 사자를 보내어 증거하게 하시는 것입니다. 교회란 건물을 말하는 것이 아닙니다. 성도들의 모임을 교회라고 하는 것입니다. 하나님께서 보낸 사자가 되어야 교회를 세워 나갈 수가 있는 것입니다. 예수님께서는 인간적으로는 다윗의 후손이지만, 하늘에서 내려오시는 새벽별이신 것입니다.

> 성령과 신부가 말씀하시기를 오라 하시는도다 듣는 자도 오라 할 것이요 목마른 자도 올 것이요 또 원하는 자는 값 없이 생명수를 받으라 하시더라 **요한계시록 22:17**

성령과 신부가 말씀하시기를 오라 하시는도다 듣는 자도 오라 할 것이요 목마른 자도 올 것이요 또 원하는 자는 값없이 생명수를 받으라고 말씀하십니다. 생명수는 우리가 영생이 되게 하는 것입니다. 그리스도 안에는 예수님의 생명수가 흘러 우리를 치료하고 회복케 하는 것입니다. 그리스도 안에 있기 위해서는 좁은 길로 가야 합니다. 세상의 가치를 좇아 살아가면 예수 그리스도 안에 있지 못하게 되는 것입니다.

> 내가 이 책의 예언의 말씀을 듣는 각인에게 증거하노니 만일 누구든지 이것들 외에 더하면 하나님이 이 책에 기록된 재앙들을 그에게 더하실 터이요 **요한계시록 22:18**

이 책의 예언의 말씀을 듣는 각인에게 증거하노니 만일 누구든지 이것들 외에 더하면 하나님이 이 책에 기록된 재앙들을 그에게 더하실 것이라고 말씀하십니다. 즉 우리가 육에 속하면 하나님의 심판 속에서 살아가게 된다는 의미입니다. 영으로 거듭나야 진리 안에서 생명수를 마실 수가 있으며, 진리의 말씀을 이해하며 하나님의 말씀을 올바로 지킬 수가 있는 것입니다.

육에 속한 자들은 하나님의 말씀을 혼란스럽게 하며 많은 영혼들을 미혹에 빠지게 하는 것입니다. 그들에게는 성령의 열매가 없기 때문에 사망의 열매를 맺고 살아가게 되는 것입니다. 우리가 죄의 몸 아래 살아가면 하나님의 말씀에 복종할 수가 없으며 오히려 진리의 말씀에 대적을 하게 되는 것입니다. 진리의 말씀을 이해하기 위해서는 죄로부터 자유를 얻어서 영으로 거듭나서 하나님의 영광 안에서 살아가야 하는 것입니다.

> 만일 누구든지 이 책의 예언의 말씀에서 제하여 버리면 하나님이 이 책에 기록된 생명 나무와 및 거룩한 성에 참예함을 제하여 버리시리라 **요한계시록 22:19**

만일 누구든지 이 책의 예언의 말씀에서 제하여 버리면 하나님이 이 책에 기록된 생명나무와 및 거룩한 성에 참예함을 제하여 버리신다고 말씀하십니다. 이 책은 예수님께서 이루시고 성취하시는 말씀입니다. 그리고 사탄의 머리를 밟아서 모든 것을 성취하시고 우리에게 옛 사람을 버리라고 말씀하십니다. 모든 것을 이루셨기 때문에 옛 사람을 버리라는 것입니다.

우리에게 믿음이 있다면 예수님의 말씀에 복종하며 하나님께서 내리시는 진노의 잔을 피하여야 합니다. 하나님의 안식 안으로 들어가기 위해서는 빛으로 들어가야 합니다. 이 빛 안에 있지 못하면 어둠 안에서 하나님의 진노로 말미암아 이를 갈고 살아가야 하는 것입니다. 하나님의 안식 안으로 들어가지 못한 것은 하나님의 진노 속에서 살아가고 있다는 사실을 인식하여야 합니다.

이것들을 증거하신 이가 가라사대 내가 진실로 속히 오리라 하시거늘 아멘 주 예수여 오시옵소서 **요한계시록 22:20**

이것들을 증거하신 이가 가라사대 내가 진실로 속히 오리라 하시거늘 아멘 주 예수여 오시옵소서라고 합니다. 영혼 구원은 재림하시는 예수님을 영접하여야 이루어집니다. 예수 그리스도 안에 있어야 하기 때문입니다. 주님 안에 있어야 하나님의 영광 안으로 들어가서 하나님의 자녀 된 삶을 누릴 수가 있기 때문입니다. 성령의 기름을 채워야 진리를 이해하고 깨어 있을 수가 있는 것입니다.

주 예수의 은혜가 모든 자들에게 있을찌어다 아멘 **요한계시록 22:21**

주 예수의 은혜가 모든 자들에게 있을지라고 말씀하십니다. 오시는 예수님을 영접하여야 주님의 은혜 가운데서 죄로부터 자유하며 영생을 누릴 수가 있는 것입니다.

글을 마치면서

왕은 나라가 있어야 합니다. 나라 없는 왕이 없으며 왕이 없는 나라 또한 없는 것입니다.

예수님께서 이 땅에 오신 목적이 무엇입니까? 우리로 하여금 하나님께서 통치하시는 나라로 들어가게 하시는 것입니다. 요한계시록은 죄 있는 세상과 죄의 몸을 입고 살아가는 우리를 심판하여서 의의 몸으로 갈아입게 하고, 우리가 하나님의 나라에서 하나님의 통치를 받게 하기 위한 것입니다.

성경을 이해하기 위해서는 우리뿐만 아니라 세상도 구원을 받는다는 것을 이해하여야 합니다. 세상은 이미 구원을 받았습니다. 이미 피조물은 하나님께서 통치하시는 은혜와 진리 시대를 맞이하였지만 우리는 죄의 몸을 가지고 태어나는 것입니다. 그리고 예수님을 믿어 영으로 거듭날 때 비로소 의의 몸으로 갈아입어 하나님께서 통치하시는 나라로 들어갈 수가 있는 것입니다. 하나님의 나라는 죄의 몸을 가지고는 들어갈 수가 없는 것입니다.

예수님은 중보자이십니다. 예수님께서 오셔야 예수님의 거룩한 몸을 입고 하나님의 나라로 들어가서 하나님의 통치를 받을 수가 있는 것입니다. 우리는 누구에게 통치를 받느냐에 따라 썩기도 하고 썩지 않기도 합니다. 죄에 통치를 받으면 썩을 수밖에 없지만, 하나님으로부터 통치를 받으면 썩지 않는다는 것입니다. 그래서 죄와 연합되면 사망이지만 하나님의 의와 연합되면 생명이라고 하는 것입니다. 죄와 연합된 자들은 사망의 열매를 맺지만, 하나님의 의와 연합된 자들은 생명의 열매를 맺게 되는 것입니다. 우리가 하나님의 나라에 들어가야 생명의 열매를 맺고 죄로부터 자유를 누릴 수가 있는 것입니다.

그래서 우리에게는 믿음이 필요한 것입니다. 믿음이란 예수님을 신뢰하고 복종하며 따르는 것을 의미합니다. 우리가 예수님의 말씀에 복종하지 못하는 것은 믿음이 자라나지 못하고 육에 머물고 있기 때문입니다. 영이 된 자들은 예수님의 말씀에 복종하며 예수님의 통치로 말미암아 죄로부터 자유할 수가 있는 것입니다.

우리는 누구에게 복종하느냐에 따라 그의 것이 된다고 성경은 말씀하십니다. 죄에 복종하는 자들은 죄의 것이지만 예수님의 말씀에 복종하는 자들은 예수님의 것이 되는 것입니다.

우리가 죄를 짓는 이유는 믿음이 자라나지 못하여 영이 되지 못하였기 때문입니다. 믿음은 방향성을 가집니다. 세상의 가치관을 좇아 살아가는 자들은 믿음이 자라나지 못하고 퇴보하게 되는 것입니다. 우리는 세상의 가치관을 등지고 오직 예수님만을 좇을 때 비로소 영으로 거듭나서 하나님께서 통치하시는 나라로 들어갈 수가 있다는 것을 요한계시록은 말씀하시고 있는 것입니다.

하나님의 아들이란 하나님의 영광 안에 있는 자들입니다. 예수님께서 성소의 휘장을 열어 주셨기 때문에 우리가 하나님의 영광 안으로 들어가서 하나님의 자녀가 될 수가 있었던 것입니다. 믿음이 자라나서 하나님의 의에 이른다는 것은 하나님의 영광이 있는 곳에 이른다는 것입니다. 믿음의 방향을 바로 세워서 죄의 몸을 벗어 버리고 의의 몸으로 갈아입어서 하나님께서 통치하시는 나라로 들어가야 하는 것입니다.

하나님의 나라로 들어가지 못한 목자들은 많은 영혼들을 하나님의 나라로 들어가지 못하도록 막게 되는 것입니다. 죽은 후에 천국으로 들어간다면 어떻게 이들이 막을 수가 있겠습니까? 천국으로 들어간다는 것은 의의 몸을 입고 하나님께서 거하시고 통치하시는 보좌로 나아가는 것을 의미하는 것입니다. 기름을 채우지 못한 자들은 예수님을 영접할 수가 없습니다. 예수 그리스도와 연합되기 위해서는 성령의 기름을 채워야 합니다. 예수님을 영접을 하고 예수님의 능력으로 하나님께서 거하시는 하나님의 나라로 들어갈 수가 있는 것입니다.

우리는 하나님께서 통치하시는 하나님의 나라로 들어가지 못한 것을 애통하여야 합니다. 그곳은 사라지지 않는 기쁨과 평강이 영원히 존재하기 때문입니다. 하나님의 나라로 들어간 자들은 영적인 사망과 아픔과 슬픔이 없는 영원한 안식을 누릴 수가 있기 때문입니다.

구원은 지극히 현재적이며 개인적입니다. 자신의 믿음에 따라서 하나님의 나라가 가까이 오기 때문입니다. 그러나 세상의 가치관을 가지고 살아가는 자들에게는 하나님의 나라가 자신과 멀어지게 되는 것입니다. 그래서 우리는 믿음의 방향을 올바로 세워야 하는 것입니다.

그리고 성경은 하나님의 나라 안에 있는 자들이 알 수가 있는 것입니다. 눈과 귀가 하나님의 나라 안에서 열리며 사슴같이 뛰놀 수가 있기 때문입니다. 하나님과의 화목은 영원한 하나님의 나라에 이르는 것이라는 사실을 인식하고, 예수님을 향해서 달려가는 분들이 되시기를 바랍니다.

우리가 만약에 그리스도인이 되었다면 예수님의 보혈로 죄로부터 자유하였을 것입니다. 예수님의 능력이 우리를 죄로 인도하는 경우는 없기 때문입니다. 믿음이란 죄로부터 자유할 때까지 자라나야 하는 것입니다. 오직 예수님을 향하여 달려갈 때 자라나는 것입니다. 믿음이 온전하게 자라나서 속 사람이 강건하여질 때 우리가 예수님과 연합되고 예수님의 신부로서 살아갈 수가 있는 것입니다.